国家社科基金重大委托项目
中国社会科学院创新工程学术出版资助项目

中国民族地区经济社会调查报告

总顾问 陈奎元
总主编 王伟光

墨脱县卷

本卷主编 徐 平 尹虎彬

中国社会科学出版社

图书在版编目(CIP)数据

中国民族地区经济社会调查报告·墨脱县卷／徐平，尹虎彬主编．—北京：中国社会科学出版社，2020.7
ISBN 978-7-5203-6877-3

Ⅰ.①中… Ⅱ.①徐…②尹… Ⅲ.①民族地区经济—经济发展—调查报告—墨脱县②民族地区—社会发展—调查报告—墨脱县 Ⅳ.①F127.8

中国版本图书馆CIP数据核字(2020)第132466号

出 版 人 赵剑英
责任编辑 王莎莎
责任校对 杨 林
责任印制 李寡寡

出 版 中国社会科学出版社
社 址 北京鼓楼西大街甲158号
邮 编 100720
网 址 http://www.csspw.cn
发 行 部 010-84083685
门 市 部 010-84029450
经 销 新华书店及其他书店

印刷装订 北京君升印刷有限公司
版 次 2020年7月第1版
印 次 2020年7月第1次印刷

开 本 710×1000 1/16
印 张 18.75
插 页 2
字 数 315千字
定 价 108.00元

《21 世纪初中国少数民族地区经济社会发展综合调查》

项目委员会

顾问委员会

总 顾 问 陈奎元

学术指导委员会

主　　任 王伟光

委　　员（按姓氏笔画为序）

丹珠昂奔　李　扬　李培林　李　捷　陈改户　武　寅

郝时远　赵胜轩　高　翔　黄浩涛　斯　塔

专家委员会

首席专家 王延中

委　　员（按姓氏笔画为序）

丁　宏　丁　赛　丁卫东　马　援　王　平　王　锋

王希恩　开　哇　扎　洛　车明怀　方　勇　方素梅

尹虎彬　石玉钢　龙远蔚　卢献匾　田卫疆　包智明

吐尔干·皮达　朱　伦　色　音　刘　泓　刘正寅

刘世哲　江　荻　赤列多吉　李云兵　李红杰　李克强

吴　军　吴大华　何星亮　张若璞　张昌东　张继焦

陈建樾　青　觉　郑　堆　赵立雄　赵明鸣　赵宗福

赵剑英　段小燕　姜培茂　聂鸿音　晋保平　特古斯

俸代瑜　徐　平　徐畅江　高建龙　黄　行　曹宏举

曾少聪　管彦波　毅　松

项目工作组

组　　长 扎　洛　孙　懿

成　　员（按姓氏笔画为序）

丁　赛　孔　敬　刘　真　刘文远　李凤荣　李益志

宋　军　陈　杰　周学文　程阿美　管彦波

《中国民族地区经济社会调查报告》
编辑委员会

总　序

实践的观点是马克思主义哲学最基本的观点，实事求是是马克思主义活的灵魂。坚持一切从实际出发、理论联系实际、实事求是的思想路线，是中国共产党把马克思主义基本原理与中国实际相结合，领导中国人民进行社会主义革命和社会主义建设不断取得胜利的基本经验。改革开放以来，在实事求是、与时俱进思想路线指导下，中国特色社会主义伟大事业取得了举世瞩目的伟大成就，中国道路、中国经验在世界上赢得了广泛赞誉。丰富多彩的成功实践推进了中国化马克思主义的理论创新，也为哲学社会科学各学科的繁荣发展提供了坚实沃土。时代呼唤理论创新，实践需要哲学社会科学为中国特色社会主义理论体系的创新发展做出更大的贡献。在中国这样一个统一的多民族的社会主义国家，中国特色的民族理论、民族政策、民族工作，构成了中国特色社会主义的重要组成部分。经济快速发展和社会剧烈转型，民族地区全面建成小康社会，进而实现中华民族的伟大复兴，迫切需要中国特色民族理论和民族工作的创新，而扎扎实实地开展调查研究则是推进民族研究事业适应时代要求、实现理论创新、服务发展需要的基本途径。

早在20世纪50年代，应民族地区的民主改革和民族识别之需，我国进行了全国规模的少数民族社会历史与语言调查，今称“民族大调查”。这次大调查收集获取了大量有关民族地区社会历史的丰富资料，形成300多个调查报告。在那次调查的基础上，整理出版了400余种、6000多万字的民族社会历史建设的巨大系统工程——“民族问题五种丛书”，为党和政府制定民族政策和民族工作方针，在民族地区开展民主改革和推动少数民族经济社会的全面发展提供了重要的依据，也为新中国民族研究事业的发展奠定了坚实的基础。

半个多世纪过去了，如今我国边疆民族地区发生了巨大而深刻的变化，各民族逐渐摆脱了贫困落后的生产生活状态，正在向文明富裕的现代化社会迈进。但同时我们要看到，由于历史和现实的原因，各民族之间以及不同民族地区之间经济社会的发展依然存在较大的差距，民族地区经济发展不平衡问题以及各种社会问题、民族问题、宗教问题、生态问题，日益成为推动民族地区经济社会发展必须着力解决的紧迫问题。深入民族地区开展长期、广泛而深入的调查研究，全面了解各民族地区经济社会发展面临的新情况、新问题，科学把握各民族地区经济社会发展趋势，是时代赋予民族学工作者的使命。

半个多世纪以来，中国社会科学院民族学与人类学研究所一直把调查研究作为立所之本。1956 年成立的少数民族语言研究所和 1958 年成立的民族研究所（1962 年两所合并），从某种意义上讲，就是第一次民族大调查催生的结果。作为我国多学科、综合性、国家级的民族问题专业研究机构，民族所非常重视田野调查，几代学人已在中国各民族地区近 1000 个地点进行过田野调研。20 世纪 90 年代，民族所进行了第二次民族地区典型调查，积数年之功完成了 20 余部调研专著。进入新的历史时期，为了更好地贯彻党中央对我院“三个定位”的要求，进一步明确今后一个时期的发展目标和主攻方向，民族所集思广益，经过反复酝酿、周密论证，组织实施了“21 世纪初中国少数民族地区经济社会发展综合调查”。这是我国民族学研究事业发展的迫切需要，也是做好新时期民族工作的前提和基础。

在充分利用自 20 世纪 50 年代以来开展的少数民族社会历史与语言调查相关研究成果的基础上，本次民族大调查将选择 60—70 个民族区域自治地方（包括城市、县/旗或民族乡）作为调查点，围绕民族地区政治、经济、社会、文化、生态五大文明建设而展开，计划用 4—5 年的时间，形成 60—70 个田野调查报告，出版 50 部左右的田野民族志专著。民族调查是一种专业性、学科性的调查，但在学科分化与整合均非常明显的当代学术背景下，要通过调查研究获得开拓性的成果，除了运用民族学、人类学的田野调查方法外，还需结合社会学问卷调查方式和国情调研、社会调查方式，把静态与动态、微观与宏观、定量分析与定性分析、典型与一般有机结合起来，突出调查研究的时代性、民族性和区域性。这是新时期开展民族大调查的新要求。

立足当代、立足中国的“民族国情”，妥善处理民族问题，促进各民族平等团结，促进各民族地区繁荣发展，是中国特色社会主义的重要任务。“21世纪初中国少数民族地区经济社会发展综合调查”作为国家社科基金特别委托项目和中国社会科学院创新工程重大项目，希望立足改革开放以来少数民族地区的发展变化，围绕少数民族地区经济社会发展，有针对性地开展如下调查研究：①民族地区经济发展现状与存在的问题调查研究；②民族地区社会转型、进步与发展调查研究；③西部大开发战略与民族问题调查研究；④坚持和完善民族区域自治制度调查研究；⑤民族地区宗教问题调查研究；⑥民族地区教育与科技调查研究；⑦少数民族传统文化与现代化调查研究。

调查研究是加强学科建设、队伍建设和切实发挥智库作用的重要保障。基础研究与应用对策研究是现代社会科学不可分割的有机统一整体。通过全面、深入、系统的调查研究，我们希望努力达成以下几个目标。一是全面考察中国特色民族理论、民族政策的探索和实践过程，凝练和总结中国解决民族地区发展问题、确立和谐民族关系、促进各民族共同繁荣发展的经验，把握民族工作的一般规律，为未来的民族工作提供坚实的理论支撑，为丰富和发展中国特色社会主义理论体系做出贡献。二是全面展示改革开放特别是进入21世纪以来民族地区经济社会发展的辉煌成就，展示以“平等、团结、互助、和谐”为核心内容的新型民族关系在当代的发展状况，反映各族人民社会生活的深刻变化，增强各民族的自豪感、自信心，建设中华民族共同体，增强中华民族凝聚力。三是深入调查探寻边疆民族地区经济社会发展中存在的问题，准确把握未来发展面临的困难与挑战，为党和国家全面了解各民族发展现状、把握发展趋势、制订未来发展规划提供可靠依据。四是通过深入民族地区进行扎实、系统的调研，收集丰富翔实的第一手资料，构筑我国民族地区社会发展的基础信息平台，夯实民族研究的基础，训练培养一支新时期民族问题研究骨干队伍，为民族学研究和民族地区未来发展奠定坚实的人才基础。

我们深信，参与调查研究的每一位专家和项目组成员，秉承民族学、人类学界前辈学人脚踏实地、不怕吃苦、勤于田野、精于思考的学风，真正深入民族地区、深入田野，广泛汇集干部群众的意见，倾听干部群众的呼声，运用多种方式方法取得丰富的数据资料，通过科学严谨的数据分析和系统深入的理论研究，一定会取得丰硕的成果。这不仅会成为21世纪我国民族学与人类学学科建设的一座重要里程碑，也一定会为党和政府提供重要决策参考，为促进我国民族理论和民族工作的新发展，为在民族地区全面建成小康社会，为实现中华民族的伟大复兴做出应有的贡献。

王伟光

目　　录

第一章

隐秘的莲花

世界之巅的喜马拉雅山脉，被称为“世界第三极”，这里山势高峻，群峰林立，绵延2400多公里，横亘在西藏的南缘，成为雪域高原的天然屏障。墨脱古称白马岗，位于门隅的东北方向，藏语意为“隐藏着的莲花圣地”。它处在雅鲁藏布江中下游的山川河谷地带，平均海拔1200米，地势北高南低，四周环山，犹如盛开的莲花，雅鲁藏布大峡谷贯穿境内。墨脱县与林芝、米林、波密、察隅接壤，总面积3.4万平方公里，边境线长262.5公里。

在墨脱的群山峡谷当中生活着两个古老神秘的民族——珞巴族和门巴族。从遥远的古代起，珞巴族和门巴族繁衍生息于此，和藏族一起开发、缔造了中国西南边疆这块辽阔而美丽的疆土。由于历史和地理条件等原因，作为我国人口较少民族的珞巴族和门巴族的历史文化鲜为外界所知，而素有“高原孤岛”之称的墨脱县几乎与外界处于半隔绝状态。

第一节　迷人的莲花圣地

墨脱地处喜马拉雅山脉东段的最高峰——南迦巴瓦峰的南坡，雅鲁藏布江由东北折向西南，贯穿全境，形成数百里长的大峡谷。著名的世界第一大峡谷——雅鲁藏布大峡谷，保持着原始的生态环境，并享有天然博物馆的美誉。北部有多雄拉、金珠拉、呷龙拉和遂拉等山口，海拔均在5000米左右，是米林、林芝、波密和察隅进入墨脱的必经之路。沿雅鲁藏布江向南，则直通下珞渝。

一　佛之净土白马岗

墨脱古称白马岗，藏语意为“隐藏着的莲花圣地”，这里四周环山，犹如盛开的莲花。相传在公元8世纪，佛教大师莲花生曾来到这里弘法月余，称颂这里是“莲花圣地”。历史上这里曾为众多的佛教徒所向往，把一生中能去一次白马岗视为最大的荣幸。19世纪末叶，白马岗地区设墨脱宗，从此易名为“墨脱”，即藏语“花儿”的意思。在珞巴族民间传说中，流传着白马岗是女神多吉帕姆的化身，墨脱地形就是这位女神仰天平卧的身躯，正是女神的躯体构成了墨脱所有的山山水水。数百年来，神秘遥远的墨脱吸引着众多的善男信女。清朝末年，在墨脱安国定边的清兵首领刘赞廷在《西南野人山归流记》曾这样描述墨脱高山峡谷的亚热带雨林：“森林弥漫数千里，花木遍山，藤萝为桥，诚为世外之桃源。”到了近现代，墨脱因其独特的自然景观和人文景观，一直被视为著名的考察探险宝地。

墨脱是雅鲁藏布大峡谷的核心区域，被誉为西藏最具神秘性的地方之一。这里层峦叠嶂，峡谷纵横，地形十分险要，交通不便，至今仍为外界所向往。墨脱县曾长期以来是全国唯一不通公路的行政建制县，几乎与外界半隔绝，从某种意义上来说还保持着原始状态。20世纪30年代，英国植物学家华金栋曾到墨脱大峡谷探险。70年代，中国科学院对墨脱进行了多次大规模考察，经科学家们探测发现，围绕南迦巴瓦峰的雅鲁藏布江大峡谷，无论在深度还是长度上都居世界第一。科学家们全面详细地研究了墨脱的自然生态环境，获得了很多有价值的发现，为墨脱自然环境的探索和研究奠定了深厚基础。1998年，中国科学院等单位联合组成的科学探险考察队，首次实现人类徒步穿越雅鲁藏布大峡谷的伟大壮举，研究证实该峡谷是世界上生物多样性最丰富的山地，研究成果再次震惊世界。随着对墨脱及其周边地区自然生态环境科学考察的深入和推进，大峡谷深藏的诸多奥秘正逐步揭开，日益为外界所了解和向往。

二 西藏的“西双版纳”

墨脱的地势也是北高南低，由北部高山海拔5000余米降至南部深谷海拔500余米，河床地由北部海拔2800米下降到500米。墨脱的气候随海拔高度的不同而变化，从寒带到热带均有分布。当地门巴族、珞巴族和藏族居住的河谷地带属热带和亚热带气候，年平均气温在20℃以上，年降水量高达2000毫米左右，夏季很少有晴朗无雨的天气。由于得天独厚的地理和气候条件，墨脱的资源和物产十分丰富。森林覆盖率高达70%，被誉为西藏的“西双版纳”。珍稀动植物众多，原始风貌犹存，生态自成体系，现已被列为国家级自然保护区，同时也被誉为天然动物园和世界生物基因库。

据初步统计，在墨脱自然保护区内，仅高等植物就有3000余种，其中珍稀植物10余类，地球上每百种植物中就有两三种分布于此，集中了西藏植物种类的63%。色彩斑斓的植物王国为各类野生动物的繁衍生息提供了天然条件，已发现野生动物数百种，其中哺乳动物60种，约占西藏总数的一半。其中，属国家重点保护的有42种，主要有孟加拉虎、羚羊、长尾灰叶猴、云豹、大犀鸟、楠木、樟木、乌木、铁杉、红豆杉等多种珍稀动植物，其中桫椤有天然活化石之称。大型真菌就有500多种，占我国已知大型真菌的60%，最珍贵的獐子菌、猴头菌、灵芝菌都生长于此。此外，还有千余种昆虫。中药材资源也十分丰富，主要的药材有虫草、雪莲、三七、天麻、灵芝等。

墨脱还是西藏竹子生长最为茂密、品种最多的地区。墨脱的水能资源有7000万千瓦以上，占全国水能蕴藏量的十分之一以上。境内的矿产资源仍是未被普查的处女地，仅其裸露地表已被发现的矿产资源就有铁、云母、皂石等。神奇的墨脱不愧是众多植物学家、动物学家、地质学家、气象学家、昆虫学家、人文社会科学家们梦寐以求的考察之地，尚有许多空白等待我们去挖掘。

第二节　珞渝的主人

珞巴族先民早在吐蕃王朝统一青藏各部以前，就生活在喜马拉雅山南麓高山峡谷地带的珞渝地区，是开发东喜马拉雅山脉南坡的主要原住民。那里雨水充沛、土地肥沃、河流纵横。“珞渝”意为南方，“珞巴”是藏族对他们的称呼，意为“南方人”。因为珞渝地区山高谷深、交通闭塞，充满神秘色彩，长期以来很少进入外界的视野。

一　珞渝最早的开发者

珞渝，又写作洛渝、珞渝、珞隅等，均系藏文 lho-yul 的译音，是我国珞巴族的主要聚居地。《西藏志》中有：“珞渝乃野人，名老卡止，嘴剑数缺，涂以五色，性喜盐……不耕不织，穴室菜居，猎牲为食。藏内有犯死罪者，人解送过江，群老卡止分而淡之。”这里指的“珞渝”北依喜马拉雅山脉，与藏区相望，西邻西巴霞曲河，与门隅相连；东以丹龙曲河为界，与察隅相接，南抵布拉马普特拉河北缘，与印度毗邻，总面积约 7 万平方公里。宣统年间的《西南野人山归流记》中讲道：“野人山（珞渝）历为西藏流放之所。凡罪犯流军至此，由白马冈首长按罪轻重分配各地，囚于树上，或穴地为牢。守法者由土人供济囚粮，若有窃逃不法等事，被土人拿获，剥皮挫骨，售与喇嘛，作为符具……每 12 年，达赖喇嘛至波密及白马冈讲经一次，如达赖有事，差一大喇嘛代之，如一宣抚史也。”

习惯上，人们根据距离藏区的远近，将珞渝分为上珞渝和下珞渝，墨脱属于上珞渝，墨脱以南雅鲁藏布江流域的广大地区称为下珞渝。珞巴族的祖先是珞渝地区最早的开发者，早在新石器时代，他们就繁衍生息在这里。珞巴族有自己的语言，属于汉藏语系藏缅语族，虽然没有文字，但有多种方言。珞巴族先民同藏族先民一道，共同创造了喜马拉雅山区的远古文明。20 世纪 70 年代以来，我国的民族和考古工作者在上珞渝的墨脱地区发现了大批磨制石器，有石斧、石凿、石纺轮等 20 件，属于新石器时代的遗留物。考古资料表明早在 4000 年前，珞巴族的祖先们就已经落户于珞渝地区，他们是当之无愧的珞渝的主人。

因为珞巴族地处深山峡谷，很少为外界所知，以各部落名自称或彼此相称，各部落方言差别较大。加上没有本民族的文字，漫长的民族发展足迹没有被记录下来。在藏汉文著作中，有关珞巴族的资料也极为缺乏，因此只能从珞巴族各部落的传说中去探寻他们的根源。关于珞巴族的族源有许多远古的神话传说，集中反映了在远古时期（史前时期），珞巴族是从西藏不同区域迁徙到现在的珞渝地区，成为珞渝最早开发该地的原住民之一。随其居住地域不同，珞巴族分为二十多个部落，各部落都有起源的传说。从传说中可以探知，珞巴族大概是青藏高原东南部一带的古老群体中的一支或数支繁衍而来。[①] 由于距离藏区的远近不同，各部落的社会生产力水平以及与西藏地方“噶厦”政府的联系程度也不相同。历代西藏地方政府对待珞巴人实行较为宽厚的羁縻政策，使得珞巴族得以完整保存了其民族的原生态生活方式。

① 国家民委《民族问题五种丛书》之二：《珞巴族简史》，民族出版社 2009 年版，第 9 页。

二　西藏地方政府对珞渝的管辖

除去远古神话传说外，我们可以从藏文历史文献和档案资料中去搜寻有关珞巴族古代历史发展的踪迹。如《红史》《德乌教史》《贤者喜宴》《门隅教史》以及《唐蕃会盟碑》《敦煌吐蕃历史文书》等。据史料记载，6—7 世纪青藏高原出现统一的吐蕃王朝时，珞渝地区不同的部落纷纷归属吐蕃王朝。藏文史籍《红史》等记载，早在松赞干布（617—650）时代，“南自珞与门……等均置于吐蕃统治之下”。此后藏族和珞巴族、门巴族的交往不断发展，西藏的生产生活方式以及行政管理体制对珞巴族地区产生重大影响。西藏地方政府在不同时期以封赠、委派、寻找代理人等方式间接对珞渝进行管理。到 7 世纪，随着强大的吐蕃王朝的建立，先前同藏民族有着密切关系的门珞地区纷纷归属吐蕃王朝，从此成为中华民族大家庭的一员。

公元 823 年在拉萨大昭寺前所立的“唐蕃会盟碑”不仅是藏汉友好亲密关系的历史见证，也是迄今为止最早发现的门巴族和珞巴族同藏族关系的文字记录。在 13 世纪以后的藏文文献中，对藏、门、珞之间交往和联系的记述屡屡见诸史籍。如藏文史记《贤者喜宴》在讲述藏族先民从猴变人时的生活情形时写道：“……食不种之谷，以树叶为衣，好似动物住在森林里，如同‘珞’和‘门’人遍布藏区。”17 世纪中叶以后的藏文档案资料，则重点记载了西藏历代地方政权在门、珞地区推行封建农奴制，行使管辖权的史实。在清朝中央政府的支持下，西藏地方政府进一步加强了对门隅和珞渝的管理策略，以封赠、委派等方式，通过设立宗、措、乃等行政组织和代理人，对门隅和珞渝地区实行有效管理，强化封建农奴制统治，从而有力地加强了藏族、珞巴族和门巴族在政治、经济和文化上的紧密联系。

18 世纪以后，西藏地方政府在清中央政府的支持下进一步加强和完善了对珞巴族聚居区的管理，增设行政建置，递相任免官员，推行税收制度。18 世纪末，噶厦在珞巴族居住的北部地区设立县一级的管理机构，委派宗本（相当于县长）管理现米林、墨脱、察隅、隆子南部等大片地方。19 世纪中叶，西藏地方政府把珞渝地区划归波密土王管辖，西藏地方政府也经常派人到珞渝地区巡查。直到 20 世纪 50 年代中期，墨脱宗、则拉岗（宗）、嘎卡谿卡和苏尔顿第巴等机构的官员头人还分别对达岗措、马尼岗和巴恰西仁等（卡珞）珞巴族居住区按例收取差税。①

三 “麦克马洪线”下的珞巴族

从我国实际控制线内的珞巴族来看，清末民初时英国加紧实施吞并我国藏南地区，以东喜马拉雅山脉为走向，划分非法的“麦克马洪线”，将整个珞渝地区和分布在这里的超过30万人的珞巴族声称为自己的领地与属民，与我国制造了许多矛盾与摩擦。到20世纪40年代末50年代初，在我国新旧政府交替之际，印度又非法占领这一地区，使我国实际控制的珞巴族故有领土只有上珞渝的1/3领土（即墨脱县），上珞渝的2/3领土和整个下珞渝全部被印度非法占领。因此，现在我国实际能够普查的珞巴族人口就只有3000多人，成为我国55个少数民族中人口较少的一个民族。分布在我国实际控制线内的珞巴族主要以米林、墨脱、察隅、隆子、朗县等地最为集中。国家在尊重历史传统和本民族意愿的基础上，于1965年正式批准珞巴为民族名称，成为我国的一个单一民族。在印度实际控制区内，官方对珞巴族的称呼为阿迪人。

因此，现在生活在西藏林芝的米林、察隅、朗县和山南隆子县的珞巴族并不是祖居于此，他们主要是20世纪50年代至60年代初，特别是1962年中印边界冲突后，随解放军从印控区的珞渝迁过来的。珞巴族最集中的地方是米林县，1300余人，其中，南伊珞巴民族乡是珞巴族最大的聚居地。聚居在上珞渝（墨脱县）居住的珞巴族，在200多年前，随着门巴族的大量迁入，当地大部分珞巴族迁居到白马岗（现在的墨脱县）的下部和珞渝的其他地区，从而在墨脱县居住的珞巴族不足1000人，其中以达木珞巴民族乡最为集中，人口目前近600人。

四 民族身份的确立

由于珞巴族地区交通闭塞，与外界接触少，社会发展缓慢，直到1951年西藏和平解放前夕还处于原始社会末期的家长奴隶制阶段。世代生活在喜马拉雅山林中的珞巴族甚至被诬蔑为“野人”，深受西藏三大领主的奴役和歧视，政治上无自由，甚至连基本的人身权利都被剥夺；经济上遭受盘剥，三大领主的各种乌拉差役压得他们喘不过气来。社会制度的

---

① 李坚尚、刘芳贤：《珞巴族的社会和文化》，四川民族出版社1992年版，第11页。

变革，为在西藏建立新型的民族关系提供了前提。1951 年西藏和平解放，居住在墨脱、米林、隆子、错那等县境内的门巴族和珞巴族，同藏族等各族人民一道，告别了原始落后的社会状态，跨进了社会主义历史发展的新时期。西藏民主改革后，百万农奴彻底推翻了封建农奴制度，珞巴族也获得了翻身解放。

部落与氏族制度迅速解体，是珞巴族社会发生的重大历史变化之一。西藏民主改革前，珞巴族社会是以部落和氏族为基础的社会结构。民主改革后，部落和氏族结构被新型的社会组织和政权机构所取代。民主改革给珞巴族社会的生产关系和物质文化生活带来了根本性的变化。昔日生产资料的氏族所有制、家族所有制和封建领主所有制被废除，广大人民群众分得了土地、牲畜、房屋、工具和生活用品。在珞巴族生活的地域，各县、乡都成立了人民政权。经过一系列社会改革，珞巴族从原始社会和封建农奴制社会，跨越了几个社会历史发展阶段，走上了社会主义道路。珞巴族在政治上的翻身解放，还反映在新型民族关系的确立和发展上。

为了使各民族都充分享受民族平等的权利，中国政府在 20 世纪 50 年代和 60 年代组织力量进行了大规模的民族调查和民族识别。经过科学严谨的民族识别，珞巴族被认定为单一民族，于 1965 年经国务院正式颁布确认。居住在不同地区的珞巴族，各有不同的自称和他称。根据实际情况和本民族意愿，以该民族居住在西藏的“珞渝”而称为“珞巴族”，意为“居住在西藏南部的民族”。国务院批准珞巴族为一个单独的民族，被誉为“珞渝文化第一人”的冀文正先生功不可没。① 他于 1950 年进藏工作，直到 1988 年离休，在藏工作时间长达 47 年。1954—1970 年，冀文正被派往“高原孤岛”墨脱县工作，在那里工作了 16 年。他深入墨脱珞巴族和门巴族村寨进行民族社会状况、民风民俗等方面调查，收集资料，拍摄相片，记录的珞渝地区口头文化的笔记达 84 万字，写下了 56 万字日记。离开墨脱后，他又三次进入墨脱收集民俗文化资料。在进行了广泛的社会调查之后，冀文正于 1955 年、1956 年和 1964 年先后三次向有关部门提交建议“确认珞巴人、门巴人为一个民族”。1965 年国务院批准了珞巴族为一个单独的民族。

在“珞巴族”写法上，藏文摒弃了历史上曾被蔑称的“野人”的写

① 《西藏文化报》1997 年 5 月 20 日刊登的文章中有这样的评价：“1964 年、1965 年国务院分别批准了门巴族、珞巴族为两个单独的民族，在这点上，冀文正功不可没。”

法。珞巴族被认定为单独的民族，是这个地处边陲的弱小民族发展史上的一个影响深远的重大事件。它标志着珞巴族长期遭受歧视和屈辱历史的终结，它是中国共产党认定的民族不分大小一律平等的马克思主义民族政策的具体体现。至此，珞巴族作为中华民族大家庭中平等的成员出现在了中国的政治舞台上，为建立团结、互助、平等的社会主义新型民族关系创造了条件。

由于珞巴族、门巴族等民族人口少，社会经济发展水平较为落后，在中华人民共和国成立之前普遍受到不公对待，很多权利都被剥夺。为保障少数民族的平等和自治权利，贯彻落实《中华人民共和国民族区域自治法》，西藏自治区人民政府批准在珞巴族集中聚居的地方成立了民族自治乡。1988 年 4 月 23 日成立墨脱县达木珞巴族自治乡，1988 年 6 月成立了米林县南伊珞巴族自治乡。此外，在山南隆子县斗玉乡和察隅县西巴村等珞巴族比较集中的地方也实行了特殊的政策。2010 年又成立了山南隆子县斗玉珞巴民族乡。民族乡的设立，赋予了珞巴族更多的自主建设家乡的权利，获得了更多国家优惠政策的扶持。珞巴族积极参与国家政治生活，自主地发展民族区域经济，自由地开展民族文化活动，使社会主义新文化得到蓬勃发展。今天，从全国到地方的历届人民代表大会和政治协商会议中，都有珞巴族的代表和委员，他们作为西藏人口较少民族代表直接行使管理国家的权力。

第三节　住在门隅的人

在藏语中，“门”是指地势低洼、山谷狭窄、被浓密的森林覆盖之地。“门巴”原是藏族对喜马拉雅山东南部的门隅地区人们的称呼，意为居住在门隅地区的人，后来成为门巴族的自称。早在吐蕃统一西藏前，门巴族就已生息在这里，也就是今天的西藏自治区米林、林芝、隆子和错那等县。在 18 世纪时，有部分门巴族因不堪西藏封建农奴制度的剥削与压迫，抱着对“莲花圣地”的宗教幻想，东迁墨脱，逐渐形成门巴族的另一主要聚居地，形成了门巴族东西分布的格局。

一　门隅的主人

门巴族是居住在西藏高原的古老民族，门巴族的先民很早就生活在青藏高原南部，是开发东喜马拉雅山脉南坡的主要原住民，其族称从藏文记载的历史看已有 1000 多年。由于居住地域的差异和历史上的民族迁徙，各地门巴族还有其他一些称呼，如自称“竹巴”“勒波”等。

门隅是门巴族的发祥地，自古以来这里就是门巴族的故乡。这里处于喜马拉雅山脉南麓，山高谷深，道路艰险，交通闭塞，历史上被视为神秘的地方，藏语称“白隅吉莫郡”，意为“隐藏的乐园”。门巴族聚居的门隅地区，历来是我国领土不可分割的一部分。早在 7 世纪，门隅即属我国吐蕃地方政权的版图，先前同藏民族有着密切关系的门、珞地区纷纷归属吐蕃王朝，从此成为中华民族大家庭的一员。13 世纪，错那以南的门隅地区作为西藏的一部分正式归入我国版图。门巴族和藏族长期友好往来，互通婚姻，在政治、经济、文化、宗教信仰、生活习俗等方面都有十分密切的关系，反映了历史上青藏高原各民族间在迁徙中相互交流、相互融合的过程。

由于藏族同门巴族和珞巴族的关系紧密，许多藏文史籍和文献资料对门巴族和珞巴族以及藏、门、珞之间的关系有着详略不同的记载。如《红史》《德乌教史》《贤者喜宴》《门隅教史》以及《唐蕃会盟碑》和《敦煌吐蕃历史文书》等。汉文历史文献对门巴族的记载较晚，主要见诸清代，有《卫藏图识》《西藏志・卫藏通志》《清实录》以及清末民初的《西南野人山归流记》；驻藏大臣的奏椟如《联豫驻藏奏稿》《赵尔丰川边奏椟》等。这些文献对门隅、珞渝和察隅的民情风俗以及清末治边情况等都有记述。公元 823 年，唐朝与吐蕃建于拉萨大昭寺前的“唐蕃会盟碑”是关于门巴族最早的记录。它不仅是藏汉亲密关系的历史见证，也是迄今为止最早发现的门、珞民族同藏族关系的文字记录。在记载古代藏族和门巴族关系的藏文文献中，门巴族喇嘛阿旺平措所著《门隅教史》，又名《君民世系起源明灯》，是目前所知唯一一部专门记述门隅历史发展的著作。

事实上，我国的门巴族并不都居住在门隅。因为门巴族人口的准确数字尚无法统计，现有门巴族总人口约 4 万人，大部分居住在印度实际控制区内。印度实际控制区包括除勒布以外的广大门隅地区、全部下珞渝和察隅部分地区。我国实际控制线内的门巴族只有少部分居住在门隅北部错那县勒布地区，大部分则分布在上珞渝地区的墨脱、林芝一带。今墨脱县的门巴族并不是祖居于此，200 多年前，一部分门巴族分别从门隅和主隅

（今不丹）地区东迁墨脱，形成了门巴族东西分布的格局。

随着西方资本主义势力的扩张，殖民主义开始了对我国的侵略。18世纪中叶，英国殖民主义者侵入印度，以印度为基地向中国西藏扩张势力。西藏东南部的门隅、珞渝和察隅，是从印度进入藏区直抵四川和青海的便捷路线，因此成为殖民主义势力侵略的目标。清末民初以来，以英国为首的西方殖民主义者加紧实施分裂中国西藏的阴谋。他们一手靠武力，一手培植亲帝分子，公然划定非法的"麦克马洪线"，对我国固有的藏南领土进行蚕食活动。由于近代英国殖民主义势力对门隅和珞渝的染指和入侵，尤其是英国非法炮制的"麦克马洪线"和印度独立后对"麦克马洪线"以南地区的非法占领，使绝大部分门巴族和珞巴族至今仍生活在印度非法占领下的地区。

二　翻身农奴得解放

1951年，西藏获得和平解放，党和人民政府派工作队深入门巴族地区访贫问苦，帮助发展生产。至1959年民主改革以前，原有的封建农奴制和旧的西藏地方各级政权依然存在，门巴族农奴还要向封建领主承担差赋和乌拉。工作队在可能的情况下，尽量帮助农奴减轻负担。在墨脱宗，按照传统的办法，宗政府代表色拉寺向门巴农奴征收的差赋（多是实物），都要农奴们徒步背运到喜马拉雅山北坡，往返一次需要十多天时间，然后再由藏族农奴支乌拉转运到拉萨。驻墨脱的工作队所需的物资，又要靠长途运输背进墨脱宗。为了减轻农奴们长途运输的负担，工作队提出了一个两全其美的办法，凡墨脱宗农奴要交工布地区的粮食，可以直接交给工作队，领主差赋粮由工作队开具证明到拉萨有关部门拨给。这样就减轻了农奴的运输负担，受到墨脱各级群众的拥护。通过一系列工作，增进了门巴族对祖国的了解，培养了一批门巴族干部，为人民政府的建立奠定了思想基础和组织基础。1959年，门巴族人民和藏族人民一道，支援人民解放军平息了西藏上层反动分子发动的叛乱，实行了民主改革。① 统治西藏地方近千年的封建农奴制度被彻底废除，门巴族和西藏各族人民一起，实现了社会发展的历史性飞跃。

民主改革结束了门巴族"当牛做马"的历史，开启了门巴族政治、

① 西藏大部分地区的民主改革是1959年开始，但墨脱县情况比较特殊，于"文化大革命"期间的1967年1月开始试点，分三批进行，于1968年6月完成。

文化、社会生活的新时代。门巴族人民和西藏各族人民一道，实现了社会发展的历史性飞跃。门巴族的翻身解放，首先表现在门巴族在政治上的当家做主。1959 年 7 月，随着平叛和民主改革的推进，门巴族主要聚居地的墨脱县人民政府宣布成立。同年，错那县门巴族聚居的原勒布四措撤销，成立了勒布区，区下设麻玛、吉巴、贡日和勒 4 个乡。这样，门巴族地区各级人民政权就建立起来了，主要领导干部都由门巴族人担任。昔日当牛做马的门巴族农奴翻身解放，政治上获得了人身自由，经济上废除了封建剥削，取消了向领主交纳的差赋和承担的乌拉，分到了牲畜和土地，摆脱了世代受奴役和剥削的地位，成了国家主人。门巴族地区各级人民政权的建立，标志着门巴族发展进入一个崭新时期。在从地方到全国的历届人民代表大会和政治协商会议中，都有门巴族的代表和委员。他们直接参加地方和国家管理，行使当家做主管理国家的权力。1965 年 9 月，西藏自治区成立，民族区域自治在西藏全面实施，西藏地区跨入了社会主义革命和建设的新的历史发展阶段。

门巴族的翻身解放，也反映在新型民族关系的确立和发展上。中国共产党倡导的马克思主义民族政策的贯彻，使门巴族充分享受到了民族平等的权利。西藏和平解放后，中央人民政府于 20 世纪 50 年代和 60 年代，组织力量进行了大规模的民族调查和民族识别工作。经过科学严谨的民族识别，门巴族被认定为单一民族，有自己共同的地域、共同的经济、共同的语言、共同的文化心理及民族意识。1964 年，经国务院批准门巴族成为我国民族大家庭中的一员。从此，门巴族作为中华民族多元一体格局中的一个组成部分，获得了充分的发展与繁荣，过去很少为人所知晓的门巴族与其他民族交流日益增多。至此，门巴族作为中华民族大家庭中平等的一员出现在了中国政治舞台上，为建立平等、团结、互助的社会主义新型民族关系创造了条件。从此，门巴族积极参加国家政治生活，自主地发展民族区域经济，自由地开展民族文化活动，充分享受宗教信仰自由，本民族的传统文化也得到保护和发展。

第四节 曾经的“高原孤岛”

墨脱地势险峻，地理位置极端闭塞，它的北面有南迦巴瓦峰和多雄拉山，东部有金竹拉山，中部有岬龙拉山，西部有遂拉山等同藏区隔开，形成一个相对独立的峡谷谷地，是我国少有的典型垂直地带性区域。因此，墨脱素有“高原孤岛”之称，以道路险峻而闻名于世，一直以来与外界几乎处于半隔绝状态。

一　墨脱的人口与民族

墨脱县位于西藏东南部，雅鲁藏布江下游，与林芝、米林、波密、察隅接壤，总面积3.4万平方公里，边境线长262.5公里；全县地势北高南低，从海拔7782米的南迦巴瓦峰下降到海拔200米的巴昔卡，平均海拔1200米。全县下辖7乡1镇（包括达木珞巴民族乡）46个行政村，其中，上3乡包括甘登乡、加热萨乡、帮辛乡；下3乡（镇）包括背崩乡、德兴乡、墨脱镇；金珠地区包括格当乡、达木珞巴民族乡。截至2016年8月，还有加热萨和甘登两个乡的共计21个行政村不通公路，加热萨乡和甘登乡也因此成为我国最后不通公路的两个乡。2017年年底，投资5.5亿元全长80公里的公路终于修通。

墨脱县境内主要民族为门巴族、珞巴族，还有部分藏族、汉族以及回族、苗族、满族、侗族、彝族等少数民族。1976年时，墨脱县人口6248人，2003年墨脱县人口10067人，二十七年增加了62%，是全国人口最少的县之一，其中门巴族占73%，其余是珞巴族和藏族。① 截至2015年年底，全县总人口13936人，农村人口10684人，城镇人口3252人。据墨脱县统计局对墨脱农牧民人口民族构成的统计（城镇居民未纳入），目前门巴族8045人，占总人口的57.73%；珞巴族1587人，占总人口的11.39%；藏族1008人，占总人口的7.23%；汉族44人，占总人口的0.32%。各乡镇的民族人口分布见表1-1。

表1-1　　墨脱县各乡镇乡村人口数及民族分布　　（单位：人）

乡镇名	墨脱镇	背崩乡	德兴乡	格当乡	达木乡	帮辛乡	加热萨乡	甘登乡
总人口	2235	2377	1668	916	1089	1376	713	310
门巴族	2137	2366	1663	34	381	1355	7	102
珞巴族	27	9	2	101	660	9	698	81
藏族	54	1	1	780	30	9	6	127

① 张江华、揣振宇、陈景源：《雅鲁藏布江大峡谷生态环境与民族文化考察记》，中国藏学出版社2007年版，第2页。

续表

乡镇名	墨脱镇	背崩乡	德兴乡	格当乡	达木乡	帮辛乡	加热萨乡	甘登乡
汉族	17	1	2	1	18	3	2	0

在西藏境内的珞巴族、门巴族与藏族呈大杂居、小聚居状态的分布格局。珞巴族和门巴族作为西藏人口较少民族，同时又是跨境民族，但由于历史原因，在我国实际控制线内，呈现出人口数量少、居住偏远和较为分散的特点。长期以来，由于历史和自然的原因，门巴族和珞巴族社会发展缓慢，社会生产力一直处于十分低下的水平，人口增长也极为缓慢。人口问题始终是这两个民族社会发展中的头等大事。

据 1982 年全国人口普查统计，我国实际控制线内的门巴族人口是 6248 人。到 1990 年全国第四次人口普查时，门巴族人口已增长为 7475 人，8 年人口增长 19.6%。其中，上珞渝的墨脱县有 6064 人，约占总人口的 81%。到 2000 年第五次人口普查时，我国实际控制线内的门巴族人口数量已达 8923 人，仍是我国人口不足万人的 7 个少数民族之一，其中墨脱县有 6905 人。经过 10 年的发展，到了 2010 年第六次人口普查时，门巴族人口达到 10561 人，首次突破万人大关，成为这个曾经弱小民族历史发展上的一件大事。

珞巴族更是少数民族中的少数，经常被称为我国“人口最少的少数民族”。目前，在我国实际控制区内的珞巴族人口不足 4000 人。2000 年第五次人口普查数据显示，珞巴族为 3000 多人，男性人口数多于女性，人口性别比为 100∶20。与 10 年前的“四普”相比，珞巴族人口增加了 0.06 万人，增长率为 27.69%，平均年增长率 2.37%。根据 2010 年我国第六次人口普查结果显示，珞巴族有 3682 人，约占西藏总人口的 0.15%，主要集中居住在边境地区米林县南伊珞巴民族乡、墨脱县的达木珞巴族民族乡和隆子县斗玉珞巴民族乡，其他一些珞巴族则散居或者与其他民族混合居住。

由于历史、自然等诸多因素影响，珞巴族和门巴族居住区社会发展水平相对较低，发展不全面、不平衡的问题更加凸显。根据 1999—2000 年国家民族事务委员会组织的我国人口较少民族调查显示，门巴族、珞巴族绝大部分的社会经济发展程度远远滞后于全国平均水平。虽然改革开放后各项事业有了巨大的发展和变化，但是与西藏其他地方相比，仍有不小的差距，是西藏乃至我国全面建成小康社会和构建社会主义和谐社会的重点和难点。因此，加快当地经济文化发展，逐步实现西藏各民族的共同富裕和繁荣，对维护祖国统一，加强民族团结和边疆稳定具有重大的现实意义。

二 猴子攀爬的小道

说起墨脱，就不能不提到它的交通。生活在墨脱的珞巴族和门巴族散居雅鲁藏布江两岸，不仅对外联系和交往极为困难，就是各村寨之间的联通也不容易。出门就爬山下坡，遇水则靠溜索和藤网桥。到墨脱必须利用夏季大雪封山前翻越地势陡峭、险象环生的大山，下山后要经过险要的深山峡谷、穿越藤蔓交织、幽暗泥泞的茂密的原始森林以及众多激流汹涌的河流。同时，还要防备多种毒虫和蚂蟥的叮咬以及野兽的袭击。当地人用这样的顺口溜来形容路程，“一山见四季，十里不同天，声音听得见，走路要半天”。

墨脱是高山峡谷地区，所谓的“路”几乎都是崎岖难行、直上直下的“猴子路”。当地人就是凭借“猴子路”、溜索和藤网桥打通了与外界的联系，一切生活必需品都靠背夫的双肩背出背进。“猴子路”就是居住在大峡谷中门珞民族的生命线。每年10月到下一年的3月是大雪封山期，4月当春天的阳光洒满山坡的时候，人力背夫们便开始长途跋涉。背夫们的必备工具是藤筐、筐上的背带和“丁”字形手杖，这三样工具一个都不能少。藤筐是收获粮食和外出交换时的背运工具。外出交换，路途遥远，负重一般都在一百斤以上；背带也用藤条编织，带有菱形花纹，一根背带宽约5厘米，长约130厘米；“丁”字形手杖长约80厘米，多用天然树枝砍制而成，也有的用一根带杈的木棍，于手握处钉一木条作扶手制成。为了保持身体平衡，便于爬山越岭，背夫们采用头背式。藤筐通过背带挂在人的前脑门部位，双肩只起着辅助作用。这样在身体向前移动时，藤筐就能紧紧贴在背上，不至于向两旁摆动。这对爬越陡峭山岭时，防止翻身落崖是非常重要的。由于常年头背式的负载，门珞民族男子的前脑颅骨下陷，形成一道明显的沟痕。行走时，右手扶杖拄地，可以减轻身体负重，尤其是下坡时，还可以稳住身体。手杖还有另一用途，当负重者在攀登陡峭的山路或途中劳累时想小憩，可将手杖置于藤筐底部作支撑，无须弯腰卸载就能得到休息。就是这样世代靠这些简陋的运输工具负重攀缘于绝壁险道之上，攀山背运也就成为墨脱珞巴族和门巴族的基本生存技能。

据史料记载，清末从喜马拉雅山北坡工布地区越过多雄拉山口有一条通向墨脱宗境内的马行道，驮马勉强可以到达雅鲁藏布江边，因江水阻隔，马不能过江。到西藏和平解放前，这条马行道因年久失修，只有人可以勉强通过。在未修栈道之前，人们需要绕道爬越陡峭的山崖，走一条只有猴子才能攀缘的险峻无比的“猴子路”，整个过程是不断地上山下山、上坡下坡。有的路段路面仅 20—40 厘米，这条“猴子路”要走一天多的时间，在漫长的岁月里不知吞噬了多少背工的生命。路窄的地方两人相遇，往往需要将背运的物资取下放于地上交换，然后两人分别从物品上跨过，方能继续前行。所以，在墨脱没有使用扁担的挑夫，只有背夫。在山口的危险地段，当地人每过一次，都按照藏传佛教的习俗，或放石头，或挂经幡，祈求平安越过山口。由于世代的积累，有些地段的石头已经垒起一米多高。如果是远距离运输，运输任务又重，那么青壮年男女都要参加，仅仅靠男子是无法承担的。

20 世纪 60 年代，为了打通天堑，改善交通条件，在墨脱各族人民的配合下，驻地部队用炸药、钢钎铁锤，用汗水、鲜血和生命硬是在半山腰的悬崖峭壁上削壁三尺，开凿修建了从山脚至山腰长达几公里的栈道，又称“一线天”。但栈道仍凶险无比，宽度约一米，左侧是崖壁，右侧是深谷，深不见底，谷底是咆哮的多雄拉河。头上是悬挂在崖壁上的巨石，摇摇欲坠。路面用石块铺就或凿石成梯，由于多雨潮湿，行人稀少，石块和石级上长有苔藓，尤其是路的外侧，路面很滑。如果不小心脚踩虚或滑倒掉入山谷，绝无生还的可能。从进口处望过去，这一险道就像一只猛虎张开巨口，狰狞恐怖，被人们形象地称为“老虎嘴”，令人无不谈“虎”色变。

墨脱人出行还必须经过雅鲁藏布江及其支流上的条条溜索桥和座座藤网桥。溜索是在河谷两岸拉起的一根粗藤，人悬挂在上面攀缘过去。两手两脚攀附绳索，背朝江水脸朝天，从绳索的一端滑向另一端，有的时候还要背着重物。不论春耕、夏锄、秋收还是冬藏，都滑行于两岸之间，如履平地。过藤网桥时，手扶着两股藤索前进，桥身剧烈晃动，桥下江水奔腾咆哮，令人心惊胆战。藤索经日晒雨淋，逐渐失去韧性，一般半年就要更换，否则会发生危险。过去因藤绳断裂，跌入江中的惨剧时有发生。

在墨脱建桥，仅建桥的材料要运进墨脱就极为困难。由于道路险峻，架桥的钢索无法驮运，全靠人力运输。钢索很长，又不能截断，因此一根钢索得由许多人运，每人肩上扛两三圈，往往数十人一组运送一根。前后连在一起。在行进中，常常是一人跌倒把前后数人绊倒，行程十分缓慢。当到达目的地时，许多人已是遍体鳞伤，至于在途中风餐露宿、风吹雨打、受蚂蟥毒蚊的叮咬，就更不用述说了。在墨脱境内的雅鲁藏布江及其支流上，共架设了 13 座钢索大桥，以“解放大桥”建得最早和规模最大。这座吊桥建于 1965 年 2 月，由 8 根长达 200 多米的主钢索横空搭建，可同时承载一百匹马过江。修建“解放大桥”的钢索，由 50 名战士为一组运送，扛绳的队伍排成长长的一串，大家要统一行动，互相拖拽着一步步往前挪动。他们需要翻越大山、跨深涧、穿密林、战蛇蟒，在险恶的“猴子路”上行走五六天才能到达目的地。钢索经过千辛万苦、千难万险运抵雅鲁藏布江边后，长达 250 米的钢索怎样牵引到对岸又成为一道难题。战士们架起了一门 60 迫击炮，将弹头引信摘去用以牵引钢索，凭着过硬的军事本领，用炮弹将 8 根主钢索准确地送到了江对岸。可以说，这是墨脱人创造的建桥史上的又一个奇迹，这终结了生活在墨脱的门巴族和珞巴族等民族长期靠溜索藤桥过江的历史。

随着墨脱交通条件的改善，许多藤网桥已经被钢索吊桥取代，有的则因年久失修而废弃不用。到 1986 年时，雅鲁藏布江上仅存一座通往德兴区的藤网桥。现在，墨脱的交通条件已经发生了很大的改观，人力背运的环境有所改善。随着人行道、马行道的不断建设，方便了出行，安全系数得到提高。20 世纪 90 年代以来，进出墨脱县东线的波—墨公路路段，先后出现了政府设立的招待所和个人开办的客栈，满足过往人员的基本需要。2013 年 10 月 31 日，由波密县扎木镇通往墨脱县的公路正式通车。扎墨公路的开通，使千百年来作为“高原孤岛”和“中国唯一不通公路县”墨脱的封闭历史宣告终结。

随着扎墨公路的通车，带动了墨脱县乡村公路建设的步伐。截至 2016 年年底，墨脱县公路共有 25 条，约 336.23 公里。全县乡镇公路通达率为 75%，通畅率为 25%；行政村公路通达率为 65%，通畅率为 6.5%。除加热萨乡和甘登乡（我国最后不通公路的两个乡）不通公路外，其余 6 个乡镇均通达。随着交通条件的改善，曾经的“高原孤岛”和“隐秘的莲花”，正日益揭开其神秘的面纱。2018 年之后，墨脱实现所有乡镇和建制村通公路，也成为西藏以至全国实现“村村通”的标志。

第二章

制度变革下的墨脱

隐藏在喜马拉雅山南麓的墨脱，在短暂的100多年里，其社会文化变迁经历了惊人的四级跳：原始自然经济—封建农奴制度—社会主义制度—中国特色社会主义制度。墨脱人民的生活在相应的社会制度变革下发生翻天覆地的变化。特别是1962年墨脱正式建政，社会主义制度逐步完善，墨脱人民摆脱了封建农奴制度的枷锁，生产生活水平迅速提高。改革开放以后，在国家和福建、广东援藏的强力支持下，墨脱更是走上了一条跨越式发展的康庄大道，墨脱的发展更可谓日新月异。本章以时间为线索，以墨脱制度变革为主题，具体展现在不同历史阶段墨脱人民生活状况的变化。

第一节　原始社会经济时代

因为封闭的地理环境，直到18世纪后期，墨脱社会经济发展长期保持在原始社会的自然经济状态。整体社会经济发展十分缓慢，生产力水平极其低下，主要依赖刀耕火种，“种在人，收在天”，广种薄收的原始农业，辅之以采集狩猎为生活补充，人民生活极为贫困。

一　原始的自然经济

根据珞巴族关于远古时期的神话传说，珞巴族祖先是最早开拓墨脱的原住居民，他们在这片广袤的土地上游耕游猎。传说中，珞巴族远古祖先，最早处于原始游猎时代，居住在山洞之中，依靠采集狩猎为生。在长期生产生活实践中，开始按男女性别分工，男人从事狩猎，女人则从事动物驯养和采集野生植物。随着经验的逐渐积累，人们开始烧地开荒，原始农业的出现，使族群逐渐减少迁移，开始搭建窝棚，形成小村落。也逐渐形成了社会道德规范，进入血缘家族时代，采集和狩猎的深度、广度得到一定发展。①

墨脱县的考古发现，也留下了珞巴族祖先的奋斗足迹。1973年和1976年，墨脱县境内的墨脱镇、达木珞巴民族乡、背崩乡等十余地，发现了一大批磨制石斧、石锛、石凿、石纺轮、陶器残片等新石器时代遗物，形象地再现了远古时期珞巴族先民采集狩猎的原始生活。这些石制工具大致的用途为加工工具和砍伐树木工具。由此可以判断，当时珞巴族的祖先大概已经开始刀耕火种的锄耕农业，采集和狩猎是其生活的必要补充，磨制石器的使用，标志着珞巴族原始采集农业经济向农耕农业的转型。②

大约在吐蕃时期，邻近藏区的珞巴族部落，就开始引进铁器工具，珞巴族部落开始使用铁制器具来翻整经营土地，收割农作物，使墨脱的生产力得到进一步发展。到18世纪前期，生活在门隅③和主隅④地区的门巴族，因为不堪忍受当地农奴制度的严酷压迫和剥削，又恰遇自然灾害导致粮食减产，开始成批地逃亡迁徙。墨脱因其在藏传佛教经典中有着“莲花圣地”的美好传说，成为门巴族人向往的首选之地，他们纷纷东迁到墨脱县境内定居，从此墨脱县成为珞巴族和门巴族的共同聚居地。⑤实施山地农耕的门巴族，不仅给珞巴族带来了先进的农耕技术，还带来了先进的生产工具，铁制器具及其制作方式在墨脱普及开来，极大地改变了珞巴族原始粗放的生产方式，提高了墨脱整体的生产力水平，使其从石木器具为主的原始农业，跃升到铁器时代的锄耕农业阶段。

二 自然经济发展阶段

在传说的远古时代，珞巴族先民主要通过狩猎和采集为生，完全原始“靠地吃饭”的农业，只是被动地利用土地资源，生产力极为低下，珞巴族生活异常困难。但是，随着生产、生活经验和认识不断积累加深，珞巴族先民生产方式得到一定程度的提升。直到新石器时代，墨脱境内发现了

---

① 《珞巴族简史》编写组：《珞巴族简史》，民族出版社2009年版，第12—13页。

② 同上书，第18页。

③ 门隅：门巴族的主要聚居区，位于西藏的东南部，北与山南地区错那县相连，东与珞渝相连，西与不丹毗邻，南与印度阿萨姆邦相接壤。下同。

④ 主隅：今日的不丹。下同。

⑤ 西藏社会历史调查资料丛刊编辑组：《门巴族社会历史调查（一）》，民族出版社2009年版，第18页。

多种石制器具，由此能判断出其原始粗放型采集的生产方式有所改变，逐渐转向刀耕火种农业的初级阶段，开始锄耕农业，生产力明显提高。18世纪前期，随着门巴族的迁入，带来了先进的农业技术和先进的生产工具，其中铁制工具较大地改变了珞巴族的生产方式，提高了其生产力，使农业进入了铁制锄耕的阶段。

（一）采集与狩猎

在珞巴族博嘎尔部落《达蒙和达宁》的传说中，比较清晰地记载了远古时代生产、生活的场景。其中，男女开始分工，男人—达宁从事狩猎，把小野猪抓来交给女人—达蒙驯养。达蒙从事动物驯养和采集野生植物，她用麂子角挖地，用猴子的下腭骨松土。他们还用藤条和木头相互摩擦，借以取火。此时，狩猎主要依靠古老的围猎方式，即以氏族为单位集体狩猎。在氏族首领的组织下，选定狩猎场，将其四面包围，其中三面吸引猎物，剩下一面进行埋伏。一旦猎物被赶出来，有埋伏猎手进行捕杀。所得兽肉，除奖励射中者某些规定部位外，其余由氏族各户均分。①

从以上的传说中可以看出，在远古时代的珞巴族先民主要通过狩猎和采集为生，兼营十分粗放经营的原始农业。狩猎上，他们的围猎方式极为落后，需要大量男性劳动力，所获猎物却十分不稳定。采集上，他们只是使用最基本的动植物工具被动地利用土地资源。这时，为了实现自身的生存必须付出辛苦的劳动，整个群落生产力极为低下。

（二）锄耕农业

在长期原始农业的生产中，珞巴族先民的经验和认识得到不断积累加深，其生产方式得到一定程度的提升。为了更好地生存发展，他们开始改变原有粗放被动的经营方式，主动参与到改造自然的实践中，在采集和狩猎的广度、深度上都取得了不小的进展。

在采集上，他们找到了“达谢”、青岗籽等更多替代食物，扩大了食物的来源，并且逐步开始对水稻、玉米、鸡爪谷等进行有规律的种植。在狩猎上，他们改变了原有需要众多劳动力的围猎方式，开始通过陷阱、套索、石压、地弩等各种方法进行狩猎，使狩猎者只要定期巡视猎场就能得到猎物，② 这既有利于他们更多更好地获得猎物以便驯养，间接促进畜牧

① 《珞巴族简史》编写组：《珞巴族简史》，民族出版社2009年版，第13—24页。

② 同上书，第18页。

业的发展，又将大量男性劳动力从不稳定的原始围猎中解放出来，使其能够将精力集中到农业上，促进原始农业向锄耕农业转型。这一点从墨脱境内发现了多种石制器具能够得到证明。

墨脱县境内在 1973 年和 1976 年发现磨制石斧、石锛、石凿、石纺轮、和陶器残片等新石器时代遗物，这些石制器具大致的用途为加工工具和砍伐树木。由此可以判断，这一时期的采集狩猎水平和农业生产技术有了很大的提高，人们已经能够借用石制器具来改变原来粗放型的生产方式，原始农业开始向锄耕农业进行转型，社会逐渐进入刀耕火种农业的初级阶段。

（三）铁耕农业

吐蕃时期，邻近藏区部落的铁器已经输入墨脱境内。珞巴族部落开始使用铁制器具来翻整经营土地，收割农作物，锄耕农业开始转向铁耕农业。18 世纪前期，门隅和主隅地区的门巴族集体逃往有“莲花圣地”美誉的墨脱。门巴族作为一个农耕民族，有着更为先进的农耕技术和铁制器具的制作方式，较大地改变了珞巴族的原始粗放的生产方式，使其从较多使用木制器具转向较多使用铁制器具。例如，当地人开始使用铁具对水稻地和鸡爪谷地进行了精耕细作，使农业进入了铁制锄耕的阶段，出现了园圃地（“哥雅阿日”）、常耕地（“达米阿日”）等耕作方式，大大提高了粮食产量。这些都极大提高了农业生产力，提升了人们的生活水平，农业也逐渐从锄耕农业进入了铁耕农业，并彻底进入刀耕火种时期。

从原始农业到锄耕农业再到铁耕农业，墨脱境内生活的门巴族和珞巴族等民族一直处于自然经济时期，从事最基本的采集、狩猎和原始农业、原始畜牧业生产，社会生产方式十分落后，生产力整体处于较低水平，社会分工只有简单的男女分工，生活水平不高但能基本自给自足。然而，随着封建统治的入侵，墨脱境内的生产力和生产方式虽得到提升，但珞巴族和门巴族的生活水平却变得更加恶劣。

第二节 封建农奴制时期的墨脱

随着 18 世纪前期门巴族的迁入，藏传佛教的影响日益加大，封建农奴制的影响也随之进入墨脱，西藏的封建农奴制统治日益增强。19 世纪末期，波密土王旺秋绕顿在墨脱设立地东宗、嘎朗央宗，加强对墨脱门、珞两族的管理力度，封建农奴制度正式进入墨脱。藏波战争后的 1930 年，西藏地方政府通过色拉寺对墨脱进行直接统治。直到 1962 年以前，墨脱的社会形态都是封建农奴社会。封建农奴社会时期，墨脱地区的农奴主土地所有制将大部分生产资料掌控在极少数人手中，严重束缚了生产力的发展，生产工具落后，生产方式单一，农业生产水平低下。加之乌拉[①]差役众多，尽管墨脱地区生产力较原始自然社会有所提高，但广大墨脱人民生活在被奴役、被压迫的水深火热之中。

一　封建农奴制社会的发展状况

18 世纪中叶，主隅和达旺地区的一部分门巴族，因为不堪忍受封建农奴主的压迫和剥削，加上遭受严重的自然灾害，在进行了长时期的反抗斗争之后，被迫举家迁徙。而宗教的幻想——藏传佛教把墨脱地区称为莲花圣地，也是导致门巴族东迁的重要原因。门巴族的迁入，不仅带来了先进的农业技术，也带来了封建农奴制度，封建统治也由此进入墨脱地区。

1780 年（清乾隆四十五年），门巴族与珞巴族因为修建仁青崩寺而发生械斗，西藏地方封建势力波密土王，借平息冲突之机将墨脱纳入管辖，在雅鲁藏布江下游地区设立嘎朗央宗管辖珞巴族，在墨脱地区设立地东宗管辖门巴族。门巴族取代珞巴族获得了对墨脱地区土地的主导权，继续在该地区实行村社所有制度，各家土地不够种时可在村社所属范围内开荒，荒地基本上仍属自然拥有性质。此时，波密土王虽正式开始了对墨脱地区的封建统治，但主要采取怀柔政策，管辖较为松散，人们所需缴差赋也较轻。

1881 年（清光绪七年），新即位的波密土王旺秋绕顿在墨脱地东设立地东宗，设宗本，多委托当地门巴族担任，明确规定了每户门巴族一年中所负担的乌拉差役。[②] 后因地东缺水迁至墨脱村，改称为墨脱宗。波密土王也加强了对墨脱地区的封建管理，逐渐明确各家差赋的规定，逐步建立起了系统的差赋体系。

1893 年由乌金担任墨脱宗本，开始完善封建农奴制度，明确划分了村社界线，措有措界，村有村界。村里的土地按户分配，凡属有劳动能力的人都可分得一份，主要根据家庭人口和劳动力状况配置份地，相应规定

① 乌拉：意为徭役。下同。

② 《门巴族简史》编写组：《门巴族简史》，民族出版社 2008 年版，第 40 页。

各家应交的差赋数额。随着封建农奴制度的确立，墨脱地区彻底进入封建农奴制社会。

1905年（清光绪三十一年），波密土王在仰桑河流域设立嘎朗央宗，管理广大仰桑河流域，宗本多由当地珞巴族担任。[①] 此后，波密土王对于墨脱境内门、珞两族的封建统治力度不断加强，所缴差役不断细化增多，差役制度形成较固定的体系，封建农奴制度得到不断完善。

1910年（清宣统二年），清王朝加强对西藏的统治，波密土王白玛才旺被迫逃到墨脱，被当时的墨脱宗本道布杀死，波密土王政权告一段落。辛亥革命胜利后，清王朝在波密的军队迅速瓦解，波密土王趁机复辟，并委派宗本恢复对墨脱的统治。1927年（民国十六年），藏波战争再次爆发，1929年波密土王战败，后因食物中毒死亡。这一时期，波密土王的封建统治受到了沉重打击，但其建立起来的封建农奴社会依然得以延续。

1931年，西藏地方政府开始正式对墨脱进行直接统治，将墨脱地区分封给色拉寺管辖，墨脱宗门巴族的领属关系就随之归属于色拉寺。色拉寺按照西藏封建农奴制方式对墨脱进行管理，除少量土地和山林作为寺产由寺庙占有外，其余仍然由宗本按传统方式配置。色拉寺所派宗本对全宗户口名册进行了查对、清理和重新登记，对份地也进行了相应的调整。丧失劳动能力的差米，份地被宗政府收回，调整给劳动力强的差米户或有劳力无份地的农奴，以保障领主差赋的来源。西藏地方政府对墨脱地区的封建统治达到顶峰，封建农奴制度得到进一步完善，农奴所需缴纳差税大大提高，已经超出农奴所能承受的范围，广大农奴的生活苦不堪言。[②]

二　封建农奴制度下的生产关系

门巴族东迁之前，墨脱地区是珞巴族世代劳动、生息的地方，山林、土地、河流等生产资料按需支配，均为珞巴族氏族自然共同占有。随着波密土王对墨脱地区进行封建统治，墨脱地区的土地、山林、河流等生产资料和农奴的人身自由都归波密土王所有。随着波密土王的死亡，1931年

① 《门巴族简史》编写组：《门巴族简史》，民族出版社2008年版，第41—42页。

② 本部分相关内容来自西藏林芝地区墨脱县志编纂委员会《墨脱县志（下）》，中国藏学出版社2017年版，第875—884页。

西藏地方政府直接管辖墨脱地区，将墨脱宗封赠给色拉寺管辖，色拉寺占有墨脱地区的土地、山林、河流等一切生产资料以及农奴的人身自由。由此，墨脱地区逐步确定农奴主阶级的土地所有制，这既标志着封建农奴制度的完全确定，又标志着墨脱地区彻底迈入封建农奴制社会。

（一）差地

色拉寺从西藏地方政府得到墨脱的土地支配权，又将土地的使用权配置给属地的农奴耕种，以村社为单位，土地按户由宗本分配，只要有劳动力的农奴，就可分配到相应的份地，农奴相应必须向农奴主及代理人缴纳繁重的乌拉差役。分配给各户农奴的份地，称为差地，意思是纳租税的土地，分有份地的农奴称为“差米”，意为交租税的人。农奴对差地仅有使用权和继承权，没有所有权。但是，在不影响领主对整个土地的所有权和交纳差赋的前提下，差地可进行使用权的继承、出借和转手买卖，绝嗣户的差地由领主收回，再派给别的农奴耕种顶差。

农奴之间的差地分配存在着较大的悬殊，有的差米占有田地的数量多，有的差米占有田地的数量少。这是因为宗本在划分份地之前，各户已经自然占有一定数量的田地，分配时只需要采取抽肥补瘦、局部调整的办法。这样，宗本分配差地就有着很大的自由权，一些富裕的农奴可以向宗本行贿送礼，由此获得更多的田地，尤其是开辟不易的肥地，也就造成了农奴间占有田地数量的不平衡。同时，宗本作为墨脱地区行政的最高官员，可以随时以“借用”的名义，任意剥夺农奴的土地占有权与劳动产品。

地东宗宗本最开始划分差地时，是以当时的人口作为划分标准，七口人以上的人家为全差，四至六口的人家为半差户，二至三口的人家为四分之一差，全宗共有近 600 个差。在色拉寺管辖墨脱宗之后，却仍然按照 600 个全差的标准收差税派乌拉，但是差地的占有情况却有了很大变化，因为农奴分家、残疾、逃亡、绝嗣等各种原因，差地有所增减，其承担的差税亦相应有所增减。无论差地具体占有者如何变化，农奴主向农奴收取乌拉差役的总额却不会因此减少。①

（二）基萨——公有土地

“基萨”，意即公有土地，是原始自然社会中生产资料公有制的残余。

---

① 本部分相关内容来自西藏林芝地区墨脱县志编纂委员会《墨脱县志（下）》，中国藏学出版社 2017 年版，第 927 页。

每个村庄都有一定范围的公有土地，包括其中的猎场、山林、荒地和流水，为全村人共同占有。本村人在自己村庄公有土地范围内垦荒、狩猎或砍伐竹木都不受限制，收获都归本村人。外村人若想要到非本村公有土地范围内垦荒、狩猎或砍伐竹木，则必须在此村学本（村长）允许并送礼后方可进行，如果是狩猎，则需要留下猎物的前胸或前腿。但是，公有土地内的珍贵木材，无论在何村范围，一般人绝对不允许砍伐，只能由宗政府和寺庙砍伐利用。①

（三）社会等级：差巴、堆穷、约布

在封建农奴社会中，农奴主是高贵等级，农奴是一般等级，鬼人是贱民等级。农奴按其经济地位的高低，又被分为“差巴”“堆穷”和“约布”三个阶层。

墨脱宗中，“差巴”占总农奴数的90%以上。“差巴”在农奴中社会地位最高，拥有独立的经济地位，耕种一定数量的差地，是差税和乌拉的主要承担者。措本、根保、学本都是从“差巴”中产生。但是，“差巴”内部之间因为经济、政治地位的差异又有着明显划分。其中，富裕的“差巴”占总“差巴”数的2%—5%，他们有多余的差地，能把部分差赋转嫁到他人身上，生活水平在农奴中最高。一般的“差巴”占总“差巴”数的15%—18%，在沉重的差赋下只能勉强实现自给自足。贫穷的“差巴”约占总“差巴”数的80%，他们劳动力低下、生产工具不全，生产收获粮食在除去差赋后，至少缺粮两三个月甚至更长时间，所以，贫穷“差巴”的生活状况很不稳定，任何条件的变化都容易使其下降为“堆穷”。

“堆穷”，意即小户，占总农奴数的9%。“堆穷”在农奴中社会地位较低，不能担任措本、根保和学本等职务。尽管拥有独立的经济地位，但没有劳动力和生产工具，所以无力承担差地，也就不缴纳实物差，但仍要承担按户摊派的劳役乌拉。他们主要依靠租种富裕差巴的小片土地或开垦小片荒地为生，此外也靠干杂活、搞副业等维持最低限度的生活。贫穷“堆穷”的生活状况极为不稳定，任何内外条件的变化都容易使其沦为“约布”。

---

① 本部分相关内容来自西藏林芝地区墨脱县志编纂委员会《墨脱县志（下）》，中国藏学出版社2017年版，第927页。

“约布”，意即用人，占总农奴数的1%。“约布”被当作奴隶使用，一般不具有人身自由，主人对其拥有人身控制权，但也不能随意打死。他们或来源于破产的“差巴”“堆穷”，或者因为抵债，也有因为宗本、措本强迫成为“约布”的，个别为战争中的俘虏。

在农奴中还有一类特殊的人，被称作“顿”，意即鬼人，为数稀少。“顿”社会地位低贱，有差地、乌拉，但不能与别的农奴平起平坐，甚至住房也不能与普通农奴修建在一起。①

三　苦难的农奴生活

墨脱地区的差役制度，无论是在波密土王管辖时期，还是在色拉寺管辖时期，都是以宗本为代理人向全宗农奴收取，行政权与土地所有权一致，所以农奴上交给政府的地租也就是上交给政府的课税。相应农奴是否领有份地，也是交纳差赋和支乌拉的依据。因为地租应与课税合一，理论上除此之外应该没有别的差、役形式。但在事实上，一方面，宗本总是能够通过各种行政方式，强制一些未拥有份地但有劳动力的农奴承担差赋和乌拉；另一方面，除了与差地对应的差赋和乌拉以外，农奴还面临着各级封建势力巧立名目、层出不穷的差役。

（一）强取豪夺的差赋

波密土王管辖时期，墨脱宗就有600户差，此后一直延续到色拉寺管辖时期，墨脱宗每年仍按600个全差户收取差赋和支乌拉。但是，此时差地的占有者有了很大变化，农奴由于分家、残疾、失去劳动能力、逃亡、绝嗣等各种原因不能再按原差户交纳差赋，于是宗本将其差地收回，强行分给劳动力强的差米耕种，并将相应的差赋和乌拉加在他们的身上。这样，农奴在已经承担了繁重差税的基础上，还受到以宗本为代表的封建势力的进一步巧取豪夺，生活水平进一步降低。

（二）沉重繁多的乌拉

差赋方面，农奴在色拉寺的管辖下，每年每户通过墨脱宗政府缴纳的差赋品种和数量分别是：土布2块（每块长约2米，宽0.6米至0.7米）、大米23斤左右、茜草1背（约40斤）、邦穷（圆竹盒）1个、兽

① 本部分相关内容来自西藏林芝地区墨脱县志编纂委员会《墨脱县志（下）》，中国藏学出版社2017年版，第928—931页。

皮1张、章嘎1个以及辣椒、生姜及其他农副产品若干。此外，每4户农奴要交皮口袋1个。[①] 除去缴纳给政府的正差之外，农奴还需要给宗本个人交差，即于差，于差的品种和数量没有明确规定，由宗本按照自己的个人意愿摊派。并且，农奴还需要承担运输乌拉，包括短途乌拉（撒仁乌拉）和长途乌拉（达岗颇乌拉）两种。其中，短途乌拉是在宗内接站转送物资，将之运输到宗政府指定的地方。短途乌拉相比长途乌拉费时较短、危险较小，但次数十分频繁，大大影响农奴日常的生产生活。长途乌拉则是需要将物资运往外地，整个路途需要穿过峡谷、翻越雪山，费时费工，不仅路途遥远，而且一路充满危险。除上述两种运输乌拉以外，农奴每年还需要为宗本无偿耕种其自营地，并为其家庭完成各种杂役。

（三）痛苦不堪的农奴

在封建农奴社会中，一切的生产资料乃至农奴本身都为农奴主所有，农奴在承担繁多沉重的差役基础上，还要面临各级封建统治势力层出不穷的巧取豪夺、残酷压迫，农奴生活在水深火热之中，家破人亡的例子俯拾皆是。例如，农奴在支乌拉途中，无论主客观原因，如食盐遭雨水浸蚀溶化或舂谷出米率低，只要乌拉分量不足，农奴就会被宗本追究惩罚。如果农奴在支乌拉途中死去，其家庭不仅不会得到补偿，反而会被宗本要求补偿。如果农奴在经营耕地外收获其他任何财产（如猎获獐子或野牛），宗本可以以未预先报告等任何理由为幌子，强行没收农奴的财产。假如宗本看上了农奴的家财，可以借助权势使用各种手段没收农奴的家庭财产，并将之驱逐出村。总之，农奴的生产、生活、人身自由乃至生命都完全控制在封建农奴主的手中。

封建农奴社会时期，墨脱地区封闭的地理环境和山高谷深的自然环境，的确给在此生活的人们带来了巨大的困难，但封建势力巧取豪夺的种种剥削压迫，才是人民生活苦不堪言的根本原因。天灾与人祸交织在一起，让墨脱人民在水深火热中受尽煎熬，甚至他们的存毁只在封建势力的一念之间，极容易沦落到痛苦不堪的处境。随着1962年中国人民解放军进入墨脱，这里才迎来翻天覆地的变化。

① 相关数据来源于墨脱县政府办公室、财政局。

第三节　社会主义制度下的墨脱

1951年西藏和平解放前的墨脱尚处于封建农奴制的社会发展阶段，在部分地区还保留着某些原始社会残余。由于农奴制生产关系的束缚，境内整体生产力水平低下，自然经济占据主导地位，农业处于原始粗放经营状态，粮食产量很低，农牧民生活极为贫苦。1962年6月中国人民解放军进入墨脱以后，墨脱地区陆续进行民主改革和土地改革，彻底根除剥削压迫的封建农奴制，建立起人人平等的社会主义制度。

一　社会主义制度的建立

20世纪50年代初新政权的工作组开始进入墨脱开展工作，1962年中国人民解放军正式进驻，墨脱地区的建政工作渐次推开。新生政权草创之初，墨脱的工作条件极其艰苦，旧制度仍严重束缚着墨脱地区的生产力发展，阻碍着人们的生活水平的改善，群众对新制度的认识还需要一个过程。面对社会变革许多人惶恐不安，墨脱整体向社会主义社会过渡，经历了一个较为漫长的历程。社会主义制度在墨脱地区的落地生根，大致可以划分为以下三个时期。

（一）互助合作时期

早在1960年，中国人民解放军正式驻军墨脱之前，墨脱地区人民在先期工作队的指导下，就已经开始组织起来，走上了互助合作的道路。最早以工换工、互济互助，共同促进农业生产的发展。墨脱建政后，在墨脱县委、县政府的指引下，墨脱地区成立起了常年和季节性互助组，吸收约一半的墨脱人口参与其中，提高人民的生产积极性。干部们对互助组进行了集训指导，建立起了评工分制度，为以后的农业生产互助合作社的建立打下了坚实的基础。

1962年中国人民解放军正式进驻墨脱，军政一体开展工作。墨脱县委、县政府根据“自愿互利、民主管理”的原则和“积极领导，全面规划，稳步前进”的方针，积极领导广大农牧民，开展起“组织进来，发展生产”的互助合作运动。尤其是在1967年至1968年民主改革和土地革命期间，互助合作在墨脱地区逐步形成高潮。1967年，随着地东、格当乡两地土地改革试点的开始，在划分阶级成分的基础上，通过选举正式成立了贫协小组，鼓励农民自愿加入成立常年互助组，同时民主改革在全县全面展开。

1968年，在墨脱全县完成民主改革和土地革命的基础上，封建农奴制度被彻底废除，墨脱人民成为自己的主人，拥有了自己的生产资料，社会生产力提高，生产积极性高涨，积极参与到互助合作的活动中来，墨脱地区互助组的数量和入组农户大大增加。据统计，先后组织起互助组120个，入组农户1172户5595人，占全县总农户的97.6%，占总人口的98.5%。①

（二）民主改革时期

中国人民解放军1962年正式进入墨脱时，考虑到当地封建残余势力的反扑与当地群众的顾虑，提出3年内暂不进行民主改革。党和政府一方面不断加强政策宣传，组织墨脱群众参观学习，积极培养民族干部，提高墨脱地区群众对党和政府的认识。另一方面，大力救济贫困农奴，扶助群众生产，对人民生产生活的各方面进行种种帮助，提高群众对党和政府的信任与支持，为后来的民主改革打下坚实的群众基础和思想基础。1967年，在总结多方意见与考虑各方条件之后，墨脱县首先在地东乡、格当乡两地开始了土地改革试点工作，接着在全县范围内先后开始了土地改革工作。到1968年12月15日，墨脱县委、县政府在全县范围内彻底推翻了封建农奴制度，实行了农民土地所有制，完成了土地革命，实现了民主改革。

民主改革中，墨脱县委、县政府在划分剥削阶级和被剥削阶级的基础之上，就土地和生产资料的分配进行了调整。没收、赎买了农奴主的土地和生产资料，将富裕农奴、无主人员、外迁人员的土地和生产资料，调剂分配给中等农奴、贫苦农奴和奴隶。整体上坚持多数土地不动的原则，主要是把农奴主富余的土地和生产资料分给农奴们。

封建农奴制度的废除，首先标志着以农奴主阶级为代表的农奴剥削制度的消灭，墨脱人民获得了自己的人身自由，成为自己的主人，过上自己做主的生活；其次，代表着土地私有制的推翻，农民土地所有制的建立，从此土地归国家所有，使用权由广大群众所有，墨脱人民能够享受自己的

① 相关数据来源于墨脱县政府办公室、财政局。

生产成果；最后，意味着生产资料所有制的变革，农奴不再需要交纳差赋和乌拉的差役制度，生产资料不再为极少数农奴主所有，墨脱人民首次拥有了真正属于自己、不被他人剥夺的财产。从此，墨脱人民的生活发生了翻天覆地的变化。

（三）人民公社时期

伴随着民主革命与土地改革的完成，封建农奴制在墨脱地区被彻底推翻，生产资料所有制和生产关系发生了变革，大大解放了生产力。同时农奴翻身做了自己的主人，有了自己的土地，拥有了自己的生产资料，使人民的生产积极性大大高涨。1968 年以后，党和政府在墨脱地区大规模进行农田水利等基本设施建设，大力推广良种、化肥和农药，有效提高了农业生产技术和水平，使墨脱地区的农业生产有了很大的发展。但是，墨脱地区整体农业经济结构单一、生产基础薄弱、缺乏生产资料的现状没有改变，农业生产的基本条件仍然比较差，农业总产值和粮食产量偏低，农民收入水平较低，改变墨脱地区农村、农业、农民现状的任务仍旧很重。在党和政府宏观政策的指引下，在现有成果的基础上，墨脱地区开展人民公社的建立工作。

人民公社不仅是集体所有制的经济组织，还是集工、农、商、学、兵五位为一体的政权组织，实行政社合一。将原先农业生产互助合作社所拥有的一切集体生产资料和财物收归所有，在农、林、牧、副、渔各方面进行综合经营，把经营、劳动、分配三方面统一起来，朝向规模大、公有化、程度高的大方向上不断推进。就分配原则而言，人民公社在劳动力定级的基础上，按照工分评定制度，根据人头记分平均分配粮食。

1970 年至 1971 年，墨脱地区开始了人民公社的试点工作，1972 年墨脱县正式在地东乡成立了第一个人民公社。1975 年墨脱全县实现了人民公社化，顺利建成 18 个公社、62 个生产队，包括 1214 户、6487 人、3542 个劳动力，粮食总产高达 617 万斤，较 1968 年增长了 1.3 倍。[①] 1976 年根据党中央整风整社的精神，在以生产队作为基本核算单位的基础上，人民公社确立了公社与生产队二级拥有生产资料的所有制，按照劳动工分分配粮食。1978 年在多劳多得、反对平均主义的原则下，县内开

① 西藏林芝地区墨脱县志编纂委员会：《墨脱县志（下）》，中国藏学出版社 2017 年版，第 1130 页。

始在各方面落实党的各项政策，积极帮助社员养殖自留畜、种植自留树、耕种自留地，鼓励社员搞好正当的家庭副业，纠正社内逐渐形成的“伸手”思想，提高社员的劳动积极性，减轻公社的不合理的负担，最终实现增产增收，提高社员的整体生活水平。

二 人民生活水平的变化状况

从互助合作时期农业生产互助的建立，到土地改革时期封建农奴制的根除，再到人民公社时期集体所有的确立，墨脱地区逐渐过渡到社会主义社会，生产资料和农奴人身自由获得了解放，农业生产水平得到提高，社会、经济发展获得迅速的发展，墨脱人民的生活发生翻天覆地的变化，过上了平等的新生活。

（一）互助合作时期的农民生活

墨脱地区本来就有生产生活互助的传统，人们通过换工互助提高劳动效率，通过生活互助抵御天灾人祸，守望相助，互惠共济。互助合作的传统，在墨脱县委、县政府的指引下，得到了系统性、制度性、计划性的提高，在民主改革和土地革命的基础上，墨脱在全县范围内建立起常年和季节性互助组，吸引了各地群众的踊跃参与，发展了农业生产，显著增高了粮食产量，提高了人们的收入水平，使墨脱人民基本过上了不受剥削压迫的平稳生活。

1952 年珞渝工作组最早进入墨脱，立即开展对墨脱贫困群众的帮助和救济。根据墨脱地区耕地少、耕作方式落后、粮食普遍低产的情况，工作组多次提供贷款与种子粮，无偿发放农具，积极宣传推广先进耕作技术，大力兴修水渠、蓄水池，扩大墨脱耕地的灌溉面积，增加了人们的生产资料，改善了群众的耕种技术，大大提高了粮食产量，促进了农业生产发展，显著提高了人民的生活水平。

在生活方面，首先帮助解决墨脱人民生活交通不便、饥荒频繁、经济落后、医疗卫生条件差的情况。工作组组织群众恢复了昆布拉山因地震破坏的人行道，修通了多雄拉至墨脱段的道路；多次无偿发放了救济粮与救济款，成立了流动供应组与基层供销社，进行了高收低售的物品粮食交换；治疗当地盛行的痢疾与疟疾，开展卫生保健知识培训，建立起县卫生院；抓捕流窜的叛匪，捕杀了虎、豹、狼等害兽。大大提高了墨脱人们的整体生活水平，也大大增进了人民对新政权的了解与信任，为下一阶段的民主改革打下了坚实的群众基础。

（二）民主改革时期翻天覆地的变化

1968年12月15日，墨脱县委、县政府在全县范围内彻底推翻了封建农奴制度，完成了土地革命，实现了民主改革。这标志着以农奴主阶级为代表的农奴剥削制度的消灭，墨脱人民由此获得了自己的人身自由。土地私有制的推翻，农民土地所有制的确立，墨脱人民从此拥有自己的土地，也拥有了真正属于自己、不被他人剥夺的财产。由此，墨脱人民的生活发生了翻天覆地的变化。

随着1962年中国人民解放军进入墨脱，墨脱地区正式建立政权、设置机构、开展工作，对墨脱人民在各方面进行组织和扶助。在生产生活上无偿发放农贷粮、农贷款和铁制农具，推广先进的农耕技术，进行大规模的农田水利基础建设，改革耕作制度，调整作物布局，推广应用良种、化肥、农药，改变农业生产基本条件，促进了农业增产，使墨脱地区的农业生产水平得到飞跃式提升。

墨脱县委、县政府更在各方面改善墨脱人民的生活条件。在交通建设上，组织修复月尔东、江新的藤网桥，架好地东至江新村之间的溜索和藤网桥，建成第一座跨雅鲁藏布江钢丝大吊桥——解放大桥，修通派乡至墨脱安尼的马行道，修建地东至背崩和背崩至德尔贡以及墨脱至达木的骡马道路、拉贡至增求村7公里的人行道、加热萨至吉东卡5公里与吉东卡至帮辛村20公里的马行道，改善了墨脱地区交通不便的局面，方便了墨脱人民的生产、生活。

因为交通封闭、运输成本高，墨脱地区物价水平整体高于其他地方。墨脱县委、县政府长期将粮油、食盐、药品、酥油等必需物品的价格保持在一个相对较低的水平，对农副产品提高收购价，对中药材实行最低保护价，对食盐、煤油、民族用品、农业生产资料等实行最高限价，保证了广大墨脱人民群众的基本生活。医疗方面开展巡回医诊，提供免费诊治，无偿发放药品，并且在疟疾、流行性感冒等地方病发病率高的地区组织医疗人员进行室内室外消毒、打扫环境卫生、杂草砍伐焚烧，治愈大部分患者，整体提高了墨脱人民的医疗卫生条件。

墨脱县委、县政府在丰年平价收购粮食储存，灾年则无偿发放粮食给广大农牧民群众，同时对人多劳力少的家庭组织群众以换工的方式调剂劳动力，并对困难群众进行社会救济，无偿发放农具、衣物与粮食，大力扶持了墨脱人民的生产生活。墨脱县委、县政府组织群众背运物资以增加群众收入，在组织人力修路时雇用当地群众以提高副业收入，同时还辅助群众从副业、自留地等其他方面获得收益，整体提高了墨脱人民的收入水平。经济方面，在墨脱地区设立银行，开办银行业务，并在米林县派区设立墨脱县贸易点，促进墨脱地区的经济发展。文化方面，成立业余文化学习班培训各族青少年，将门、珞两族74名青年送往拉萨军分区青年训练队学习，为墨脱地区培养了一批民族干部，最终促进了墨脱地区后来各方面的发展。

民主改革时期，封建农奴剥削制度得到了废除，广大农牧民群众从此永远摆脱了受奴役的悲惨境地，整体生活水平得到极大的提高。同时，在党和政府及解放军的各种指导扶助之下，墨脱地区的农业生产水平呈现出飞跃式发展，交通、医疗卫生、经济、文化等各方面状况得到大大改善，墨脱人民的收入水平大幅度提高，生活发生了翻天覆地的变化。

（三）人民公社时期的改善提高

1975年，墨脱县委、县政府在全县范围实现了人民公社化，朝向规模大、公有化程度高的大方向不断推进，稳步踏上了社会主义的道路。墨脱县委、县政府继续在各方面对墨脱人民的生产、生活进行组织与指引，持续改善其生活状况，大大提高其整体生活水平。

生产方面，墨脱县委、县政府成立农田、水利基础建设指挥部，由此全县掀起兴修农田、水利等基础建设高潮，推动农业生产的持续发展。医疗方面，面临墨脱地区多次流感疾病的暴发，拉萨市委、市革委组织工作组强行翻越完成送药任务，县委、县革委会迅速派遣医疗队前往采取措施，迅速控制了疫情的蔓延，大大提高了患病人员的康复率。

在湖南省对口支援医疗卫生事业医务工作者的扶助下，墨脱县卫生事业基本步入正轨，建立了墨脱县人民医院，进行了综合培训学习，整体医疗卫生条件由此得到了增强。教育方面，墨脱县委、县革委会组建了小学和短期学习班，使全部儿童都有受教育的机会。首次进行了兽医培训以培养当地兽医，成立了第一所公办小学与拉萨师校墨脱分校开始正规教育，开办了政治夜校培养理论骨干人才，大大促进了墨脱地区文化教育事业的发展。

交通方面，西藏自治区公路设计院派遣第一测量队完整勘测了墨脱公路线，设计了波密县扎木乡至墨脱县墨脱乡的扎墨公路，全线长141.6公里的扎墨公路由此进行建设。日常生活方面，墨脱县委、县政府设立墨脱县贸易公司以供应墨脱的货源以及与墨脱群众的商品交换，维持市场物价稳定以保障困难时期的群众生活，成立地东发电站以及电影队，极大地方便和丰富了墨脱人民的生活。

人民公社时期，在墨脱县委、县政府的组织与指引下，墨脱地区稳步踏上了社会主义的道路。在社会主义社会的大家庭里，墨脱的农业生产、医疗、教育、交通、生活等各方面的状况得到巨大的改善，墨脱人民的生活水平得到很大的提高。

（四）新政权为改善人民生活的不懈努力

历经互助合作、民主改革、人民公社三个阶段，墨脱在全县范围内基本完成社会主义制度建设，彻底根除了剥削压迫的封建农奴生产关系，人们与共产党政府的关系真正实现“鱼水一家亲”，政府想人民所想、急人民所急，实施各类政策改善墨脱人民的生活，当地的生活水平因此得到极大的提高。在这个历史阶段，党和政府一直致力于改善墨脱人民的生活状况，付出了极大的努力。

1952 年，珞渝工作组首次进入墨脱，其财政支出主要是行政事业费用，其次是用于帮助门巴族、珞巴族人民发展生产，度饥度荒，购买生产生活用具和用品支出。1952 年 12 月 1 日，西藏工委给波密三宗和珞渝工作组贷款 3.5 万元，以帮助其地区的生产活动，群众对党和人民解放军的认识和信任进一步提高，扩大了共产党、人民解放军的影响。

1955 年 6 月 15 日，为帮助群众度荒，工作组为白玛岗群众贷款银洋 7974 元，贷种子粮 66.8 斗，借给金珠受灾缺粮户口粮 173.8 斗，向 87 户受灾严重的发给救济粮 48.6 斗，解决群众的生产生活困难。11 月，珞渝工作组旁辛工作队在旁辛地区无偿发放农具 506 件，使当地的耕作技术有了提高。①

1956 年 3 月中旬至 4 月底，为帮助农牧民群众度过饥荒，白玛岗工作队进行了救济发放工作，其中金珠地区救济黄豆 52 斗；旁辛地区贷款 653 元银洋，粮食 190 斗；墨脱地区农贷 972 元 5 角银洋，粮食 98 斗 4 升，救济款 966 元整银洋，粮食 83 斗 7 升。12 月，白玛岗工作队金珠地

① 西藏林芝地区墨脱县志编纂委员会：《墨脱县志（下）》，中国藏学出版社 2017 年版，第 1105 页。

区生产建设委员会向寺庙发放布施1079元银洋，通过宣传共产党和平解放西藏的政策，使群众进一步了解共产党、人民解放军。①

1957年3月中旬，在墨脱宗修建工作队和宗办事处房屋竣工交付使用，整个工程投资银洋17938.44元。5月，办事分处动员民工145人，投资银洋863.25元修通昆布拉山上地震前的人行道；动员民工150人，为时3个月，修通多雄拉至墨脱道路；动员民工120人，为时2个月，修通金珠至波密道路；金珠工作组在金珠地区发放救济银洋199元，黄豆7斗3升，帮助群众度春荒。6月18日，金珠工作组根据上级的指示，以生产建设委员会为主，组织发放布施工作组对金珠地区6个寺庙314个僧尼（其中活佛3人、喇嘛15人、翁则4人、尼姑6人、扎巴287人）发放布施1097元银洋。②

1960年至1962年困难时期，供求紧张，尤其食品紧缺，糖果、糕点、名酒等商品的计划价格向上浮动，但墨脱境内仍然保持主要商品价格的稳定。

1960年，向群众贷出茶叶68块，152.3元，染料40.5包，折粮213.5斗，贷盐巴25.4克，折粮50.8克。③

1961年财政支出为38139.91元。贷给门、珞群众物资共计8885元。

由于墨脱是全国唯一不通公路的县，1962年人民解放军进入墨脱后，商品价格按照县内运输路程远近划分价区，实行地区差价，但粮油、食盐、药品等价格不变，保证了广大人民群众基本生活不受影响。

1963年2月25日，拉萨专署分配给墨脱县农贷粮1万斤，农贷款5000元的指标，用于扶持贫苦而又缺乏农具的户的生产。1967年2月，旁辛武装工作队发放农具650余件，救济群众81户，217人；救济盐巴779斤，布159.4公尺，绒衣绒裤25件，毯32床，衬衣12件，酥油15斤，砖茶9斤，铝锅1口。④

1964年提高了农副产品收购价，对几种中药材实行最低保护价，对食盐、煤油、民族用品、农业生产资料实行最高限价，几种农药价格下降。即使在"文化大革命"时期，遵照中央《物资和物价管理的若干规

① 西藏林芝地区墨脱县志编纂委员会：《墨脱县志（下）》，中国藏学出版社2017年版，第1105—1106页。

② 同上书，第1106页。

③ 同上书，第1111页。

④ 同上书，第1122页。

定》管理价格，使墨脱县市场物价一直保持基本稳定。

这一时期，墨脱地区彻底根除剥削压迫的封建农奴制，建立起人人平等的社会主义社会，农奴翻身成为主人。在党和政府的大力扶持下，墨脱群众的生产生活水平，得到根本性的改善和提高。

第三章

改革开放以来的墨脱

历经互助合作、民主改革、人民公社三个时期，墨脱地区彻底过渡到社会主义社会，生产资料与生产力关系得到变革，社会经济整体都得到较快的发展，墨脱人民的生活水平也有了显著提高，过上了平等的温饱生活。但是，农业生产互助、封建农奴制根除、集体所有带来的生产力提高以及生产积极性高涨，并没有根本改变墨脱农业经济结构单一、生产基础薄弱、缺乏生产资料的现状。同时，人民公社后期，平均主义助长了人们懒惰的心理，农业总产值和粮食产量没有得到显著增长，墨脱人民的生活水平也没有根本性的提高。

党的十一届三中全会以后，改革开放的春风吹向全国各地，墨脱也实行了家庭联产承包责任制，转向社会主义市场经济阶段。市场经济的发展，带动了社会整体的快速进步，人民的生活水平得以迅猛提升。但是，县内公路屡修屡断带来交通不便与信息闭塞等问题，成为墨脱社会、经济、生活发展的“拦路虎”，严重制约了社会的进步、经济的发展与人民生活水平的提高。21 世纪以来，随着“兴边富民”战略展开，以及国家扶持人口较少民族的政策影响，墨脱县作为边疆少数民族地区获得了国家在各方面巨大的帮扶，尤其是在交通上获得历史性的突破。2013 年墨脱公路的正式通车，彻底打破了制约墨脱发展的最大束缚，社会经济等各方面得以飞速发展，人民终于过上了物质充裕、精神丰盛的幸福生活。

第一节　社会主义市场经济初期的墨脱

党的十一届三中全会以后，社会主义市场经济的洪流席卷全国，墨脱也随之加入改革开放的大潮之中。在国家“改革、开放、搞活”政策的指引之下，墨脱也实行了家庭联产承包责任制，促进了商品经济的发展，在短短40年内实现了从计划经济向市场经济的转型，人民的整体生活水平得到快速提高，社会、经济各方面都呈现出繁荣兴旺的景象。

一　社会主义市场经济的初步确立

党的十一届三中全会以后，墨脱县紧跟全国的形势，逐步实行家庭联产承包责任制以及促进商品经济的发展，初步在墨脱地区确立起社会主义市场经济。发展多种经营，打破了经济结构单一的局面，增加了群众多渠道、多门路的收入，进一步搞活了经济，调动了群众的生产积极性，增快了农牧业发展速度，提升了人民的整体生活水平。

（一）家庭联产承包责任制的确立

党的十一届三中全会后，墨脱县一些生产队开始试行包产到组、联产计酬的生产责任制。1982年，在墨脱县委、县政府工作重心转移到“发展自给自足经济、努力改善人民生活”的方针下，全县范围内正式实行包产到组、包产到户、包干到户的生产责任制。1984年至1985年，墨脱县委、县政府多次组织工作组深入各公社、生产队，推广宣传党的富民政策，帮助群众寻求致富门路，进一步巩固和完善包干到户的生产责任制。1986年，墨脱县委召开扩大会议，在经济方面提出“两个长期不变”的指导思想，即农业实行土地归户使用，自主经营长期不变；牧业实行牲畜归户，私有私养，自主经营长期不变。从此，在“两个长期不变”方针的指引下，“吃大锅饭”“平均主义”的分配制度被彻底打破，土地归户的家庭承包责任制正式确立下来，墨脱地区完成了计划经济向市场经济的初步转型。

（二）商品经济的发展

家庭承包责任制的确立只是推动了墨脱地区计划经济向市场经济的初步转型，商品经济的快速发展才是推动了社会主义市场经济最终确立的直接动力。

1979年以后，国家放宽经济政策，允许个人经商与多种经济成分共存，墨脱县内有了初步的商业活动。1982年在“对内搞活，对外开放”的大方针下，国内开始进行经济体制改革，私营商业渐渐得到国家的政策扶持，促进了全国社会主义商品市场的发育。1984年墨脱县内正式允许自由买卖、交换集体和个人生产的粮食、辣椒等农副土特产品，价格自定。1987年为进一步加强商业的发展，县内允许内地持有合法营业执照和边境地区通行证的个体商户入境经营商业活动。1988年伴随商品经济的快速发展，县政府逐步开征各种税费，加大对商品市场的管理，规范违规搭建的露天市场，促进个体私营经济渐渐从分散经营向规模化转变，县内商品经济已经形成规模。

1992年至1993年，县政府实行"四不限制"措施，加强了对市场的服务与管理，进一步培育和扶持个体私营经济，使全县的商品贸易以及市场不断繁荣发展。随着商品经济的繁荣和商品社会的发展，墨脱县来自内地的人员数量不断增多，私人经营的小卖部、餐馆等各种服务业逐年增多，数量种类皆属空前。截至2000年，县内个体工商户发展到79家，经营的行业囊括饮食、茶馆、百货、缝纫、旅店、理发、服装、民族用品、蔬菜、糖烟酒、修理，从业人员达到346人，注册资金达到68.96万元，商业零售收入达到135万元。到2005年，随着个体工商户和集体商业的发展，日用百货品种不断增多，市场供应日渐丰富，全县个体工商户发展到127家，经营从业人员达到476人。①

墨脱地区的商品经济快速发展起来，标志着社会主义市场经济的初步确立，打破了过去以农业为主的单一结构，使群众有了多渠道的收入方式，市场有了丰富的各种供应，墨脱人民首次在生活上获得了物质的丰盛感。

二 人民生活的整体状况

在"改革、开放、搞活"的大方针政策下，墨脱县委、县政府初步建立起社会主义市场经济。县内实行了家庭联产承包责任制，进一步调整了生产关系，发展了多种经营，使农业经济结构变化显著，种植业、养殖业得到全面增长；促进了商品经济的发展，增加了群众多渠道、多门路的收入，进一步搞活了经济，调动了群众的生产积极性，使农村的经济收入迅速增加，农民的收入大大提升，人民的整体生活水平快速提高，经济社会建设各方面都呈现出了繁荣兴旺的景象。可以从生产与生活两个方面来对墨脱人民的整体生活水平进行综合分析。

（一）生产方面

墨脱地区家庭联产承包责任制的实行，推动了计划经济向市场经济的

① 相关数据均来源于墨脱县政府办公室、财政局。

初步转型，进一步调整了生产关系，解放了生产力，提高了生产效率，农业产品如粮食、油料等农作物明显增产；发展了多种经营，优化了以农业为主的经济产业结构，第二、第三产业得到全面的增长，畜牧业发展迅速，牲畜与肉类供应数量大大提高；增加了群众的收入方式，调动了群众的生产积极性，大大提升了墨脱人民的收入水平，人民的整体生产、生活水平快速提高。

1. 农业产品生产状况

在 1980 年数据缺失的基础上，笔者对 1990 年至 2010 年国民经济统计汇总表进行数据整理，以 10 年为间隔，就墨脱地区农作物总产量对农业主要产品生产的情况进行综合分析。由图 3-1 可看出，1990 年至 2010 年的 30 年间，墨脱地区的农作物、粮食、油料总产量呈现整体上升、局部反复的特点，总体农业生产效率明显提高。

家庭联产承包责任制的实行，极大地解放了社会生产力，提高了整体农业生产的水平，墨脱县的农作物、粮食、油料总产量整体不断上升。局部反复是因为在墨脱地区不仅耕地少、耕作难度大，而且伴随着商品经济的迅速发展，人们可以通过多种渠道增加收入，农业的依靠度和增加值递减。人们不再只通过勤劳耕作获得粮食与收入，还可以在繁荣的市场经济下通过各种方式获得粮食，所以群众对农业生产的热情相对减弱，尤其是在商品经济快速发展的 21 世纪。

2. 畜牧业生产状况

在 1980 年数据缺失的基础上，对 1990 年至 2010 年国民经济统计汇总表进行数据整理，以 10 年为间隔，就墨脱的牲畜与肉类总量对畜牧业生产基本情况进行综合分析。由图 3-2 可看出，1990 年至 2010 年的 30 年间，墨脱地区的牲畜数量与肉类产量迅猛增长，2010 年肉类总产量更是 1990 年的 5 倍，养殖畜牧业发展迅速。这归功于该时期国家政策鼓励，墨脱县成立了农业技术推广站，优化了牛种，引进了内地种猪，激发人们纷纷尝试进入养殖业、畜牧业、服务业、个体商业等行业，运用多种经营方式创收，彻底改变了过去以农业为主的产业结构，第二产业、第三产业得到全面的增长，人民收入水平与生活水平迅速提高。

3. 农村劳动力状况

在对 1980 年至 2010 年国民经济统计汇总表进行数据整理的基础上，以 10 年为间隔，就墨脱地区的农村总人口与劳动力数量进行综合分析。

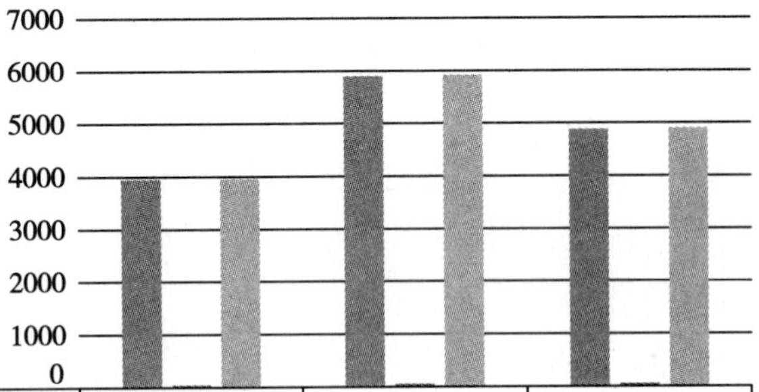

产量（吃） \ 年份	1990	2000	2010
■粮食总产量	3949	5900	4882
■油料总产量	8.1	20.1	18
■农作物总产量（合计）	3957.1	5920.1	4900

图 3-1　墨脱县 1990 年至 2010 年农业产品生产状况统计

资料来源：根据墨脱县 1990 年、2000 年和 2010 年国民经济统计汇总表整理，墨脱县财政局、发展改革委编。

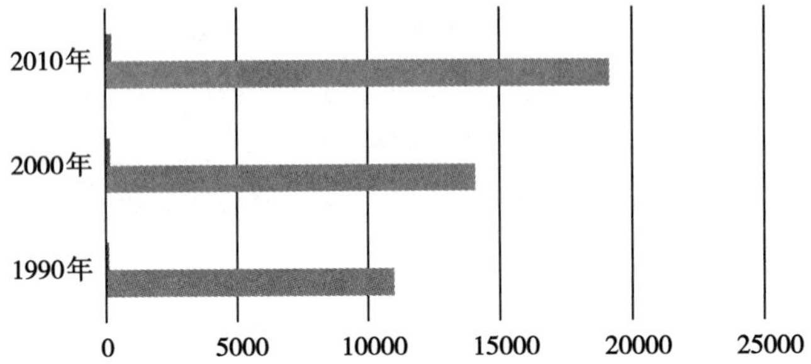

产量 \ 年份	1990	2000	2010
■肉类总产量（吨）	47.9	177.42	251.75
■牲畜总量（头）	11000	14080	19151

图 3-2　墨脱县 1990 年至 2010 年畜牧业生产状况统计

资料来源：根据墨脱县 1990 年、2000 年和 2010 年国民经济统计汇总表整理，墨脱县财政局、发展改革委编。

由图 3-3 可看出，1980 年至 2010 年，墨脱地区的农村总人口与劳动力数量增长迅速，这与市场经济的繁荣和商品经济的发展有关，两者都带动了内地人口流入墨脱从事多种经营，获取利益。同时，国家对于墨脱地区在交通方面的大力扶持，也为人口的流动提供了便利条件，这也是近几年墨脱县总人口有所减少的原因。

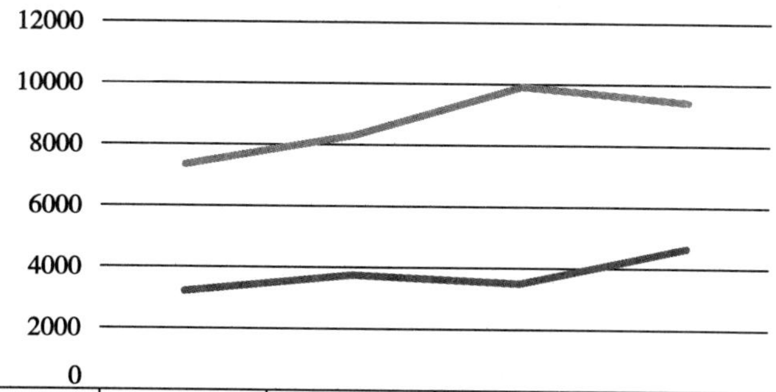

人数（人）＼年份	1980	1990	2000	2010
农村总人口	7346	8300	9915	9421
农村劳动力数量	3209	3746	3498	4650

图 3-3　墨脱县 1980 年至 2010 年农村劳动力状况统计

资料来源：根据墨脱县 1980 年、1990 年、2000 年和 2010 年国民经济统计汇总表整理，墨脱县财政局、发展改革委编。

4. 农村经济收入状况

在对 1980 年至 2010 年国民经济统计汇总表进行整理的基础上，以 10 年作为间隔，从农村经济总收入、农村经济总支出、农村经济纯收入和农村人均纯收入角度，对墨脱县整体收入状况展开综合分析。由图 3-4 和图 3-5 可以看出，1980 年至 2010 年的 30 年间，墨脱县农村经济总收入、农村经济总支出、农村经济纯收入和农村人均纯收入整体呈现飞速增长的特点，并且四者基本保持成倍的增长幅度。其中，农村经济总收入的增长幅度明显高于农村经济总支出，墨脱县农村经济纯收入跨越式提升。尤其是进入 21 世纪以后，农村经济纯收入和农村人均纯收入的增幅十分明显，2010 年的总收入是 1980 年的近 60 倍。

这是因为家庭联产承包责任制的实行与商品经济的发展，带活了个体私营经济，繁荣了商品贸易，发展了多种经营，扩大了群众的收入方式，调动了群众的生产积极性，大幅度提升了墨脱人民的总收入水平与人均收入水平，人民的整体生活水平快速提高。

5. 经济产业结构状况

在对 1980 年至 2010 年国民经济统计汇总表进行整理的基础上，以 10 年作为间隔对墨脱县整体经济产业结构进行分析。由图 6 可看出，直到 20 世纪 90 年代墨脱县才开始有第三产业，2000 年以后才有了第二产业，

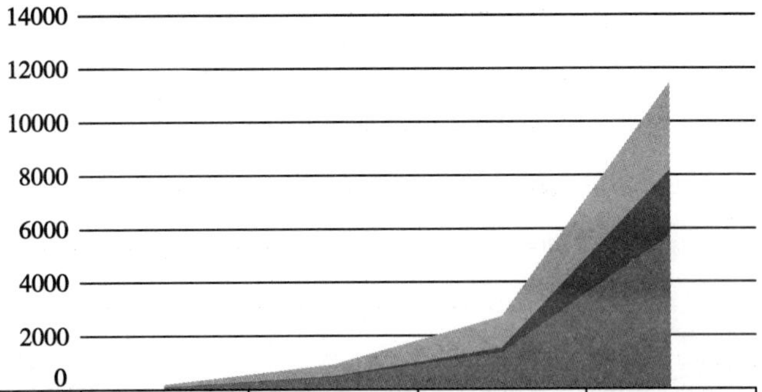

金额（万元）＼年份	1980	1990	2000	2010
■农村经济纯收入	89.72	428.69	1169.85	3255
■农村经济总支出	5.92	36.21	189.17	2477
■农村经济总收入	96.48	464.9	1359.02	5733

图 3-4　墨脱县 1980 年至 2010 年农村经济收支状况统计

资料来源：根据墨脱县 1980 年、1990 年、2000 年和 2010 年国民经济统计汇总表整理，墨脱县财政局、发展改革委编。

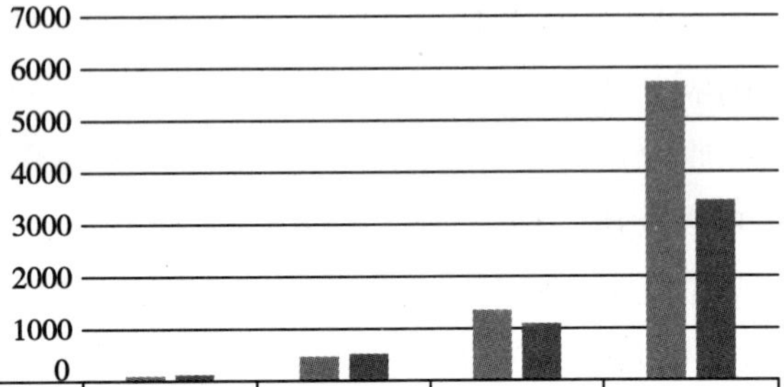

金额＼年份	1980	1990	2000	2010
■农村经济总收入（万元）	96.48	464.9	1359.02	5733
■农村人均纯收入（元）	122.13	516.49	1098	3455

图 3-5　墨脱县 1980 年至 2010 年农村经济收入状况统计

资料来源：根据墨脱县 1980 年、1990 年、2000 年和 2010 年国民经济统计汇总表整理，墨脱县财政局、发展改革委编。

这说明墨脱县长期以农业作为经济支柱，整体产业结构单一。尽管第二产业、第三产业出现的时间较晚，但其在 2000 年以后得到了全面发展，短短 10 年间实现了迅猛的增长，说明第二产业、第三产业还有很大的发展潜力。今后，墨脱县应该继续优化产业结构，促进多种经营，稳步提高收入。

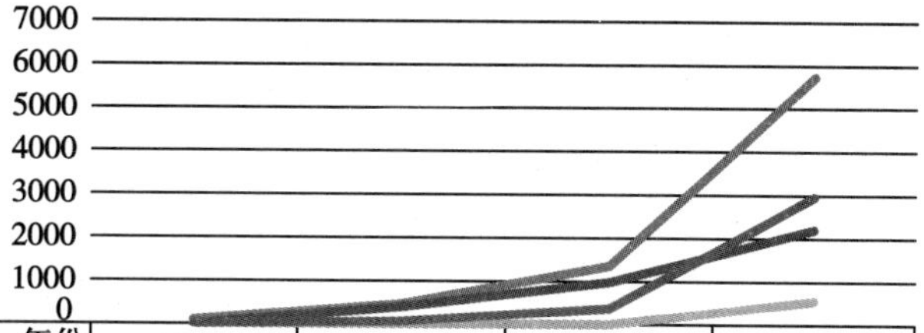

年份 金额（万元）	1980	1990	2000	2010
农村经济总收入	96.48	464.9	1359.02	5733
第一产业收入	0	400.9	983.47	2205
第二产业收入	0	0	0	554
第三产业收入	0	64	375.55	2957

图 3-6　墨脱县 1980 年至 2010 年经济产业结构状况统计

资料来源：根据墨脱县 1980 年、1990 年、2000 年和 2010 年国民经济统计汇总表整理，墨脱县财政局、发展改革委编。

（二）生活方面

社会主义市场经济搞活了经济，繁荣了市场，调动了群众的生产积极性，使人们积极参与到各行各业经营创收。各种物品顺利流通，群众的生活非常便利，再加上国家对于墨脱各方面的大力扶持，墨脱人民的整体生活状况大为改善，生活水平快速提高。下面从交通、医疗、教育、救济、物价、通信、日常多个方面，对墨脱的整体生活状态进行综合分析。

1. 交通方面

尽管国家对于墨脱公路修建付出了巨额投入，墨脱通向外界的过程仍然充满曲折反复。1980 年，扎墨公路 88 公里处发生了强泥石流，修建工作暂停，此时扎墨公路 106 公里已经粗通，但人员伤亡和施工投入代价很大。1981 年以后，面对自然条件恶劣、资金短缺、人员伤亡严重的情况，扎墨公路的修建与养护被停止，历经 6 年施工的扎墨公路废弃。

扎墨公路的荒废，并没有打消墨脱县委、县政府改变墨脱交通封闭状况的决心，他们在县内组织人力资金继续修桥、修路，此后，西贡、哈古、杭玉、雅鲁藏布江四座吊桥竣工投入使用，多雄拉至墨脱 50 公里的骡马道和背崩至汗米段的马行道修建成功，一定程度上改善了墨脱境内的交通状况。同时，他们积极与各级政府沟通交流，就墨脱现有公路情况进行综合分析并邀请设计师实地考察，最终获得了西藏自治区政府批准，得以续建墨脱公路。1988 年在林芝地区行署支持下，墨脱县自筹资金 50 万元，开始恢复修建扎木至波弄贡（80公里）的公路，在波弄贡处设置了转运站，以供修筑公路物资存放。1990年西藏自治区人民政府拨款143万元，交通部拨款900万元，批准续建波弄贡至墨脱县城的公路。[①] 1993年，西藏自治区交通工作会议确定要在当年打通墨脱公路，政府对于墨脱公路的修通正式下定决心。同年，扎木开设扎墨公路养护段，重新对扎墨公路开始养护。1994年，墨脱公路基本粗通，墨脱交通封闭的局面开始被打破。

因为墨脱地区巨大的降水量与频繁的泥石流灾害，墨脱公路在粗通的基础上，只能季节性通车，每年有一半的时间交通彻底断绝，人民的生活异常不便，国家对此做出了种种努力。1996年，墨脱公路指挥部再次进驻波弄贡，利用冬、春两季对24公里到波弄贡道路进行整治。2001年至2005年，扎墨公路成功实现了季节性通车。2008年，国务院正式批准了墨脱公路建设，路线全长117.278公里，国家全额投资9.5亿元，建设工期36个月。[②] 2009年4月20日，西藏波密县扎木镇至墨脱县城公路新改建工程奠基仪式在嘎隆拉雪山口举行。2013年10月31日，墨脱公路正式通车。由此，标志着墨脱交通封闭的局面彻底改变，交通不再是制约社会、经济、生活等各方面发展的"拦路虎"，社会经济得以快速发展，人民的生活开始发生根本性的变化。

2. 医疗方面

医疗方面，在国家的大力扶持和湖北、福建两省的对口支援下，墨脱的整体医疗水平在这一时期得到显著提高，群众的健康安全得到更好保障。1980年，湖北医疗小分队到墨脱进行对口卫生支援工作，帮助培训医疗人员，推动了墨脱县卫生事业的发展。1984年墨脱县医院组织了赤脚医生培训班，考试评定赤脚医生与防疫员，为县内提供了合格的医护人员。1985年墨脱县政府组织人员从办事处背回了"流脑疫苗"，首次对县内15岁以下的少年儿童进行了注射，发放预防流行性疾病药品，大大预防了地方流行性疾病。1989年墨脱县卫生防疫站正式成立，这标志着县卫生事业进入新的阶段，防疫站为全县儿童接种了麻疹、百白破等疫苗，并下乡进行巡回医疗和病疫调查。截至1989年，县内共有人民医院1所、

① 西藏林芝地区墨脱县志编纂委员会:《墨脱县志（下）》，中国藏学出版社2017年版，第1153页。

② 相关数据均来源于墨脱县政府办公室、财政局。

乡卫生所7所、医务工作者39人、乡村医生17名、乡村卫生员52名，[①] 卫生医疗条件得到极大的改善。2000年，县卫生局举办乡村医生和卫生员培训班，培养和提高了医护人员的医疗水平。

3. 教育方面

教育方面，这一时期墨脱县教育工作开展顺利，在全县范围内普及落实了九年义务制教育，整体提高了墨脱人民的受教育水平与综合素质。1985年墨脱县第二次教育工作会议召开，会上明确了办学方向，健全了教学计划，规范了管理制度，调整全县小学生助学金到25元，对县区公办小学学生实行“三包”，基本消除学生和家长的后顾之忧。截至1989年墨脱县有公办小学7所，民办小学5所，在校学生400多名，有老师41人，[②] 教育事业发展迅速。1993年墨脱县建立第一所希望小学。1999年墨脱县内全面落实九年义务制教育，大大提高了当地的受教育水平。

4. 其他方面

救济方面，自然环境的恶劣导致墨脱县内各种灾害频发，对此，政府与人民解放军积极拨款拨物、投放物资进行救援，以保障困难时期群众的基本生活。1985年拉萨市政府拨5万元救灾款供县内抗洪救灾，人民解放军在林芝至墨脱段试航成功，将百吨救灾物资运往墨脱县。2000年为避免人员再次伤亡，县委、县政府搭建简易住房，解决群众生活所需的粮食、清油，转移群众到安全地带妥善安置。

物价方面，面对墨脱交通不便带来的运力紧张、运输困难等问题，墨脱县政府多次出台规定提高背运民工工资，调整和提高全县粮食购销价格，增加墨脱人民的副业收入。1986年为解决辣椒销路问题，林芝地区行署分派波密县商业局收购墨脱县内辣椒，提高了群众的收入。1999年墨脱县政府在全县范围内低价供应加碘盐，保证群众的日常基本碘盐摄入。

通信方面，该时期墨脱地区通电视、电话、广播的各项工程铺展顺利，通信闭塞的状况得到改善，丰富了群众的精神生活。1989年墨脱县成功开通卫星地面接收站，开始播放电视节目。1994年县卫星电话和程控电话正式开通，大大便利了县内与外界的沟通。2001年墨脱县启动广播电视“村村通”工程，使县电视台的多套电视节目惠及群众，丰富了

① 西藏林芝地区墨脱县志编纂委员会：《墨脱县志（下）》，中国藏学出版社2017年版，第1153页。

② 同上。

人们的精神生活。2004 年墨脱移动通信基站开通，彻底打破了墨脱通信闭塞的状况。2005 年墨脱县开展“电视进万家”活动，向 59 户农牧民家庭发放了电视机，满足了群众的精神生活需要。

日常方面，墨脱地区修建了电站拦河坝和水渠，相继建成了背崩乡水电站、达木电站、过渡电站、地东电站，基本解决了群众的日常用电；成立了县电影队，举办了放映人员培训班，定期下乡下村播放电影，丰富了人们的业余生活；铺设了自来水管，完成了农网改造工程与饮水工程，竣工了县城供水工程、路灯安装工程，改善了群众的基本生活条件。

综上所述，社会主义市场经济初步确立时期，在国家的大力扶持之下，墨脱地区实行了家庭联产承包责任制，调整了生产关系，提高了生产力水平，优化了经济产业结构，实现了农业增产与农村经济总收入的提高；促进了商品经济的发展，繁荣了各行各业，多方面改善了群众的基本生活条件，推动了交通、医疗、教育、通信等事业的跨越式提升，快速提高了人民的整体生活水平。

第二节　社会主义市场经济飞速发展下的墨脱

随着社会主义市场经济在墨脱地区的初步确立，社会、经济、生活等各方面都呈现出繁荣兴旺的景象。但是，县内公路屡修屡断带来交通不便与信息闭塞等问题，成为墨脱社会、经济、生活发展的“拦路虎”，严重制约了社会的进步、经济的发展与人民生活水平的提高。2013 年 10 月 31 日，墨脱公路的正式通车，彻底打破了制约墨脱社会发展的最后一个束缚，为社会、经济等方面的腾飞创造了更好的条件，使人民的整体生活水平飞速提高，终于过上了物质充裕、精神丰盛的幸福生活。

一　社会主义市场经济的飞速发展

党的十一届三中全会以后，社会主义市场经济的洪流席卷全国，墨脱地区也加入改革开放的大潮之中，实行了家庭联产承包责任制，搞活了商品经济，初步确立了社会主义市场经济。但是，交通不便严重阻碍了社会主义市场经济的继续发展，制约了社会的进步与人民生活状况的改善。2013 年 10 月 31 日，墨脱公路的正式通车，为社会主义市场经济的飞速发展扫清了最后一个障碍，社会呈现物质极大丰富、精神极大繁荣的局面，人民的整体生活水平得以飞速提升。

（一）交通状况的变化

自古以来，墨脱通向外界的过程就是十分曲折复杂的。1962 年人民解放军进入墨脱地区以前，当地人出入墨脱的道路极其艰难危险，稍不注意就会付出生命的代价。其后，党和政府在墨脱地区大力投资，逐步建成了墨脱公路，实现了墨脱与外界的顺畅交流。

社会主义社会互助合作时期，珞渝工作组与县委修通了昆布拉山上地震破坏的人行道，修通了多雄拉至墨脱段的道路；民主改革时期，墨脱县委、县政府修复了月尔东、江新的藤网桥，架好了地东至江新村之间的溜索和藤网桥，建成第一座跨雅鲁藏布江钢丝大吊桥——解放大桥，修通派乡至墨脱安尼的马行道，修建地东至背崩和背崩至德尔贡以及墨脱至达木的骡马道路、拉贡至增求村 7 公里的人行道、加热萨至吉东卡 5 公里与吉东卡至帮辛村 20 公里的马行道；人民公社时期，西藏自治区公路设计院派遣第一测量队完整勘测了墨脱公路线，设计了波密县扎木乡至墨脱县墨脱乡的扎墨公路，全线长 141.6 公里的扎墨公路由此进行建设，开始改善墨脱地区交通不便的局面。

社会主义市场经济初步确立时期，由于自然灾害扎墨公路的修建有所反复，1980 年扎墨公路 88 公里处发生了强泥石流，修建工作暂停，1981 年，面临资金短缺、人员伤亡严重的情况，扎墨公路的修建与养护被停止。但是，此时期墨脱县内的交通建设并没有停止，墨脱县委、县政府先后竣工西贡、哈古、杭玉、雅鲁藏布江四座吊桥投入使用，修建多雄拉至墨脱 50 公里的骡马道和背崩至汗米段的马行道。此后，在各级政府的支持下，墨脱公路开始续建。1988 年墨脱县自筹资金开始恢复修建扎木至波弄贡的公路，1989 年西藏自治区政府拨款并批准续建波弄贡至墨脱县城的公路，1993 年西藏自治区交通工作会议确定打通墨脱公路的决心，并重新对扎墨公路开始养护，1994 年墨脱公路粗通，墨脱交通封闭的局面被打破。1996 年墨脱公路指挥部再次进驻波弄贡进行整治，2001 年至 2005 年，扎墨公路成功实现了季节性通车，2008 年国务院正式批准了墨脱公路建设，2009 年扎墨公路新改建工程奠基，2013 年 10 月 31 日，墨脱公路正式通车。作为一个重要的分水岭，这标志着墨脱交通封闭的局面彻底改变，意味着墨脱社会主义市场经济的腾飞，代表着群众物质充裕、精神丰盛幸福生活的实现。

（二）社会主义市场经济的飞速发展

2013 年 10 月 31 日墨脱公路的正式通车是一个重要的分水岭，从此，墨脱地区彻底进入社会主义市场经济飞速发展时期。笔者在对 2011 年至 2015 年国民经济统计汇总表进行整理的基础上，就墨脱县经济产业结构 5 年间的变化趋势进行综合分析。从图 3-7 可以看出，5 年间四个收入指标一直呈持续上升的趋势，尤其是 2013 年以后，四个收入指标增幅提升明显，而第三产业收入增幅曲线最为突出。

由此可以看出，墨脱公路的正式通车，大大推动了社会主义市场经济飞速发展，扩大了群众收入来源的渠道，快速提高了农村经济总收入、第一产业收入、第二产业收入、第三产业收入，使经济产业结构得到优化，整体经济状况得到明显改善，人民生活水平飞速提高。并且，交通顺畅对于第三产业的带动作用巨大。随着交通条件的不断改善，第三产业的支柱作用日益明显，对经济和人民生活水平的提升与带动作用也日益增强。

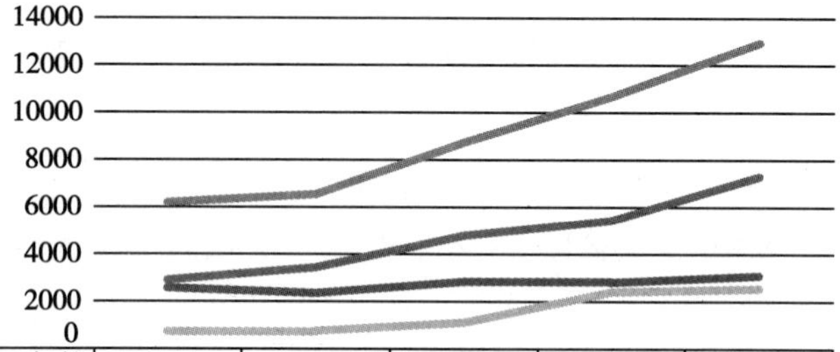

金额（万元）＼年份	2011	2012	2013	2014	2015
农村经济总收入	6195.93	6548.2	8743.49	10681.15	12943
第一产业收入	2567.33	2350.54	2838.24	2812.98	3092.87
第二产业收入	725.64	760.05	1114.33	2410.38	2547.09
第三产业收入	2902.96	3437.61	4790.92	5437.18	7303.04

图 3-7　墨脱县 2011 年至 2015 年经济产业结构状况统计

资料来源：根据墨脱县 2011 年至 2015 年国民经济统计汇总表整理，墨脱县财政局、发展改革委编。

二　人民生活的整体状况

2013 年墨脱公路的正式通车，不仅意味着社会主义市场经济的腾飞，也大大提高了群众的整体生活水平，使墨脱人民过上物质充裕、精神丰盛的幸福生活。以下在对 2011 年至 2015 年国民经济统计汇总表进行数据整理的基础上，笔者将从农业产品生产、林业生产、畜牧业生产、农村基础设施、农村整体经济、固定资产投资六方面的情况，对墨脱的整体生活状况进行综合分析。

（一）农业产品生产状况

笔者对2011年至2015年国民经济统计汇总表进行数据整理，在墨脱地区油料总产量、蔬菜总产量、粮食总产量以及农作物总产量进行统计的基础上，就农业主要产品生产情况进行综合分析。由图3-8可以看出，墨脱地区的油料、蔬菜、粮食、农作物总产量以2013年为分界点，出现明显的变化。

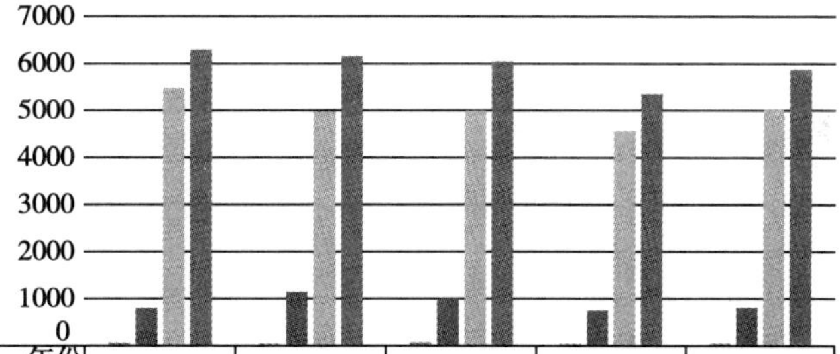

年份 产量（吨）	2011	2012	2013	2014	2015
油料总产量	22.76	42.32	33.58	41.28	49.56
蔬菜总产量	799.45	1141.88	1015.31	748.01	807.24
粮食总产量	5475.89	4974.68	4997.99	4560.89	5016.8
农作物总产量	6298.10	6158.88	6046.88	5350.18	5873.60

图3-8　墨脱县2011年至2015年农业产品生产状况统计

资料来源：根据墨脱县2011年至2015年国民经济统计汇总表整理，墨脱县财政局、发展改革委编。

可见，油料与蔬菜总产量在2013年前呈现迅猛的增长，在2013年不仅没有增产反而出现倒退，在2013年后逐步恢复增长但速度比以往大大减缓。这是因为墨脱公路通车之前，墨脱地区运力紧张、运输困难，导致物资稀少、物价水平整体高于外界，墨脱人习惯于自给自足日常的生活需要，不断提高耕种技术增加农产品产量。随着墨脱公路通车，交通的便利降低了物价水平、增加了物资供给，人民的生活首次出现物质上的富裕，对农产品的需求相对降低，农业生产的热情也相对减弱，导致日常所需农产品产量的降低。2013年后，经过对繁多产品的兴奋期后，人们重新认识到了自己生产的重要性，为了降低生活成本、提高生活水平，再次积极投入到农业生产之中，促进了农产品的增产。

粮食与农作物总产量整体呈现下降的特点，直到2015年才有所提升。这是因为墨脱地区现有耕地数量少、耕作难度大、各种灾害频繁，农业收入长期维持在较低的水平。随着社会主义市场经济的飞速发展，大量劳动力涌入第二产业、第三产业经营创收，导致农业劳动力不断流失，农业生产力与产量也就自然降低。2015年两者的略微提升则与交通的流畅和通信的便利有一定关系，外界大量信息的涌入，一定程度上提高了农民的耕种技术，促进了农产品增产，但仍然无法弥补劳动力流失带来的缺口。

（二）林业生产状况

在对2011年至2015年国民经济统计汇总表进行数据整理的基础上，对墨脱地区的林产品和水果总产量进行综合分析。由图3-9可以看出，墨脱地区的林产品总产量大体保持增长态势，只是2013年有所反复，水果总产量整体迅猛提高，2015年的水果总产量是2011年的4倍。

林产品和水果总产量的整体增长都归功于交通的便利与社会主义市场经济的发展，前者促进了外界信息的涌入，大大提高了生产水平与农业知识，为林业增产提供了硬件条件。后者带来商品经济的发展与市场的繁荣，提高了人民的生活水平，提升了群众对于物质的需求，由此也增加了对花椒、木耳、水果等农副产品的需求，直接推动了农副产品的生产。

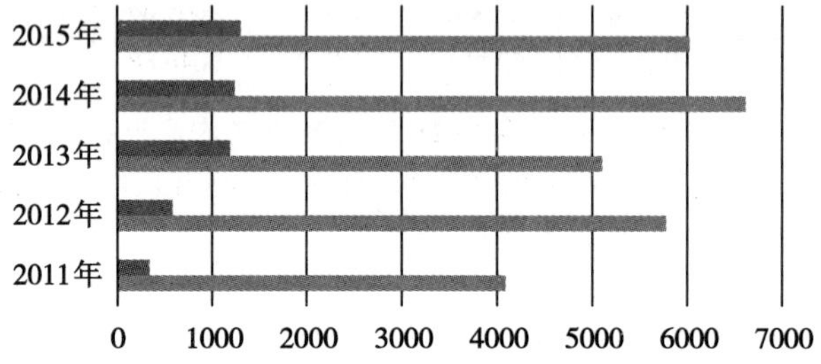

年份 产量	2011	2012	2013	2014	2015
■水果总产量（吨）	334.69	581.02	1194.75	1242.62	1307
■林产品总产量（公斤）	4088.7	5779	5106	6614	6025

图3-9　墨脱县2011年至2015年林业生产状况统计

资料来源：根据墨脱县2011年至2015年国民经济统计汇总表整理，墨脱县财政局、发展改革委编。

（三）畜牧业生产状况

在对2011年至2015年国民经济统计汇总表进行数据整理的基础上，

笔者对墨脱县的畜牧业生产情况进行综合分析。由图 3-10 可以看出，墨脱县的牲畜总量呈现快速增长的特点，养殖畜牧业发展迅速。这归功于该时期社会主义市场经济的迅速发展，搞活了整个市场，激发人们纷纷尝试进入养殖业、畜牧业、服务业等，运用多种经营方式创收。彻底改变了过去以农业为主的产业结构，第二产业、第三产业得到全面的增长，人民收入水平与生活水平迅速提高。

肉类总产量则是呈现先增长后降低的特点，于 2013 年达到顶峰，这与墨脱公路的开通有关。在此之前，肉类的供应基本来自当地饲养的牲畜，为了满足日益增长的需求，农牧民不断提高养殖量以增加肉类供应。公路开通之后，在繁荣的市场经济与丰盛的物资选择中，人们可以买到各种肉类，选择的余地和价格都有了很大的改变，对本地肉类的需求逐渐减少，肉类产量自然也就相应降低。

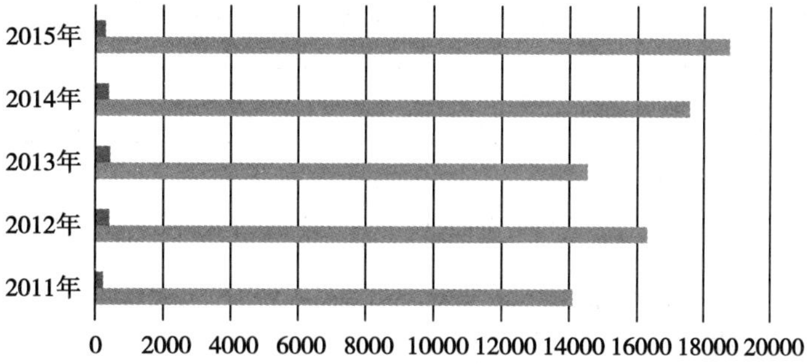

产量 \ 年份	2011	2012	2013	2014	2015
■肉类总产量（吨）	241.02	418.23	442.23	399.24	304.54
■牲畜总量（头）	14102	16300	14534	17574	18753

图 3-10　墨脱县 2011 年至 2015 年畜牧业生产状况统计

资料来源：根据墨脱县 2011 年至 2015 年国民经济统计汇总表整理，墨脱县财政局、发展改革委编。

（四）农村基础设施状况

接下来，在对 2011 年至 2015 年国民经济统计汇总表进行数据整理的基础上，就墨脱地区农村基础设施的整体状况进行综合分析。从图 3-11 可以看出，受惠于农村基础设施建设的村子总数呈现稳步上升的特点。从 2011 年至 2015 年，自来水受益、通汽车、通电话、通电、通邮、通电视的村数不断上升，尤以 2013 年后，上升速度明显加快。截至 2015 年，所有村落都基本实现通自来水、通电话、通电视。

在对总受益村数进行分析的基础上，可以发现，2013 年前后墨脱县农村基础设施分别惠及村落的总数基本固定在 185 个左右，2013 年后这一数字迅速增加，2015 年增至 218 个。这足以说明，以往制约墨脱县农村基础设施的关键就是交通。伴随着交通条件的不断改善，墨脱县政府迅速对基层农村的基础设施进行改进，以往因为交通而滞缓的建设工程立即上马，迅速改善了当地生活条件，显著提高了整体生活水平。

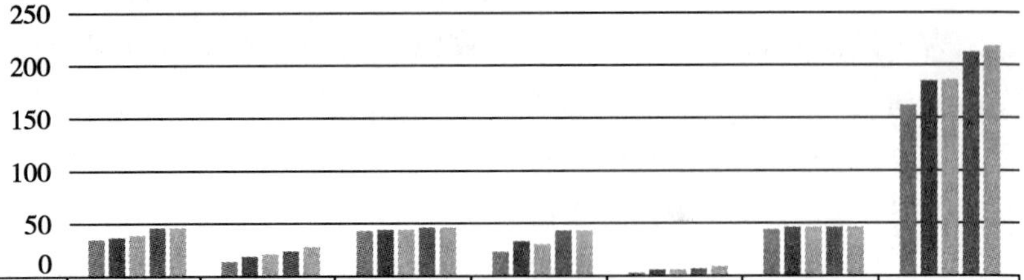

数量（个）/年份	自来水受益村数	通汽车村数	通电话村数	通电的村数	通邮的村数	收看电视村数	总计
■2011	35	14	43	23	3	44	162
■2012	37	19	44	33	6	46	185
■2013	39	21	44	30	6	46	186
■2014	46	24	46	43	7	46	212
■2015	46	28	46	43	9	46	218

图 3-11　墨脱县 2011 年至 2015 年农村基础设施状况统计

资料来源：根据墨脱县 2011 年至 2015 年国民经济统计汇总表整理，墨脱县财政局、发展改革委编。

（五）农村整体经济状况

以下笔者在对 2011 年至 2015 年国民经济统计汇总表进行整理的基础上，从农村经济总收入、农村经济总支出、农村经济纯收入和农村人均纯收入四个方面对墨脱地区农牧民的整体经济状况进行综合分析。由图 3-12 可以看出，从 2011 年至 2015 年，墨脱县农村经济总收入、农村经济总支出、农村经济纯收入和农村人均纯收入整体呈现快速上升的趋势，尤其是 2013 年后更是表现出直线上升的特点，其中，2015 年农村经济纯收入与农村人均纯收入是 2011 年的两倍有余。

四个经济指标的增加幅度都非常明显，而总收入增加的幅度明显大于总支出增加的幅度，出现纯收入跨越式提升。分析原因可以发现，随着墨脱公路的开通，农牧民收入来源的渠道增多。如图 3-13 所示，外出务工人员的数量和所获收入在 5 年间都呈几何倍数增长，农村经济总收入整体大幅度提升。同时，随着交通运输成本的降低，相应的农村经济总支出的增长幅度却相对较小。由此，墨脱县农村经济纯收入和农村人均纯收入整体呈现飞速上升的特点。

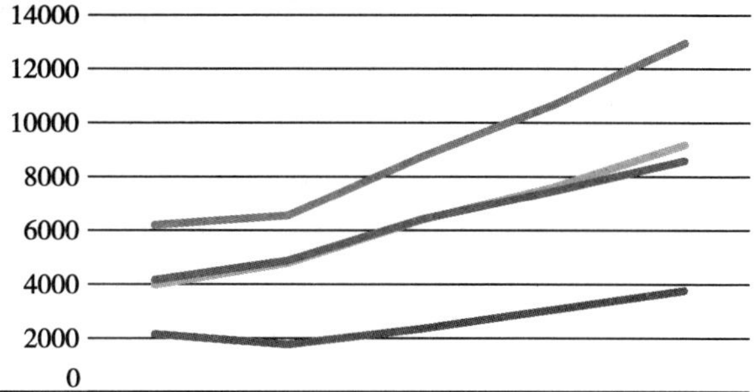

金额＼年份	2011	2012	2013	2014	2015
农村经济总收入（万元）	6195.93	6548.2	8743.49	10681.1	12943
农村经济总支出（万元）	2150.41	1771.27	2353.79	3065.45	3761.72
农村经济纯收入（万元）	3971.74	4782.78	6389.69	7615.7	9181.28
农村人均纯收入（元）	4158.02	4875.44	6412.13	7472.96	8593.46

图 3-12　墨脱县 2011 年至 2015 年农村经济状况统计

资料来源：根据墨脱县 2011 年至 2015 年国民经济统计汇总表整理，墨脱县财政局、发展改革委编。

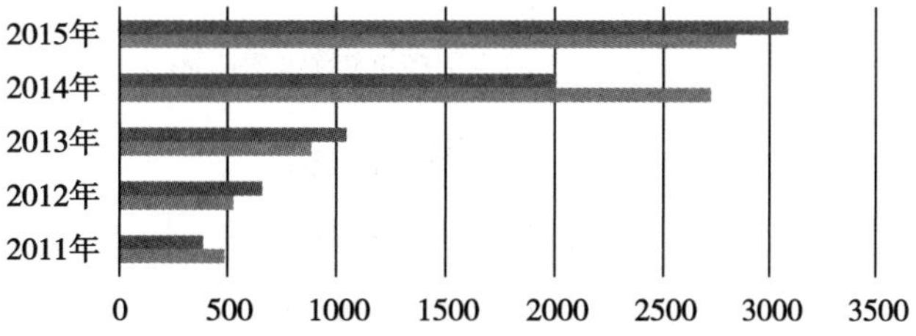

年份	2011	2012	2013	2014	2015
■外出务工人员收入（万元）	388.1	659	1047.4	2007.37	3087.04
■外出务工人员（人）	486	528	885	2722	2840

图 3-13　墨脱县 2011 年至 2015 年外出务工状况统计

资料来源：根据墨脱县 2011 年至 2015 年国民经济统计汇总表整理，墨脱县财政局、发展改革委编。

整体而言，墨脱县农村整体经济状况的改变与交通条件的改善和社会主义市场经济的飞速发展密切相关，在国家西部大开发、“兴边富民”行动、扶持人口较少民族发展、补偿退耕还林等政策的实施下，墨脱人民不管是留在当地还是去往外地，收入渠道都明显增多，政策性收入由此大大提升，共同推动农村整体经济状况的改善。

（六）固定资产投资状况

在对2011年至2015年国民经济统计汇总表进行整理的基础上，笔者对2013年前后墨脱县固定资产投资状况进行分析。如图3-14所示，2013年前后，四个指标都明显出现跨越式的增长。就农房改造总投资额和安居工程的补助而言，2011年至2014年迅猛增长，到了2015年又有了一定的回落。就农村人均住房面积而言，2013年实现了巨大的增幅，2014年增长趋势趋于平缓，2015年又出现局部激增。就农房改造受益人数而言，2013年的受益人数趋势出现局部激增，直到2014年增长趋势又趋于平缓。这是因为近年来国家西部大开发、“兴边富民”行动、扶持人口较少民族发展等政策的实施，墨脱获得的相关补助与投资一直不少。但是，交通的不便增加了投资建设成本，使许多村落的投资建设处于滞缓阶段。随

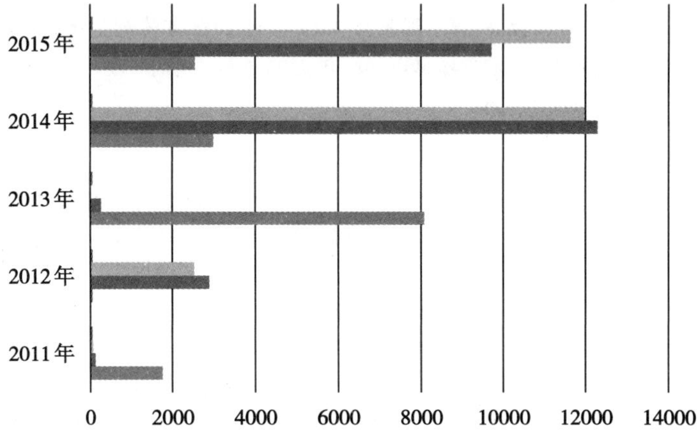

年份	2011	2012	2013	2014	2015
■农村人均住房面积（平方米）	11.56	13.45	17.02	18.24	22.37
■享受安居工程补助金（万元）	24	2530	—	11972.67	11639.08
■当年农房改造总投资（万元）	128.4	2894	268	12294.35	9713.14
■当年农房改造受益人数（人）	1761	15	8074	2996	2550

图3-14 墨脱县2011年至2015年固定资产投资状况统计

资料来源：根据墨脱县2011年至2015年国民经济统计汇总表整理，其中部分数据缺失，墨脱县财政局、发展改革委编。

着墨脱公路的通行，相关投资建设立即上马，由此出现了2013年后投资总额、安居工程和受益人口数量的激增，显著提高了农村人均住房面积。到了2015年，之前所积压的投资与工程大多已投入建设，飞快的增长速度暂时告一段落。

综上所述，本节从农业产品生产、林业生产、畜牧业生产、农村基础设施、农村整体经济、固定资产投资六个方面分析了墨脱的整体生活状况，以2013年为分水岭，影响群众生活的各类指标都有一定程度的增长，少数指标增幅明显，这表明尤其是2013年后墨脱人民生活水平实现了质的飞跃。

整体而言，墨脱人民生活水平的变化历程深受国家政治大背景的影响。在传统社会中，墨脱人民的生活经历了从原始自然社会的朝不保夕到封建农奴社会的苦不堪言，再到社会主义社会的翻身做主，生活发生了翻天覆地的变化。社会主义市场经济时期，改革开放和墨脱公路的开通推动了墨脱彻底融入社会主义市场经济的大潮，墨脱人民的生活水平实现了跨越式的发展，从此过上了物质充裕、精神丰盛的幸福生活。

第四章

交通突围，孤岛脱困

“眼睛在天堂，脚下是地狱。”这句谚语生动地刻画了墨脱风景的美丽与道路的艰险。墨脱县位于西藏东南部，中心地理坐标为东经 93°46′，北纬 96°06′。地处雅鲁藏布江下游，喜马拉雅山脉南麓，与印度毗邻，战略地位十分重要。全县平均海拔 1200 米，南迦巴瓦峰和加拉白垒峰是东喜马拉雅山脉最高的两座山峰，雅鲁藏布江在两座山峰的夹峙中咆哮而出，于崇山峻岭间劈开一道深达 5000 多米的深壑，形成了世界上最深、最长、最险峻的峡谷——雅鲁藏布大峡谷。

墨脱县地势由北向南急剧下降，从北部高达 7756 米的南迦巴瓦峰，陡降到南部雅鲁藏布江下游西岸最低海拔仅 115 米的巴昔卡（Pasighat）。墨脱县四面环山，形似莲花。相传 9 世纪时，莲花生大师受吐蕃赞普赤松德赞之请，翻越崇山峻岭，经过千难万险，发现墨脱县的地形像一朵盛开的莲花。在藏传佛教经典中称“博隅白玛岗”，意为“隐秘的莲花”，而这正是墨脱县独特的自然地理环境和气候条件的写照，也造成墨脱长期山水阻隔，交通闭塞。

第一节　生死墨脱路

墨脱县是全国 2100 多个行政建制县中最后一个通公路的县。长期以来，由于山高路险，江河阻隔，人力背夫是这里唯一的运输方式。当地人过着几乎与外界隔绝的原始生活，墨脱石锅和乌木筷子曾经是仅有的运出大山的商品。

一　山高路险，道阻且长

墨脱县地处喜马拉雅山南麓，山林茂密，冈峦起伏、谷深山高，谷地内河溪交错，山路崎岖，河水湍急，大都道路异常艰险。《西藏始末纪要》中记载："乱石纵横，人马路绝，艰险万状，不可名态。"① 素有"猴子路"之称。

墨脱当地民谣说："山顶在云间，山脚到河边，说话听得见，走路需一天。"这是对墨脱县交通状况的真实写照。村落与村落之间看上去很近，甚至说话都能听见，但往来却十分困难。因道路多为上下盘旋的羊肠小道，溪沟纵横，崎岖难行。在墨脱县，人们所走的山路分为经常性通行和季节性通行两种，经常性行走的路只是村落旁至附近耕地或朝圣的常用小道；季节性行走的路是村落之间、对外交换及上山狩猎的小道，这种小道常为荒草杂木所封闭，只有到了当地民众货物交换季节，狩猎或村际间交往时，人们才砍伐树木藤蔓以架设木梯、便桥或溜索。

二　出行困难，工具简陋

墨脱县境内的门巴族、珞巴族人居住在喜马拉雅山脉南麓的崇山峻岭之间，数百条江河水流湍急，其多数流速超过10米/秒，落差极大，水中巨石、暗礁布满河床，两岸崖壁陡峭，除少数平原处溪流架有木桥外，绝大多数是藤索桥或藤溜索。在墨脱县境内，门巴族、珞巴族的交通工具和设施简单而实用，除了有供人行走涉渡的道路、桥梁以及供人攀缘的木梯、藤索外，没有供人乘坐的车船舟楫等代步工具，甚至连牛马等畜力工具也没有，当地人全靠自己的腿徒步行走，去沟通彼此之间以及与外界的联系。墨脱县多江河沟壑的特殊地理环境，迫使门巴族、珞巴族人民创造了多种独特的架桥技术。墨脱县境内常见的桥梁有藤网桥、溜索、木制便桥、竹木桥等。

（一）藤网桥

在雅鲁藏布江的下游，江水湍急。江岸又高又陡，高山夹着深谷，地形十分险峻。这一带的江面既不能渡船，也不能架桥。为了社会经济交往，当地的珞巴族、门巴族和藏族人民，就利用墨脱地区特有的一种藤竹，编织成了藤网桥。藤网桥是将数股细藤绞成粗藤，再用数根粗藤为径，拴系在河两岸的树上，然后用细藤在粗藤上编织成网架成的。通过这种桥还得掌握它的特性，如它的弹性大，过桥人的脚步得顺着它起伏而落

① 白眉初：《西藏始末纪要》，北平建设图书馆1930年版，第41页。

脚，它弹起时，一只脚也得“因势利导”而抬起，它跌落时过桥人再踏步向前，就这样一高一低、一起一落地向前。

墨脱县境内较为有名的藤桥除了德兴藤网桥外，还有背崩藤网桥、江新藤网桥。其中已有300多年历史的德兴藤网桥，建在雅鲁藏布江大峡谷的地段上，离江面平均50多米，桥长150余米，德兴藤网桥代表了墨脱县境内门巴族、珞巴族建桥艺术的最高水平，现已成为雅鲁藏布江上一个奇特的历史人文景观，吸引众多游客前来参观游览。

（二）藤溜索

藤溜索是把墨脱县本地土产的白藤四根劈成八瓣，对接成所需要的长度，拴在两岸的树上。有一个硬藤做的圆圈套在八根藤条上，每当人们过江时，钻入硬藤圈内，将硬藤圈绑在腰部，脸部朝上，背对江面，双手抓紧藤条，交叉用力拉藤，双脚配合向前。而且滑这种溜索跨度越大越费劲，不但极为消耗体力，由于缺乏安全保障，危险性也很大。因此，需要较强的胆量、体力和平衡技巧才能顺利滑向对岸。

新政府建立以后，墨脱县境内的溜索逐步转换采用钢索。首先在江或河的两岸，用水泥修筑固定的钢索的巨墩，将钢索两端固定在水泥墩上即可投入使用，大大提高了安全系数和便捷程度。

（三）木制便桥

墨脱县由于气候温暖、潮湿，森林资源丰富，雨水充沛，溪流众多。在小溪小流上，门巴族、珞巴族人民经常就地取材，把一根长在小溪小流边能适合跨越小溪小流长度的独木，砍倒并架设固定在小溪小流上作为独木桥桥梁，然后再砍几根小树，用藤条绑缚在独木上，用一根比独木桥还要长的细树或竹段横向绑缚在数根小树上做扶手，以供通行。

（四）竹木桥

墨脱境内的竹类繁多，有直径20厘米至30厘米的巨竹，也有直径不到1厘米的细竹。在竹子生长茂密的小溪小流边，门巴族、珞巴族人民利用现成的竹子搭成竹桥，以方便通行。

在西藏和平解放以前，墨脱县因为山势险峻，江河湍急，沟壑纵横，崎岖不平，难以使用畜力，当地民众不养马匹、驴子，即使有牦牛犏牛也不堪长途负载。当地民众背运东西全靠人力，使用最原始的出行辅助工具手杖。手杖的功用主要可助人步态稳健，也可使人们在背运途中站立歇息时用来支撑，以减轻负重得到短暂的休息。用藤竹编织而成的背带、背包、竹筒也是门巴族、珞巴族群众经常使用的运输工具，个别村落使用木桶。这在杨聪编著的《中国少数民族地区交通运输史略》中关于西藏南部地区的调查发现可以得到佐证，在勒布、樟木、米林等边境地区，地势险峻，交通阻塞，牛马难以成帮通行。这些地区是与印度、尼泊尔、不丹等邻国贸易的通道，商人多利用边民背运物资。每人背60—70斤，攀山循道，缓缓前行。另外，人们在日常生活中搬运物体，也多用背的方式。其背运工具主要是箩筐或皮袋，用绳子套挂于两肩便能前行。①

墨脱县除了有水面宽阔、波涛汹涌的雅鲁藏布江外，还有众多江河湖泊。为了跨越江河阻隔，墨脱县境内门、珞两民族的主要交通工具是藤条、独木桥、竹木结构溜索和藤网桥，个别地区有独木舟和竹筏等水上交通工具。独木舟与竹筏一般在河段水流平稳的地方使用，独木舟用原木制成，可乘6—7人，河水浅时用竹竿子撑，春夏水深时使用木桨。

三　通路季节短、保障能力低 、风险程度高

墨脱境内交通闭塞，给运输带来极大困难。货物交换是门、珞人民一年一度获取生活必需品的重要途径，一次往返10天到20天，往返需背负重物，要翻越高山陡崖，涉湍急之溪流，爬天梯、滑溜索、过独木桥，劳动强度和艰辛程度超过了外界的想象。正如鲁迅先生所言，“希望本无所谓有，无所谓无的。这正如地上的路：其实地上本没有路，走的人多了，也便成了路”。墨脱的路更是如此，千百年来当地民众对外进行物品交换，祖祖辈辈一步一个脚印大致沿袭着四条古道：一是由米林县派区翻越多雄拉山至墨脱；二是由波密县大兴村翻越金珠拉至墨脱；三是由波密县翻越遂拉至墨脱；四是沿帕隆藏布江、雅鲁藏布江至墨脱。前三条古道都要翻越4000多米的高山隘口，冰冻封雪，每年只能通行两三个月。第四条走沿江一线，虽不翻越雪山，但要通过大峡谷的悬崖峭壁，道路更加艰险。

每年6月至11月是开山季节，是气候适宜之时，为背运交换物资的运输旺季。运输种类通常有四种：一是农牧区民众间的以物易物交换或自给自足地进行物资交换，即各自背上自己的产品到各部落村庄进行交换，

---

① 杨聪编著：《中国少数民族地区交通运输史略》，人民交通出版社1991年版，第140页。

或在藏族居住地交换生产生活必需品；二是为宗本、措本、头人和寺庙的管家，从事运输和贸易；三是富裕的主户让农奴为其背运送客商货物，供给农奴简单口粮，或雇请他人背驮运货物，供给口粮、酥油、牛肉等食品，并付给一定的运费作为报酬；四是乌拉差役运输，差民无偿地给宗本、措本或寺庙、宗政府背运货物，为军队背运的叫军差，为寺庙宗教服务的叫神差，村内群众轮流的叫轮差，应呼急用叫捻差，专门为宗政府或寺庙送信的叫听差，自己的一份叫正差，为别村帮忙的叫帮差。

1959年以前，“西藏旧时的交通运输业中，有一批专门出卖劳动力、从事交通运输的职业劳动者，通常将他们称为‘脚夫’或‘背夫’。西藏地区的门巴人与夏尔巴人中，也有善于背运者，成为专门从事背运的职业者。门巴人使用的工具是一种藤条编制的能大能小的背筐，背时用双条背带套在两肩上，背筐的上方还有一条背带套在背运人的脑额上。因西藏地区多系山地，道路崎岖，所以采用这样的方式背运，背筐紧贴于背部，比较安全。有的背夫背运时手中还要持一根丁字形的拐杖，用于休息时支撑背筐。背夫们在长途背运时，一般多由富有经验的中年人作为领头人，由他一路领呼号子，以调节步调以及步伐的快慢。在西藏勒布、樟木、米林等边境地区，地势险要，交通阻塞，牛马难以成帮通行，当地的商人多利用边民背运物资，这些人当中不少人已成为职业运输者，能够背上六七十斤东西攀山寻道，日行数十里甚至近百里”①。

由于交通困难，路途艰险，工具原始，导致墨脱地区生产力低下，生产方式简陋，人民生活困难，国家对领土的有效控制能力受到极大的制约。1959年3月10日，以达赖为首的西藏反动上层集团为保住政教合一的农奴制永远不改变，悍然发动了旨在分裂祖国的全面武装叛乱。1959年3月28日，中央政府宣布解散西藏地方政府，由西藏自治区筹备委员会行使西藏地方政府职权。1959年7月开始设立墨脱县，但由于道路艰险，与外界交通极为困难，墨脱县党政机关并没有设置在墨脱县境内，而是设置在林芝地区米林县所辖派区。1962年6月至11月，中印边界自卫反击战爆发，交通不畅，运输困难，也影响到物资和人员的后勤保障。

---

① 西藏自治区交通厅、西藏社会科学院：《西藏古近代交通史》，人民交通出版社2001年版，第240—241页。

第二节　军需民用，改造马道

墨脱县传统的交通运输方式是用人背肩扛，由于道路地形的限制较少使用畜力。西藏和平解放以后，为了提高交通运输效率，促进社会经济发展，提高国家对边境的管控，国家向墨脱县投入大批人力、物力、财力，修通了两条同西藏其他地区相联系的主干马行道，以及通往墨脱县各村寨的马行道或人行道。同时还设架固定的吊桥和钢丝溜索，改变墨脱县境内的道路交通状况。

一　马行道的开拓

1962 年，随着印度对我国领土蚕食渗透日益加剧，为中印自卫反击战做军事斗争准备工作的需要，中国人民解放军分兵两路进入墨脱县。一路从林芝地区波密县的大兴村，翻越金珠拉山口到达格当乡开展军事斗争准备工作；一路从林芝地区米林县的派区，翻越多雄拉山口进入墨脱县。一边平定叛乱稳定生产，一边由军队修筑马行道。

为中印自卫反击战做军事斗争准备工作的中国人民解放军分兵两路进入墨脱县，具体路线如下：

（一）从林芝地区波密县境内的大兴村出发的路途较远而相对难度较小的路线，经德巴村，翻越金珠拉山口向南挺进，沿金珠藏布河下行格当乡、达木乡、墨脱镇、亚让村、背崩乡，过解放大桥，到达当时的墨脱县（营）委驻地马尼翁，全长 203.6 公里。

（二）从林芝地区米林县的派区出发的路途较近而相对难度较大的路线，经派村，翻越多雄拉口，经亚格、大岩洞、汗米、老虎嘴、安尼桥、二号桥、三号桥到达墨脱县（营）委驻地马尼翁，全长 120.1 公里。

二　马行道的养护

墨脱县内的马行道的维修与养护，主要由墨脱县政府向西藏自治区政府申请拨款，依靠墨脱县基层区、乡党委政府，组织当地民众开展日常维护和新修工作。

第三节 国家意志与牺牲精神铸就墨脱公路

墨脱县位于西藏自治区东南部，受自然条件影响，长期以来是中国唯一不通公路的县，当地经济建设和社会发展受到较大制约。为了加快经济社会发展，改变生产生活条件，墨脱人民从未放弃“等公路、盼汽车”的梦想。自墨脱县解放以来，各级政府曾先后选定了五条修筑墨脱公路的路线，耗费了巨大的时间和金钱，并付出了惨重的人员牺牲代价。终因太多的自然地质灾害、恶劣的气候条件限制，未能让汽车顺利驶进墨脱。许多专家经多年勘察，得出的结论是：墨脱公路处于喜马拉雅断裂带和墨脱断裂带上，地质活动频繁，是地震、塌方、泥石流的多发地带，加之墨脱的气候潮湿多雨，使得墨脱实现通车的愿望困难重重。

一 生命不息、战斗不止，异常艰难的接力赛

1961 年 10 月，西藏军区公路部部长宛庆祥同志、助理赵玉阶同志和自治区筹备委员会交通技术员黄炳焯和潘天锡，视察自米林县派区经多雄拉、至墨脱的路线。他们步勘至易贡伯山顶，因下山无路，即折返。

1965 年，当时墨脱县归属拉萨市直接管辖，拉萨市委、市政府试图打通自帕隆老虎嘴沿帕隆藏布江、雅鲁藏布江通往墨脱的公路。动员民工 700 余人，在帕隆藏布江上修建一座长 80 米、宽 3.5 米的简易悬索吊桥。继而开挖公路路基，投入 80 万元，牺牲 8 人，共计修了 4 公里公路，最终因工程太难太险而停工。

1967 年 7 月 7 日，拉萨军分区派遣工作组一行 9 人，从米林县丹娘乡经崩嘎村，沿德阳拉北坡，翻越德阳拉山口进入墨脱境内，又沿丹各春河到达雅鲁藏布江后，北上至解放大桥，对德阳拉至解放大桥的公路线路进行了勘探，7 月 31 日返回林芝。在可能通往墨脱县境内的道路中，前后选择 4 条公路线路，其中第 4 条公路路线是专家推荐的线路，即由德阳村翻越德阳拉，经西让到解放大桥，为越岭线，除德阳拉外，地势较为稳定，地质灾害少，公路里程短（130 公里），工程量小，施工简易，工期短，投资少，而且靠近“麦克马洪线”，对防卫边境有利。但这条公路路线的最大缺点是，德阳拉有冰雪封路的影响，需要做防冰除雪工程。最终，国务院因此公路路线靠近“麦克马洪线”，没有同意修建。

1973年，交通部批准西藏交通局上报的墨脱公路设计任务书，经过历年勘探，逐步形成了修筑公路进入墨脱的6条线路方案。经自治区革委会、西藏军区、自治区计经委、拉萨市革委会、自治区交通局多次研究权衡利弊后，选定以波密县扎木镇为起点，翻越海拔4352米的嘎隆拉垭口，经洛绒登、萨拉库、达国桥到达墨脱县城，路线走向是由雅鲁藏布江南岸米林县越德阳拉至墨脱县。

1974年4月，西藏公路勘察设计院胡光万带领一个墨脱公路勘察测量队进驻波密县扎木镇开展工作，前后用了4年多时间才完成野外作业勘测。公路里程全长141.6公里，编制初步设计方案，预算总投资额3296万元。

1975年7月，正式成立墨脱公路修建指挥部。参加墨脱公路工程的单位有：西藏公路工程处（一个工程队，两个青年筑路大队）和中国人民解放军52旅工兵营，共2000多人。最终因工程难度太大，1980年根据西藏自治区政府领导的决定，交通厅向交通部提交停建墨脱公路的报告。交通部1981年2月正式批复，同意停建墨脱公路。1981年6月，自治区人民政府决定放弃养护。

自1961年提到议程上的墨脱公路，经过调查踏勘测量设计，于1975年正式大规模开工修建施工，耗时6年，到1981年停建。墨脱公路工程施工中牺牲34人，重伤近百人，耗资2538万元，占预算的66.9%，共完成土石方工程近200万立方米。所建工程除扎木大桥和扎木往前24公里公路能使用外，其余大都被冬季冰雪和夏季山洪等地质灾害所毁坏。

二　屡断屡修、前赴后继，跨世纪的公路梦

1988年夏，在林芝地区行署的支持下，墨脱县自筹资金50万元，成立墨脱公路工程指挥部，开始恢复由波密县扎木镇起始的波弄贡（80K）[①] 公路。其中，24K到47K冰雪堆积严重，只有每年夏季7月至9月底勉强可以通车。墨脱县在波弄贡（80K）处设置了物资转运站，用汽车将物资从波密县扎木运到波弄贡（80K）物资转运站，再组织人力向墨脱县城等地背运，1989年西藏自治区政府决定再增加工程拨款143万元，批准续建墨脱公路。

① 80K，当地对扎墨公路80公里处的简称，下同。

1990 年，交通部拨款 900 万元，续建扎墨公路工程。6 月 9 日开工，自波弄贡（80K）物资转运站向墨脱县城推进。林芝地区行署为了加强墨脱公路指挥部的协调力度，专门委派两名副专员担任正副指挥长，西藏自治区交通厅派去工程技术人员。西藏自治区交通厅党委书记朵藏贡布、副厅长颜佳义、总工程师林道勋等先后带领工作组前往视察指导。工作组提出应在波弄贡（80K）物资转运站到 50K 的范围内放上部分工程施工养护人员，再从零公里到 24K 的公里段范围内放上一部分工程施工养护人员，以确保已经建成的那一部分墨脱公路的维护和畅通。根据这一指示精神，林芝地区交通局与墨脱县人民政府协商决定：由墨脱县人民政府抽派身强力壮的热爱养护事业的人员 18 人，由林芝地区交通局在朗县养护段、察隅县养护段抽派骨干力量 9 人，共 27 人，配备手扶拖拉机 3 台，推土机 1 台在墨脱公路 3 公里处（原老电站住房）成立墨脱公路养护段，承担零公里至波弄贡（80K）的维护保通和多热拉雪山季节性抢通保通，并确保在墨脱县公路 62K 设立物资转运点。

其后的几年里，为了通过机械化作业水平提高排除多热拉山厚达 4 米至 6 米的积雪的效能，墨脱县于 1991 年年底、1992 年年底先后再拨款购进两台小型推土机。

1993 年 3 月，西藏自治区交通工作会议确定："1993 年打通墨脱公路。" 1993 年 1 月 8 日，经西藏自治区机构委员会会议研究同意，在波密县扎木设扎墨公路养护段，西藏自治区文件明确扎墨公路养护局事业编制 110 名，其中扎墨公路养护段机关 25 名，工区和道班共 85 名。通过创立扎墨公路的养护机制，组建了扎墨公路的养护队伍，确保了扎墨公路可持续的养护力量。

1994 年 2 月 1 日，全程 141 公里的扎墨公路（波密县扎木镇—墨脱）初步建成，政府有关部门在扎木举行了隆重的墨脱公路通车庆祝大会。谁知这条耗费巨资、牺牲巨大、历经苦难修成的公路，只开进过一辆汽车就因地质灾害损毁而中断，而这辆承载着太多期盼的汽车风风光光开到墨脱县后，就被困县城。最后，这位墨脱公路处女航的"功臣"变成了锈迹斑斑的"文物"。公路上长满了灌木和杂草，许多路段路基已坍塌，有的地方已成了巨大的滑坡面，路上架设的桥梁仅剩下一些锈蚀的钢架。

1995 年 6 月 8 日，西藏自治区政府副主席杨松召集有关单位的负责人开会，就墨脱公路整治与养护问题进行专题研究。与会人员认为墨脱公路1988年复工以来，已投入大量资金，并对外宣布实现初通，但是由于地质灾害频繁，未能实现分季节、分路段通车的目标。会议要求进一步采取措施，在1995年至1997年3年时间内，对墨脱公路的整治、改善与养护同时进行，预算总投资控制在2000万元以内。1995年先安排水毁费70万元，养路费80万元，由西藏自治区交通厅、林芝地区行署作科学论证，周密安排，确保投资效益。

1996年10月，墨脱公路指挥部再次进驻波弄贡（80K）物资转运站，利用冬、春两季对24K到波弄贡（80K）道路进行整治。部分修复75K双排单层32米的钢架桥一座，新修72K单排单层12米钢架桥，新修53K、55K、60K数座木桥。并对岩层制约地段进行工程爆破拓宽路基，对37K至50K数座回头弯加宽路基，并加设路边防护挡墙。

1996年，经林芝地区机构编制办公室批复，扎墨公路养护队在原建制上改名，成立扎墨公路养护段。确定保通零公里至波弄贡（80K）路段，其中24公里定为常年养护，按优、良、次、差进行评比，按照“三定一包”模式管理，对波密县15K至24K、24K至波弄贡（80K）等地段不断进行路况改造。累计降低坡面57.68公里，切弯取直13.6公里，改造木桥232米/8座，维护钢架桥25米/2座，筑木笼堡坎4.93公里。

2000年4月，在波密县境内的易贡乡发生特大泥石流自然灾害，并形成巨大的堰塞湖。6月中旬，堰塞湖自然泄洪，将墨脱县境内的雅鲁藏布江沿岸的公路、马行道，跨江铁索大桥、吊桥、溜索全部冲毁，经济损失5000多万元。

2000年8月19日，西藏自治区常务副书记杨传堂召集计委、财政厅、交通厅等部门的负责人，就墨脱县交通恢复方案和通麦至易贡公路抢通方案进行研究。会议原则上同意自治区提出的墨脱县交通恢复方案和自治区易贡抢险救灾总指挥部交通组、自治区交通厅抢通重建领导小组对方案的审核意见。以自治区计委、财政厅、交通厅名义联合行文下达拨付专款400万元，用于墨脱县交通设施恢复重建工程。

截至2001年6月，国家财政下达拨款1278万元恢复墨脱县的交通。同年冬天，墨脱县委、县政府组织人力对墨脱县境内的公路，主要是波弄贡（80K）至县城段进行重新修筑。2002年后，墨脱县委、县政府向西藏自治区政府申请每年下拨150万元用于修复波弄贡（80K）至县城60多公里的路段。墨脱县委、县政府组织农牧民养护，国家给予适当补贴。

至2005年该政策继续执行。

正是由于国家和地方政府的支持，财政资金的保障，以及当地民众的参与和努力，2001年至2005年扎墨公路开始实行较为稳定的季度性通车。墨脱公路建设的艰辛历程，可以在处于相同地质构造和公路施工条件的滇藏公路的修建过程中得到印证。1973年10月，进出西藏的又一条重要公路——滇藏公路竣工通车。滇藏公路南起滇西交通枢纽大理市下关，北至西藏芒康，与川藏公路相接，全长715公里，其中西藏境内119公里，云南境内596公里，是进藏各条公路中受气候影响较小的一条公路。滇藏公路因其在国防上的重要地位，于1950年8月就开工修筑，历时23年（实际施工时间11年半）。全线工程艰难，处于海拔4000米以上的路段有39公里，占5.45%；3000—4000米的有239公里，占33.43%。这些路段不仅有雪山峡谷，高山险岩，隧道大桥，而且空气稀薄，气候严寒，施工十分困难。全线完成土石方中石方占51.8%；大型桥梁4座，长575米；隧道3处，长234米；中小桥梁112座；涵洞1764道；挡墙16.9万立方米。滇藏公路“路线走向合理，技术标准符合批准要求，线型顺畅，路面平整，构造良好”。滇藏公路未修筑以前，沿线地区的交通十分闭塞，仅有一些山间驿道。①

三 艰难困苦、玉汝于成，天堑变天路

西藏地广人稀、地形复杂、高寒缺氧、气候恶劣，因其特殊的自然地理性质，它的结构与其他地区有很大的不同。地理气候因素对西藏的交通运输建设的影响至关重要。墨脱公路正式通车以前，由于雪崩、塌方、泥石流等自然地质灾害的侵袭损毁，出入墨脱的主要干路只剩下两条。一条是从米林县派乡翻越喜马拉雅山脉的多雄拉山口，沿多雄拉到墨脱的背崩乡后，逆雅鲁藏布江北上至墨脱县城，全程约115千米，步行需4天时间。这条路在每年的6—10月可以通行；另一条是从波密县沿扎墨公路行走，全程141千米。由于嘎隆拉山口的阻挡，这条路只能在每年的8—10月初山上的冰雪融化后才能通行到80千米处，然后步行2天到墨脱县城，其他时间只能翻越海拔4640米的嘎隆拉山口，正常情况下步行约需5天。

墨脱由于气候条件复杂、地质灾害频发，长期与世隔绝，作为中国

① 杨聪：《中国少数民族地区交通运输史略》，人民交通出版社1991年版，第132页。

“工期最长”的县级公路，打通、中断、再修，前后历经半个多世纪。据墨脱公路项目办主任邹宗良介绍，在长达 20 年的修路生涯中，中国武警交通二支队墨脱公路 B 合同段项目经理程春明走遍了大半个中国，即使在海拔超过 4600 米的川藏公路开凿二郎山隧道时，也是军歌嘹亮。但在开凿墨脱公路嘎隆拉雪山隧道时，他第一次感觉到苦。海拔 4700 多米的嘎隆拉雪山，处在喜马拉雅山脉迎风坡，冰川地貌，进出墨脱必经此山。开凿嘎隆拉雪山隧道是修建墨脱公路的难点，也是核心。

在这里开凿隧道必须克服三项世界之最：地质条件最复杂、地下水最丰富、坡度最大。隧道北口和南口海拔高差 110 米，纵坡达到 4.1%，是世界上坡度最陡的高原隧道。“这里一年没有四季，半年雨季，半年雪季。”“下雪天房子上结的冰柱子 1 米多长，得戴安全帽才敢过……”在这个挑战“生命极限”的地方工作，第一位重要的是保障生命安全，因为这里雪崩、泥石流等灾害发生太过平常，生与死往往就在一线之间。在施工中，由于雪山特殊的山体结构，经常几天下来才掘进一两米，简直就是“女娲补天”式的填方作业。“在这里，我们每天接触的东西都是新的，以前修路中没有遇到的高科技、土方法我们都用上了，有时候感觉一下子回到了旧石器时代。”

2010 年，嘎隆拉雪山隧道在历经两年的艰辛努力后终于打通，全长 3360 米。① 嘎隆拉隧道的修通极大地降低了墨脱公路遭受雪崩、冰冻、泥石流等自然地质灾害的风险，可以说真正抓住了墨脱公路建设的“牛鼻子”，把墨脱公路交通的命运攥在自己手里了。打通嘎隆拉隧道，是修建墨脱公路的转折点。2013 年 10 月 31 日上午，墨脱公路通车仪式在西藏林芝的风险地区波密至墨脱县 80 公里处举行，中国最后一个未通公路的一县正式通车。墨脱公路记录了一代又一代建设者的牺牲与荣耀，也承载着墨脱人民的坚韧与梦想，更见证了中华民族多元一体的团结与强盛。

2006 年 7 月被誉为“天路”的青藏铁路建成通车，彰显了我国国力日渐强盛，同时也进一步提升了国家对西藏经济社会发展的支持力度以及对边疆的管控能力。2013 年 10 月墨脱公路的修成通车，更进一步体现了国家对墨脱经济建设的支持和对边境线的有效管控。

① 高淑英：《西藏墨脱公路正式通车，唯一不通公路县告别孤独》，《北京青年报》2013 年 11 月 1 日。

第四节　墨脱县交通现状、困境与发展对策

在国家的大力支持下，经过军民几十年的流血牺牲和艰苦奋斗，墨脱县交通建设取得了巨大成就。墨脱人民盼通了公路，等来了汽车，交通出行条件大为改善。然而，由于特殊的自然地理和气候影响，墨脱县交通还面临诸多困难和挑战，还远远不能满足墨脱社会经济发展、文化生态重建、安边富民的需求。因此，仍需要分析问题，找准解决交通瓶颈的症候，提出进一步改进墨脱交通的意见和建议。

一　墨脱县交通现状

波密县扎木镇至墨脱县的公路 2013 年 10 月 31 日正式通车。随着扎墨公路的通车，带动了墨脱县乡村公路建设的步伐。目前，墨脱全县公路共有 25 条约 336.23 公里，其中，包括未交工验收公路 12 条 75.33 公里。现阶段墨脱县接管养护公路 9 条 56.9 公里，其余公路由林芝市公路分局机械化大队接养 3 条 169 公里和各在建公路施工单位接养 13 条 110.33 公里。截至 2016 年，墨脱县乡镇公路通达率为 75%，通畅率为 25%，行政村公路通达率为 65%、通畅率为 6.5%，行政村公路通达率和通畅率比 2015 年上半年分别提高 22%和 2.2%。①

二　墨脱县交通面临的困境与挑战

墨脱本地流传有这样的谚语："一山见四季，十里不同天，声音听得见，走路要半天。"地处高山峡谷的墨脱县山峦重叠，沟谷纵横，加之受印度洋暖湿气流影响，降水充沛，河流侵蚀，形成千山万壑的状态；山脊至河面高差在 1000—6000 米，河谷狭窄，岸坡险峻，悬崖绝壁，坡度一般在 30°—75°。山林茂密，山路崎岖，河水湍急，大多数道路异常艰险。由于交通闭塞，给墨脱经济发展和人民生产生活带来极大困难与挑战。与外部经济社会交往是墨脱县门巴族、珞巴族及藏族等各族人民获取生产生活必需品的重要途径。截至 2016 年，墨脱县共计 8 个乡镇中还有 2 个乡、16 个村不通公路，当地民众外出一次往返 10 天到 20 天，往返需背负重

① 相关数据均来源于墨脱县政府。

物，要翻越高山陡崖，涉湍急之溪流，爬天梯、滑溜索、过独木桥，劳动强度和危险程度非常大。

现代公路交通是经济社会发展的枢纽，对经济社会的发展有着决定性的作用。没有公路交通的地方是闭塞的，难以有效及时获取外部信息，人员、物资、技术、资金无法很好地流通。交通运输的条件直接影响到运输的费用，以致影响到物品的价格，从而影响了经济社会的健康发展。墨脱县独特的地理、自然和气候条件，直接影响了墨脱县的交通发展。由于墨脱县交通的落后，使之与内地的物资交流困难，运输费用的昂贵更加影响了物品的价格。墨脱现有特色产品如石锅、藤编、乌木筷子、茶叶、红米、香蕉、橘子、大柠檬、兰草、杜鹃等，急需加大市场推广力度，促进规模化发展。但因交通条件的制约，市场前景广阔的墨脱特产运不出去，产品就不能变成商品，因此难以刺激扩大生产规模，农民也就难以真正脱贫致富。道路状况差，不能保证平安通畅，外地游客也就望而却步，美好宏伟的生态旅游规划也就成了空中楼阁！因此必须打破交通闭塞、落后的瓶颈，才能形成“路通样样通”的良性循环。

（一）现有公路通行功能不足

随着墨脱公路基础设施的改善和乡村公路的逐步发展，墨脱县交通运输建设取得了较大成就。然而，随着墨脱县经济社会发展以及人民物质文化生活需求的增长，墨脱县交通运输相对滞后带来的瓶颈效应仍然亟待解决，这可以从墨脱与外界交通的生命线扎墨公路存在的诸多问题中得到具体呈现。

虽然扎墨公路于 2013 年 10 月 31 日正式通车，但由于墨脱县境内为四级砂石路面，多段坡度大、急弯多，无法满足墨脱县经济社会发展需求。扎墨公路路面狭窄、坡陡弯急，许多险要路段仍然是单向通行，并只能季节性通行。主要路段还是砂石路面，防护基础工程薄弱，经常被泥石流、雪崩、塌方、山洪损毁。由于缺乏资金、技术、通信、专业人员和设备以及应急反应机制支持，导致扎墨公路通行能力不足，维护保障落后，安全性差，通畅率低等问题，极大地制约了墨脱县社会经济顺利发展、人民生产生活条件的进一步改善，以及对边境的管控。

（二）在建公路建设力度不够

墨脱县交通面临的困境还突出表现在公路建设工程上，具体有以下几个方面：

1. 公路建设项目工程进度滞后。由于墨脱县受不利交通条件的影响，公路建材运输成本高，且公路建设工程经费与工程施工难度较低的其他邻县基本相同，导致在相当程度上增大了墨脱县公路工程建设的预算缺口。同时，墨脱县雨季较长，有效施工期较短，工程建设专业人员不足，也迟滞了公路工程项目的建设进度。

2. 公路工程建设资金缺口较大。一是由于近年来国家加大对政府融资平台管控力度，不少公路工程项目融资受限，建设资金缺口较大，造成部分公路工程项目建设进度缓慢；二是由于墨脱县属经济贫困县，财政十分困难，公路建设工程项目负担的县级财政配套资金难以落实。加上地理位置偏远，也给墨脱县交通运输工程项目的融资工作带来较大的压力。

3. 由于墨脱县长期以来一直受交通闭塞影响，思想解放不够，改革创新意识不强，开放合作力度不大。按人均2300元/年温饱线划分，70%的人口基本解决温饱问题，农牧民生产力水平极其落后。商品经济历来不发达，广大农牧民的商品意识不强，发展的愿望不强烈。在如何依靠农业、产业致富上谋划的少，自谋农业发展之路的少，“等靠要”政府帮助的多。这些落后的传统观念是制约农牧民主动谋求产业发展至关重要的因素。

三　墨脱县交通运输发展的对策建议

“不仅一个民族与其他民族的关系，而且一个民族本身的整个内部结构都取决于它的生产以及内部和外部交往的发展程度。”① 课题组在墨脱县调查时，当地干部群众与我们交流对话中，表达最多的想法就是希望国家支持，进一步改善墨脱交通，尤其是乡镇的道路交通条件。

目前，墨脱县交通发展水平仍远远落后于全国平均水平，远不能适应经济发展、社会进步和国防建设的需求。主要表现在总量不足、公路密度小、乡镇村通达程度低，仍处于全国最低水平。道路不够完善、节点连通性差、技术保障水平低，成为经济发展、社会进步、巩固国防和人民生活水平提高的“瓶颈”。由于交通“瓶颈”制约，当地农牧民群众仍处于落后的生产、生活水平，观念陈旧，生产经营方式单一，第一产业未能进行合理的产业化调整，第二产业、第三产业几乎处于空白状态，影响了经济

① 《马克思恩格斯选集》（第一卷），人民出版社1972年版，第25页。

和社会事业发展。“经济发展、交通先行”，只有良好的交通条件，才能带动该片区经济发展，农民群众生活水平提高，才能建成小康社会。

扎墨公路的开通，为墨脱县提供了良好的经济社会发展条件，促进了合理开发利用资源、保护生态环境和动植物资源，加快矿产资源的开发和有效利用，有利于促进墨脱县与自治区内其他地区的联系和交流。尽管如此，墨脱县的交通仍面临着严重的挑战。面对这些问题，必须做出合理的规划，进一步推动墨脱县的交通发展。为了增强墨脱经济社会发展后劲，需要先行突破长期制约墨脱经济社会发展的交通瓶颈。

（一）将扎墨公路升级为国道559，建设成标准三级公路

为了促进西藏林芝地区墨脱县经济社会跨越式发展，将扎墨公路升级为国道559，建设为标准三级公路。由国家投资建设，对墨脱公路项目给予倾斜。西藏自治区提出了交通“跨越式”发展理念和思路，进一步奠定了加快建设墨脱公路基础设施的决心。墨脱县委、县政府高度重视墨脱交通事业的发展，同时，广大农牧民群众强烈要求改善乡村公路交通条件；墨脱县现已拥有专业工程队伍和技术保障措施，由专业队伍负责施工任务，确保工程质量和进度以及环境保护工作。加之有充足的机械设备和劳动力，可以促进工程进度。

扎墨公路升级后对墨脱县富民治边具有巨大推动作用。习近平总书记指出，治国先治边，治边需稳藏。扎墨公路升级后对墨脱县经济、社会、文化、生态等各领域建设都具有重大效益。

一是可以增加墨脱县乡村公路里程数量，改善沿线道路交通状况，带动沿线村庄的经济社会等各项事业迅速发展。方便广大人民群众的出行，并促进该片区群众安居乐业，提高适龄儿童入学率、巩固率，为培养现代科技人才打下坚实的基础。

二是改善群众生产生活条件，带动群众脱贫致富，加快致富奔小康的步伐。有利于推广农牧业良种，提高经济作物单产量和规模化效应，促进产业结构进一步调整和优化。同时还可节省劳动力，带动相关产业的发展，提高农副产品的流通量，增加农牧民收入，为沿线乡镇、村庄经济发展带来新的活力和生机。不断提高农牧民生产生活水平，不断满足人民群众日益增长的物质文化需求，有助于沿线乡村社会治安稳定、民族团结、社会和谐。

三是可以加快新农村建设的发展速度。使农牧民群众早日摆脱“刀

耕火种”的生产方式，从而提高土地利用率，加大退耕还林力度，以保护雅鲁藏布江两岸生态环境。有效开发利用沿线丰富的旅游资源，促进墨脱旅游业发展，确保边民安居乐业，保护和传承门巴族和珞巴族传统文化。

四是有利于开发丰富的水电资源，加强能源开发利用体系建设。墨脱县气候温暖、多雨、潮湿，地势北高南低，从海拔 7782 米的南迦巴瓦峰下降到海拔 200 米的巴昔卡，相对高差较大，年均降水量 2330 毫米，年均气温 16℃，无霜期在 320 天以上，有“西藏之水救中国，墨脱之水冠西藏”的美誉。而墨脱县属于雅鲁藏布江下游，雅鲁藏布江自然落差大，全县境内并有多条雅鲁藏布江支流。经初步勘测，可供修建多座装机规模在 6000 万千瓦左右的水电站。为充分开发、利用充沛的水力资源，构建结构合理、稳定可靠的能源保障体系。按照结构优化、节能减排的要求，加快水能的开发利用，提高能源利用效率，加强能源供用体系建设具备其可行性、必要性。建设完善城乡输配电网体系，既解决农牧民群众的用电问题，也可实现藏电外送，支援祖国建设。

五是对有效管控边界线，维护边疆稳定具有重大战略意义。墨脱是边境县，公路升级改造对管控边界线，维护边疆稳定具有重大的国防和战略意义。西藏和平解放已 50 余年，至今，印度仍非法侵占我国西藏东南部 9 万平方公里的土地，其中墨脱南部有 2 万多平方公里。印度在占领区修建了公路和机场，对我国边境有进一步蚕食的迹象和趋势，我们绝不能漠然视之。收复被占领土，无论采取和平方式还是武力解决，都取决于国家的综合实力，而公路的畅通则是先决条件。墨脱的地理位置处于中印实际控制线中段，在军事上处于十分重要的战略桥头堡位置。纵观历史，古今中外任何军事行动，如果没有强有力的后勤保障，是不可能取得胜利的。所谓“兵马未动，粮草先行”，就说明了这个非常简单和朴素的道理。在中印边界，双方都驻扎有军队，在部队的供给上，我方的给养每年只有等到开山季节的几个月时间靠人工背进去。而目前扎墨公路仍然只能季节性通车，我方明显处于劣势，尤其在大雪封山季节，墨脱与后方隔绝，一旦边境吃紧，我方将处于被动挨打的局面，这种状况持续下去是很危险的。因此，修建扎墨公路升级工程，关系到边防巩固、边境稳定和西藏长治久安的大局。

（二）加大墨脱县公路建设规划与通行保障力度

1. 加大公路建设规划力度

为了加快社会经济与生态发展，更好地巩固国防建设，增进门巴族、珞巴族和藏族等各民族的福祉，根据交通实际情况，需要对墨脱县未来交通建设进行规划。

（1）墨脱乡村公路建设规划。在“十三五”期间，政府应加大投资力度，重点解决墨脱县乡村公路通畅和升级改造问题，切实改善群众交通出行不便问题和存在的安全隐患。根据“先通达后通畅”的原则，以县城为中心，向边远乡镇、行政村辐射，加快实现“村村通”目标。对已解决通车的乡镇、行政村，因地制宜，对地质条件稳定，具备实施通畅工程的，优先安排道路升级改造，提高行车能力；尚未通车的乡镇按照稳步推进的原则，逐步实施通达项目。

（2）县际断头路规划。“十三五”规划中应将 4 条进出墨脱县的传统路线考虑进去，这些线路虽然路途艰难，但当地群众仍在使用。这些线路的通车不仅能够解决当地群众的出行问题，还将带动该片区的经济发展，促进农牧业开发以及旅游业发展。使所在地的人民群众从目前封闭落后、贫穷的状态能快速走上致富的道路，与林芝地区其他区县一道于 2018 年进入小康社会。特别是墨脱县格当乡—察隅县布宗村的县际断头路的修建，有利于促进林芝地区友邻县之间的互助合作，促进经济社会共同发展，构建有利于林芝地区经济社会良性发展的内循环圈。

（3）边防公路规划。墨脱属于边防一线县城，需要早日改善公路交通条件。墨脱县位于西藏东南部，雅鲁藏布江下游，与林芝地区米林县、波密县、察隅县接壤，总面积 3. 4 万平方公里，边境线长 262. 5 公里。尤其边境巡逻线路全为简易人行道，道路条件艰险，给驻地官兵、民兵开展巡逻带来极大困难。1962 年的中印边界自卫反击战时期，交通不畅，运输困难，也影响到当时物资和人员的后勤保障。改善边境巡逻线路条件，加快交通基础设施建设步伐迫在眉睫。“兵马未动，粮草先行”，这是中国自古以来的兵家之道，也从另一个侧面说明交通运输的重要性。背崩乡地处中印边防前沿，在 2016 年还有 5 个行政村尚不通车，应尽早列入边防公路建设项目。尤其是墨脱镇的仁青崩寺至扎布拉山边防公路建设意义重大，扎布拉位于我国和印度边境实控线的分界线，因该区域没有我国边民居住，印度方面时常进行渗透活动，对我国边防安全和领土完整产生巨大威胁。加强边防公路建设，将会增强我国对中印边境的管控力度，有效提高我国反蚕食和应对印度方面挑衅的处突能力。

（4）旅游专线规划。到2016年为止，墨脱和雅鲁藏布江大峡谷所蕴含的旅游资源、森林资源、药材资源、水能资源潜力巨大。墨脱县的旅游因交通条件瓶颈制约，除了少数徒步探险者外，其他外来游客稀少。原始森林中的参天大树自然死亡，名贵的药材在山中自生自灭，落差巨大的水力资源白白流失……墨脱旅游业尚处在起步阶段，许多旅游资源都未开发，按照逐步推进，合理、有序、保护性开发原则，依托公路交通主干线建设开发旅游景观，对于因资金短缺无法达到保护周边环境的自然景观暂时保存原貌。从墨脱所处的地理环境分析，不具备修铁路和机场的条件，目前加大公路建设力度是改善墨脱交通的唯一途径，也是开发大峡谷资源的必要条件。因此，在“十三五交通规划”中，墨脱的景观道路建设规划应该主要集中于扎墨公路沿线、仁青崩景区、布裙湖景区、帮辛乡宗荣天然溶洞等地，应有计划有步骤地逐步推进。

2. 增强公路通行保障力度

随着国家西部大开发和扶贫攻坚的力度逐步加大，政策上进一步向墨脱倾斜，促进了墨脱乡村公路升级改造。虽然墨脱县已实施和正在实施的项目将逐步解决全县所有乡村公路通达问题，但已通达的公路通行条件极差，安全隐患重。目前只有两个乡镇、3个村实现道路畅通，1个行政村正在实施水泥硬化路面，其余公路均为四级砂石路面。因以往农村公路建设投资资金受限，公路建成后等级较低、防护和排水设施及安保工程几乎为零，公路抵御灾害能力差，“晴通雨阻”现象严重。

因此建议设立墨脱县农村公路专项保通资金。墨脱县历年所有公路、乡村骡马驿道保通养护经费，全靠西藏自治区财政厅每年下拨的360万元扎墨公路保通资金统筹支配。但从2013年开始，因扎墨公路养护权交由西藏自治区公路局后，墨脱县扎墨公路保通资金360万元被取消。2014年起，仅靠墨脱县财政安排的30万元和极少的农村公路养护补助资金，已经难以维系公路正常维护，而墨脱县级财政又无力承担农村公路和骡马驿道保通养护所需资金。按照西藏自治区农村公路养护标准，四级砂石路面乡道2400元/年·公里、村道750元/年·公里。即便所有公路拨付的养护资金加在一起也不足20万元，杯水车薪难解燃眉之急！而实际上，墨脱县每年的农村公路保通养护投入达200万元左右。墨脱县乡村公路灾害频发，雨季几乎需要全天候上路保通，如果资金不足，公路通行条件势必得不到有效保障。

墨脱县也是喜马拉雅—地中海地震带的主要发震区之一。墨脱县地处青藏高原—喜马拉雅山脉的东南坡、岗日嘎布山脉的南面。山势陡峭，属深切高山峡谷地貌，境内群山重叠，沟谷纵横。境内最高海拔 7782 米，最低海拔 665 米，山顶至河谷相对高差一般在 2000 米以上。1950 年曾经发生 8.5 级特大地震，小震不断。加之墨脱县属于热带湿润气候区，降雨量丰沛，雨季长达 7 个月。年降水量 2000—3000 毫米，全年降水日可达 200 天以上。因此，极易导致常态化出现的滑坡、崩塌、泥石流等水土流失危害。“要想富，先修路”，修通公路并保持常年畅通是墨脱的重要任务。修路要以稳固路基为工程主要目标，应与治理山体滑坡和生态环境保护整合起来推进，同时，还需要调动当地群众参与的主体性和积极性。因此，应根据墨脱县实际情况，设立墨脱县农村公路保通专项资金。通过稳定、可持续的资金保障，让更多的农牧民群众参与到公路养护工作中，既可以提高群众收入，又能进一步改善管理通行条件，在全县境内营造爱路护路氛围。

传统的中国乡村并不是孤立存在的，它和外界千丝万缕的关系在于，其不仅仅是进行农业生产，还有工业生产的部分，当然这种工业生产是传统的手工业生产。在传统社会，农业生产部分是可以自给自足的，但随着经济社会发展，在任何被外部工业化力量推入市场竞争的个体或族群，都面临着社会适应与文化重建的压力。“等公路，盼汽车”既是墨脱人的梦想与期望，也是他们积极参与市场竞争、改变贫困命运的自我觉醒。

公路既为人民开辟了追求幸福的道路，也象征着国家和民族的命运。白寿彝先生在《中国交通史》中论及 1949 年前中国交通事业之前途时，他痛切地指出旧中国交通的屈辱与落后，第一，中国政府之力尚不能完全控制国境内的一切交通事业，它管不了水上走的外国轮船，管不了地上走的外力控制下的火车铁路，管不了出没无常的外国飞机，管不了外国人在各地设置的电台和沿海的水线。第二，中国自办的交通机关尚不能充分发挥其效能，因循浮惰营私的情形尚不能真正地铲除，对于各种行政上及事务上之合理化与经济化，尚未能真正地向前迈进。第三，中国尚无能力在交通事业的建设上，作全部的甚至一极小部分之材料上的及机械上的自给，一根电线或一条枕木有时也要向外洋购入。第四，中国新交通事业之领域还嫌太狭，普及的范围太小，若把中国的面积和人口数，同新交通事业作比例数的计算，和先进国实在差得太远。第五，中国交通事业，除了最近二三年尚差强人意外，九十年来的历史实在包括了不少的空白的及断烂的以及灰色的篇幅，总老是使人感觉着这种新事业，并没有好好地拼命作过。第六，中国在这方面的技术人才还太不够用，而国内供给做这种专门的独立的研究机关简直等于没有。这六点，都是中国交通事业前途之很大的障碍。①

1962 年以后墨脱交通建设的逐步拓展，特别是改革开放 40 年来，墨脱公路建设为墨脱人民架设了通往美好生活的天路，也是国家实力和民族强盛的象征。国运昌，公路畅，国力强，交通旺。我们可以自豪地说，白寿彝先生所忧虑的中国交通事业前途之障碍已经彻底消除，以墨脱公路、青藏铁路为代表的中国交通事业已经屹立于世界之巅。伴随着中国国家实力的进一步强大，墨脱交通必将加快发展速度。未来的墨脱，将是青藏高原少有的亚热带明珠，“隐秘的莲花”将揭开其神秘面纱，吸引越来越多的人去那里观光旅游。

① 白寿彝：《中国交通史》，团结出版社 2011 年版，第 224—225 页。

第五章

生态保护固本，旅游发展强县

墨脱县从海拔7782米的南迦巴瓦峰下降到海拔200米的巴昔卡，全县平均海拔1200米，属典型的热带、亚热带、温带的立体气候区，具有得天独厚的生物多样性生长的自然条件。墨脱植被呈垂直分布，全县森林覆盖率达78.5%以上，有丰富的森林资源及动植物资源。迄今为止，墨脱县域，尤其是雅鲁藏布江大峡谷仍是世界上最原始、最神秘、最寂寞、最美丽、最险峻、最奇特，以及生态保存最完好、野生动植物种类最齐全的地方之一。墨脱县有着丰富的森林资源、药材资源、水能资源、草场资源及其他动植物资源等，旅游资源的开发潜力十分巨大。

第一节　墨脱县生态保护现状

墨脱县自然条件优越，原始森林类型众多，有常绿阔叶林、针阔叶混交林、针叶林等，森林资源居西藏自治区各县首位。有高等植物3000多种，其中竹类植物有十余种，野生兰科植物80余种。属国家重点保护的珍稀植物有80多种，如楠木、乌木、铁杉、红豆杉等，桫椤又称树蕨，有“天然活化石”之称。墨脱县植物群落具有生态类型多、物种饱和度高、特有稀有种多、代表性广、开发利用价值高等特点。拥有大量的动物，具有珍贵、特有、稀有、种类多、价值高的特点。约有哺乳类87种，鸟类232种，爬行动物39种，两栖动物19种，昆虫2000种，其中国家重点保护动物99种，主要有孟加拉虎、羚牛、长尾灰叶猴、云豹、小熊猫、大犀鸟、蟒等。许多是国家和自治区重点保护的珍稀动物，是有着较高经济价值、科研价值、保护价值的“三有动物”。墨脱气候条件多样，适应大量的经济林木生长，广泛分布着多种温带及亚热带经济林木，如香蕉、柑橘、柠檬、苹果、桃、核桃、葡萄、野生花椒等。因此，墨脱县有“西藏的西双版纳”“植物王国”“世界动植物博物馆”“世界生物基因库”等诸多美誉。

一 墨脱县生态基本情况

墨脱县处于雅鲁藏布大峡谷国家级自然保护区核心地段。1985 年，经国务院批准建立墨脱县国家级自然保护区，保护区包括聂拉藏布、布裙湖和德阳沟羚羊保护点三部分，总面积 6.26 万公顷。该保护区的建立，在一定程度上加强了境内野生动植物的保护，但受各种因素限制，管理力度不够，加之保护区面积过小，曾经出现生物多样性遭受破坏的情况，局部地段甚至破坏比较严重。为加强这一“世界生物基因库”和“世界动植物博物馆”的建设与保护力度，西藏自治区组织专家考察队，通过对墨脱县深入广泛的考察、调研，由西藏自治区政府申报，2000 年 4 月经国务院批准，将墨脱县国家级自然保护区扩界更名为雅鲁藏布大峡谷国家级自然保护区。扩界后比原来自然保护区的面积增长 15.5 倍，总面积达到 96.68 万公顷（含林芝、米林两县东部），其主要范围、保护建设任务仍在墨脱县。

二 墨脱县生态保护工作概况

（一）重点区域生态公益林建设。实施范围涉及墨脱县 3 个乡（镇）5 个村，成活率达 90%，为有效保护墨脱县现有森林资源和生物多样性奠定了基础。

（二）加强重点公益林管护，抓好森林生态效益补偿基金工作。墨脱县对纳入补偿范围的重点公益林实施了有效管护，按照墨脱县森林生态效益补偿基金实施方案，认真做好森林生态效益补偿基金各项工作，强化管护人员责任意识，及时兑现补偿资金。截至 2013 年，林芝地区及墨脱县纳入重点公益补偿面积达 6023754 亩，补偿资金达 21743525.64 元，相当于全域每个农牧民群众人均增加 2206.94 元。

（三）深入开展植树造林工作。一是植树造林工程。从 2010 年至 2014 年墨脱县义务植树共计 36779 株，房屋四旁植树 12546 株，成片造林 1300 亩，绿色通道 16823 株，栽植经济林木 7408 株。二是退耕还林工程。从 2006 年墨脱县实施退耕还林工程以来，共完成退耕还林任务 5000

亩，全面完成墨脱县退耕还林工程。三是重点区域造林工程：墨脱县重点区域造林共计 1300 亩，项目涉及全县 3 个乡（镇）。[①]

（四）加强保护原始与次生森林及野生动植物资源。一是加强检查站建设，进一步明确职责；二是加大执法巡查，对重点区域、路段、关卡等开展经常性的巡查，加强指导监督；三是加大案件查处与宣传教育力度。

课题组曾在墨脱县走村入户调查时发现，当地村民为防御野猪、狗熊等侵害庄稼扎起了铁丝网，村民进出庄稼地需要费力地翻越用竹子或木头搭建的梯子。这对曾以狩猎为生的珞巴族和门巴族而言，生态保护与禁猎工作可谓是真正深入人心，落到实处。

第二节　生态保护面临的问题与挑战

西藏和平解放前，墨脱县社会经济发展程度低，生产能力低下，生计方式简单。人口规模小，靠山吃山，靠水吃水，刀耕火种的低水平循环、低水平生存，人和社会发展与自然的承载力矛盾并不突出尖锐。

到了改革开放初期，“由于人口增加，刀耕火种地与 27 年前相比已大面积扩增，全县 2.5 万亩耕地中，刀耕火种地占 60%以上。种地的方法至今仍很原始，藏历三月砍，四月烧，五月种，九月收，十月藏，超量的原始耕作方法对土地破坏严重。如果峡谷两岸的森林植被是墨脱的一张张绿色的地毯，那么地毯上面被砍烧过的地就是千疤万补的补丁；如果峡谷两岸的森林植被是墨脱的皮肤，那么大大小小的塌方就是皮肤上的千疮百孔。有研究认为，墨脱的刀耕火种地应该大面积缩小，抓紧落实退耕还林政策，解决山民因减少刀耕火种地而减收的粮食”[②]。

一　墨脱县生态保护面临的问题

墨脱县是国家及西藏自治区生物多样性重点保护区域之一，也是生态安全的重要区域之一。但由于受交通条件的瓶颈制约，当地经济社会发展条件严重受限，当地人的发展观念也存在一定的思想障碍，对生态保护认识有一个过程。

---

① 相关数据均来源于墨脱县政府。

② 张江华：《西藏墨脱县门巴族社会历史调查报告（门巴族调查材料之一）》，中国社会科学院民族研究所 1978 年。

墨脱县生态保护面临的问题主要表现在：一是墨脱县农牧民群众收入较低，人口较少，大部分原始生态环境保存较好。但近年来，为满足地方经济发展和人民改善生产、生活条件的需要，城镇周边、公路沿线等交通方便地区的一些原生植被破坏严重。二是墨脱县地震、垮塌方、泥石流、雪崩、洪涝等自然地质灾害频发，严重影响其生态环境，也给人民群众生命财产造成了巨大损失。同时，近年来房屋改造工程、交通、水电等基础设施建设的加快，导致局部区域植被的破坏。随着经济的快速发展和人口的聚集，城镇垃圾和污水问题已在很大程度上影响区域生态环境。三是墨脱县全境处于国家级保护区内，保护区面积大，保护任务重。墨脱县中央生态公益林面积有6032754亩，森林覆盖率达78%，具有丰富的野生动植物资源，被誉为“世界自然博物馆”和“世界绿色基因库”。随着经济的发展，国家对生态保护越来越重视，墨脱县也将生态立县作为发展的前提与目标。四是2011年墨脱县纳入国家重点生态功能区域之一，生态与环境监测能力、环境监察执法能力较低，设备不全。五是墨脱县饮用水水源地目前未受到保护，容易受到自然冲击和动物破坏，影响农牧民生活质量。

二　墨脱县生态建设工作面临的挑战

虽然近年来墨脱县生态建设取得了较好的成绩，但是，我们也必须清醒地看到，当前墨脱县生产力发展水平还比较低，与经济社会可持续发展的要求还有较大差距，生态资源保护与经济发展的矛盾仍很突出。在实际工作中，墨脱县生态建设工作面临的挑战具体表现在以下几个方面：

（一）生态资源分布不均，生态基础脆弱，破坏容易、恢复困难，生态状况局部恶化的趋势尚未得到根本扭转。湿地减少、生物多样性逐渐遭受破坏仍呈现上升趋势，生态保护工作任重道远。

（二）生态建设资金匮乏，缺乏可持续能力和保障机制。由于墨脱县经济发展水平低下，县级财政自有资金短缺，生态建设财政保障能力不足，导致墨脱县每年春冬两季生态建设投入资金，只能挤占本来就十分紧张的育林基金支出。

（三）生态保护队伍建设有待进一步提高。墨脱县生态保护机构编制人员偏少，专业人员缺乏，技术水平有待加强，无法全面开展工作。生态保护执法中违规放行、违规检查现象时有发生。

第三节　墨脱县生态保护的对策与建议

墨脱县于2011年被列为国家重点生态功能区，属藏东南边缘森林生态功能区，为生物多样性维护生态功能类型，国家以转移支付的形式大力支持墨脱县生态建设。国家重点生态功能区建设进一步促进了墨脱县生态保护工作的快速发展，增强了墨脱县经济建设和社会建设的协调、平衡及可持续发展的能力，与“生态立县”的发展战略相吻合，有利于打造生态、环保、宜居新墨脱。总体而言，与过去相比，虽然墨脱县的跨越式发展取得了巨大成就，改进了农牧业生产技术，形成了农牧民新的生计模式。但墨脱仍然属于国家级贫困县，许多村庄还很闭塞和落后，人民群众的生活条件还有很大改善的空间，生态保护的压力依然较大。由于墨脱县的地理与生态环境的脆弱性，一旦破坏就很难恢复。因此，面对发展经济和保护生态的矛盾，政府部门必须因地制宜地平衡协调好生态保护与社会经济发展的关系。

一　墨脱县生态保护的原则

（一）坚持可持续发展原则。处理好生态资源培育保护与开发利用的关系，实现生态资源的可持续增长和合理利用。

（二）严格按照“生态建设、生态安全、生态文明”的战略思想，坚持生态优先的原则不变。

（三）坚持突出重点、整体推进的原则，进一步改善墨脱县生态环境。

（四）坚持政策引导、公众参与的原则。充分发挥政府的决策主体、监管主体和服务主体的作用，制定各项激励与约束机制，引导公众广泛参与。

二　墨脱县生态保护的目标

确立生态建设、生态安全、生态文明的可持续发展道路，以保护和改善生态环境为重点，合理调整产业结构，加快建立比较完备的生态体系。坚持以生态建设为中心，促进人与自然和谐发展，在墨脱县基本建成布局合理、功能齐备、结构稳定的生态体系和规范有序、集约经营、结构优化的生态产业体系；保护区各类基础设施更加完善，保护管理能力进一步增加；充分发挥资源优势，以生态效益优先为原则，以重点项目建设工程为带动，以思路创新和机制创新为动力，加大生态保护和生态产业建设及技术推广力度，努力处理好生态与产业、保护与开发、生态保护与农牧民增收、眼前与长远四个方面的关系。

三 墨脱县生态保护的布局

墨脱县生态产业要实现跨越式发展，必须实施分区域发展战略。根据墨脱县地理、气候、县域经济发展等实际，按照统一规划，合理布局，分类指导的思想，初步把墨脱县划分为两个区域：

（一）墨脱县下三乡，即背崩乡、德兴乡、墨脱镇为热带水果、竹类种植和有机绿茶为主的经济林发展基地；达木乡、格当乡、帮辛乡为核桃、野生花椒为主的经济林发展基地。

（二）在扎墨公路、背崩公路、帮辛公路、德兴公路和格当公路沿线进行生态植被恢复；对背崩乡、德兴乡、墨脱镇、达木乡、格当乡等的23个村的道路、农田水利、水源地等建设生态防护林带，对甘登乡、加热萨乡等的20个需要特殊保护的行政村山体建立自然及半自然的生态林保护屏障，防治水土流失、保护人民群众生命财产安全，维护生物多样性。

总体而言，在发展布局上，重点考虑墨脱县各乡镇的资源状况和气候条件，加速墨脱县生态资源开发利用建设。一是加快墨脱县经济林产业带建设，促进产业结构调整和优化，积极发展适应当地气候条件的有一定经济效益的经济林木；二是在确保资源持续增长的同时，合理有序开发竹类资源，增加精、深、细产品产量，拉长产业链，提高附加值；三是加快自然保护区生态旅游建设步伐，重点加强自然保护区旅游基础设施建设。

四 突出重点，点面结合，建构墨脱县生态体系

（一）加强墨脱县域国家重点生态公益林603万亩的有效保护，建立健全森林生态屏障。重点加强墨脱县自然保护区内部设施和管理系统建设、湿地保护区建设、原生植被恢复工程建设。

（二）巩固墨脱县退耕还林、封山育林成果。除群众基本农田、常耕地外，墨脱全县刀耕地采用封山、天然更新的方式全面还林还草。结合农

业产业结构调整，大力推广林果、林药、林草栽植模式，切实通过退耕还林使农牧民群众获得实惠，落实国家有关政策，不折不扣地兑现补助粮款；全面禁伐，除农牧民群众自用材外，基建用材从县外调入。加大封山育林的力度，科学制定封山育林规划，确定封育范围和标准，落实封育任务和地块，明确管护人员和责任。开展禁猎的宣传工作，各乡镇政府与县森林公安局协调禁止各种狩猎方式，发展林业特色产业，引导群众改掉狩猎习俗。

（三）重点抓好生态保护区建设，严格保护天然林、野生动植物以及典型生态系统。确定雅鲁藏布大峡谷国家级自然保护区的核心区、试验区以及缓冲区的具体界线，并进行竖桩标界。划定保护区功能区划界线，让当地村民意识到自然保护区的边界所在，减少不必要的入区活动。对具有水源涵养、水土保持、防风固沙、调节气候、生物多样性保护等重要功能的重点生态功能区实施积极保护。重点加强对矿产、草原、土地、森林、湿地、淡水、物种等重要自然资源开发和旅游资源开发的生态环境监管，避免出现边保护、边建设、边破坏的局面，巩固生态安全屏障建设成果。对低产田进行改造，将生态安全屏障构建与农牧区生产生活条件改善、农牧民增收有机结合起来。充分调动广大农牧民群众参与生态环境保护与建设的积极性，形成全民参与生态环境保护的良好氛围。

（四）推进乡村人居环境综合整治。加大乡村环境整治力度，改善农牧民生产生活环境。结合社会主义美丽新农村建设，推进农村环境基础设施建设。进一步搞好“改水、改厨、改厕”，提升农牧民生活质量，开展农村集中式饮用水水源地保护工程。遵循资源化、无害化、减量化和综合利用优先的原则，因地制宜，进一步提高畜禽养殖废弃物资源化利用水平。大力发展生态农业和生态养殖，严格控制使用农用化学品，推广使用低毒农药、生物农药和有机肥，减少农药、化肥、农膜使用量。在重点区域、流域、生态敏感区划定禁养区和限养区，以深入推进社会主义美丽新农村建设，确保农村面貌大幅改变为目标，以“农村废弃物资源化、农业生产清洁化、城乡环保一体化、村庄发展生态化”为主题，以村庄规划为龙头，以治理污染净化村庄环境为重点，以工程建设为抓手，坚持统一组织、分类指导，因地制宜、因时制宜，从群众反映最强烈、最急需解决的问题入手，切实抓好村内道路硬化、户间道路相连、垃圾集中处理、控制面源污染。积极推广农村太阳能等清洁能源利用、薪柴替代工程等重点工作，做到一村一规划、一村一特色、一村一品牌，推进农村经济社会全面发展，确保让更多的农牧民群众共享改革发展成果。

（五）进一步加强城乡生态环境保护。大力开展植树种草活动，加快城镇绿化、美化步伐，提高城镇绿化覆盖率。以创建“绿色学校”“绿色社区”“环境优美乡（镇）”“生态广场”“生态环保文明路”为契机，大力宣传绿色文明，发展一批绿化美好社区，改善城乡人居环境。全面推进生态县建设，搞好生态产业体系、自然资源与生态环境体系、生态人居体系、生态文化体系和生态能力保障体系“五大体系”建设。加大优美乡镇、绿色社区、生态村建设力度，积极创建“美丽莲花、绿色墨脱”，力争将墨脱县初步建成生态良好、生态安全、生态文明的新格局，力争早日把墨脱建成国家级生态县。

（六）加强生态保护宣传教育，提高全民生态保护参与意识。加大宣传教育力度，将与生态保护有关的科学知识和法律常识纳入宣传教育计划，充分运用广播、电视、报刊、微信、互联网络等各种新闻媒介，开展多层次、多形式的舆论宣传和科普教育，丰富人们的生态保护知识，将生态保护法律法规和各项生态保护决策转化为全社会的自觉行动。生态保护要贴近实际，贴近生活，贴近群众，充分挖掘地域浓厚的民族传统文化内涵，形成具有墨脱县特色的、丰富多彩的生态保护与生态文明氛围。要在墨脱县建立社会多元主体参与的生态保护机制，大力培育生态文化，积极鼓励各族人民群众参与创建“绿色墨脱、美丽家园”系列活动。发挥绿色家园、绿色学校和绿色社区的示范、带动和辐射作用，推动全民生态保护意识的提高，使生态保护理念融入社区、深入人心。

墨脱县被誉为“隐秘的莲花”，一直以来是一个相对封闭、较少流动、自给自足、变迁缓慢的“世外桃源”。随着2013年10月31日扎墨公路正式通车，交通通信的日益便捷，墨脱县正在进入一步跨千年的经济社会飞速发展期，也正经历着从未有过的工业化、城市化浪潮的巨大冲击。在市场竞争与资本力量的推动下，社会经济发展不平衡导致地区差距拉大，自我认同与民族团结产生了新的张力，现代消费观念与传统生计模式之间出现了巨大的断裂。

如何有效化解墨脱在现代性进程中所面临的“青山绿水”与“金山银山”之间现实的冲突与潜在的困境，这些显然不是仅通过本土传统知识或西方现代理论能够有效解释的。“对于处在相对落后状态中的民族来说，现代社会更是一个严酷的再生时期。先进的交通、通信设备、强有力的经济、文化渗透，巨大的政治军事压力，使每一个民族都被日益卷入世界文化圈中……现代生活，对于每个生活在这个时代的人来说，也是一个充满困惑和迷茫的时期，人比任何时候都更需要心理调适和主动适应……我们如何在现代化的潮流中，主动把握住民族和个人之舵，自觉地顺应时代的潮流，让我们的社会和自己都健康顺利地适应现代化节奏，这是我们每个人都需要认真思考的问题。”① 墨脱几千年形成的生产生活方式是与当地特有的自然生态环境相适应的，现代生态保护的道理墨脱人可以理解，但真正要让农牧民转变传统生计方式，需要解决农牧民增加经济收入、改善生产生活条件的朴素愿望与可持续生态保护之间的张力。因此，旅游发展强县就成为墨脱县冲出生态围城的必由之路。

第四节 墨脱县旅游发展的现状

一 墨脱县发展旅游的基础条件

墨脱地域辽阔、雨量充沛、气候宜人，生态资源保存完好，物产丰富，资源禀赋独特，发展潜力巨大。墨脱有“五最一秘”的独特资源发展优势，即最原始美丽的旅游资源、最优越的气候条件、最丰富的林业资源、最多样丰富的生物资源、最充沛的水利资源，以及神秘独特的文化资源，是一块美丽富饶待开发的宝地。2012 年在西藏自治区政府的协助下，墨脱县政府同四川省地质工程勘察院环境工程中心签订《2012 年墨脱县国家重点生态功能区县域生态环境质量考核环境监测技术服务协议》。

2012 年至 2014 年，四川地质勘察院环境工程中心为墨脱县开展空气质量监测和地表水监测等各项检测工作。根据报告显示，墨脱县空气质量优良，总体评价结果Ⅰ级，二氧化碳为Ⅱ级；地表水质量优良，总体评价结果为Ⅰ类，氨氮和总氮的指标为Ⅱ类。鉴于墨脱县地域的特殊性以及在全国的知名度，兼顾县域经济发展和生态保护的需要，结合墨脱打造“雅鲁藏布江下游精品生态旅游小城”的城市发展定位，墨脱县将走生态保护固本、发展旅游强县的路子。② 2016 年《墨脱县旅游发

① 徐平：《文化的适应和变迁》，上海人民出版社 2006 年版，第 3 页。
② 相关数据均来源于墨脱县政府。

展总体规划》已编制完成，通过加强对墨脱旅游业发展的投资建设力度，完善旅游基础设施，把墨脱真正建设成为西藏首选的避寒胜地和热门的旅游休闲胜地。

二 墨脱县政府推动旅游发展的基本策略

（一）旅游基础设施建设。包含墨脱县旅游接待中心及附属设施建设，旅游线路开发及建设，线路标识牌、旅游景区环保设施建设，门巴族、珞巴族文化演艺制作及演出，旅游网络信息系统、人员培训等。

（二）县城整体改造及80K旅游小集镇建设。包含市政道路建设、排水管网建设、消防管网建设、城区污水处理及收集系统、县城民俗古街房建、县城环境整治、80K旅游小集镇建设等。

（三）努力推进与旅游配套的特色产业发展。积极调整优化产业结构，拓宽农牧民群众增收渠道，努力实现农牧民群众增收致富。坚持按照“种植要科学、管理要科学、修剪要科学”的种植原则，做好农牧特色产业发展各项工作。平整坡地、开挖梯田、土壤改良及挖沟筑夯精细化平整梯田，购买、运输茶树苗及种植优质茶苗，在5乡1镇新建有机茶园25000亩。

三 墨脱县旅游业发展现状

与其他重点旅游区相比，墨脱县旅游业起步较晚，旅游资源开发才刚刚起步，其吸引力也不能和重点旅游区相比。墨脱县拥有开展观光旅游、民俗体验、休闲度假，以及科考探险的资源条件，拥有良好而独特的自然资源、人文资源和一定的经济条件，只要找准旅游开发的切入点，做好规划，开拓客源市场，不断完善旅游基础设施，就能使旅游业健康发展，从而使旅游业成为墨脱县经济发展的一个新增长点，以及第三产业中的重点产业。习近平总书记曾指出：“各民族要相互了解、相互尊重、相互包容、相互欣赏、相互学习、相互帮助……让‘汉族离不开少数民族、少数民族离不开汉族、各少数民族之间也相互离不开’的思想观念深入人心。”这就需要创造各种有助于我国各民族交流互动的机会和平台，真正认识并相互尊重各民族不同的文化习俗和宗教信仰，从而营造各民族团结友爱、和睦共处的和谐社会环境。而发展墨脱旅游正好可以在发挥这一作用方面做出积极贡献。

（一）墨脱旅游发展水平

一个地方旅游业的发展水平，通常通过旅游接待人数、旅游收入、旅游收入在国内生产总值中的比重，以及在第三产业中的比重等若干重要指标来衡量。随着西藏自治区旅游业基础设施的不断完善，旅游宣传促销工作的深入开展，西藏旅游热度逐年高涨，使自治区旅游业逐渐进入历史上发展的黄金时期。墨脱县是西藏自治区旅游开发的重要组成部分，其旅游资源类型丰富，开发潜力巨大。由于开发时间短，起步晚，现有旅游资源的开发还处在一个较低的水平，自然旅游资源和人文旅游资源还没有形成规模，具有较高品位和较强市场吸引力的旅游产品体系尚未形成。

虽然墨脱县旅游业发展相对较晚，但在县委、县政府的重视和积极扶持下，墨脱县旅游资源的开发建设已初步形成以政府为主导，民间参与办旅游的有利态势。一批旅游项目相继得到开发建设，有的在西藏自治区内外产生较大影响，如门、珞民族原生态生活体验、德兴村民俗文化体验、仁钦崩寺朝圣之旅等。旅游业对墨脱县国民经济的贡献正在不断显现出来。但是，也应看到墨脱县旅游业在西藏自治区旅游业中的地位还不高，所占比重仍然过低，对墨脱县国民经济的贡献依然有限，这从墨脱县的游客人数和旅游收入就可以看出。因此，墨脱县在发展旅游业方面还有很大的拓展空间。

（二）墨脱旅游资源开发现状

墨脱县旅游资源相当丰富，资源种类齐全，旅游资源有一定程度的开发。墨脱县旅游局自成立以来，对全县的旅游资源进行了详细调查，摸清了“家底”，初步完成了旅游资源的普查等工作。根据墨脱县旅游资源的分布和特点，在有限的条件下，克服了各种困难，加大投资进行开发，包括雅鲁藏布大峡谷景区、嘎龙拉—香格里拉风景区、汗密原始生态观光区、布裙湖景区、仁钦崩景区等。通过努力，这些景区（点）已初步具有一定接待能力，并为今后墨脱县旅游业的深层次开发奠定了基础。

（三）墨脱旅游服务配套设施现状

墨脱县的旅游服务设施经过多年的建设和发展，已经有了较大程度的提高。墨脱县城区面积为 3.4 万平方千米，全县下辖 7 乡 1 镇（其中包括

1 个珞巴民族乡）46 个行政村，主要居民为门巴族、珞巴族和藏族，此外，还有部分汉族及其他少数民族，如苗族、满族、侗族等。旅游业还拉动了其他行业的发展，如交通、通信、建筑、酒店、餐饮、物流、服装百货等。目前墨脱县旅游娱乐业也有了一定发展，基本能满足现阶段外来游客的娱乐需要。在旅游商品开发上，一批具有墨脱特色的旅游商品日益增多，著名的有藤编、休差、休斯贡、石锅等。如今，墨脱县已明确将旅游业作为第三产业的重点加以扶持发展，这为旅游业的进一步发展提供了强有力的保障。

（四）墨脱旅游发展基本经验与模式

“在目前全国改革开放的大潮流中，少数民族也受到巨大的外来文化影响，在社会经济发展上，大多正处于从传统的自然经济向商品经济的转型。各民族的传统文化面临新的适应和选择。在这个时候，要想有效地帮助和扶持少数民族的发展，我们必须改变简单的物质支持、政策照顾的传统做法，把重点转移到提高少数民族自身文化适应能力上，让他们用自己的腿走路。这就首先要求我们真正了解各民族的文化，并充分尊重他们的文化传统，发挥各民族文化上的优势，在少数民族自身的文化适应上，寻求各民族的发展之路。”① 为了确保生态保护的可持续性，改变墨脱县农牧民的传统生计模式，拓宽农牧民增收渠道，提高农牧民稳步增收能力，依托景区带动当地农牧民参与或自主投身旅游业已经成为墨脱县旅游发展的一大亮点。

1. 旅游集镇参与式发展模式。课题组在实地调查走访期间，墨脱县 80K 旅游集镇建设项目相关负责人介绍，在旅游小镇开发建设过程中，尽可能让当地农牧民通过投工投劳、房屋出租、机械或畜力运输、建筑材料运营等形式，直接参与到项目工程建设中，获取提高家庭收入的机会。在旅游小镇的运营中，最大限度地让农牧民群众参与经营，获取可持续性收益。确保群众在旅游开发的过程中离土不离乡，通过土地、林地、房屋入股、租赁或自行经营等形式主动参与到旅游开发建设中。通过旅游业推动经济社会的发展，带动当地农牧民群众通过依托旅游资源的优势，以及项目本身的辐射效应，实现旅游小镇周边农牧民群众脱贫致富的目标。

2. 旅游景区带动模式。为更好地推动农牧民依托景区参与旅游经营、

① 徐平：《文化的适应与变迁》，上海人民出版社 2006 年版，第 224 页。

实现快速增收，墨脱县旅游局把一部分旅游景区小商品摊位无偿提供给当地农牧民，农牧民手中过去附加值不高的青稞饼、玉米棒、野菜野果、山花枯藤、奇石怪木等，都变成具有民族特色、价值不菲的旅游商品。墨脱县通过旅游景区的辐射带动，扩大了农牧民直接从业和间接从业人数，拓宽了农牧民增收渠道，助推了新农村建设与旅游产业发展的大融合。

3. 旅游合作社联动模式。墨脱县按照自愿联合、共同成立、共同管理的互惠合作原则，一些乡村还成立了旅游合作社。通过互助发展的形式优化旅游资源配置，拓宽了经营思路，整合了旅游服务供应渠道。比如，门巴族比较集中的德兴村成立了旅游专业合作社，几十户原本“靠天吃饭”的村民吃上了“旅游饭”。目前，合作社拥有客房 36 间、床位 86 张，并提供住宿、餐饮、歌舞表演等服务，每年接待游客 1 万多人。针对越来越多的游客，德兴村旅游合作社瞄准市场需求，开设了传统藤编手工艺品生产销售门店。参与手工艺品制作的农牧民妇女，夏天旺季平均每月能挣 3000 多元，冬天淡季每月还有 500 元的保底工资。目前，德兴村旅游合作社修建了 500 平方米的餐饮娱乐区、400 平方米的民族传统手工艺作坊区、占地 2000 多平方米的民俗客栈等，初步建成了集餐饮、观光、民俗、探险体验等于一体的独具门巴族特色的生态园林式民俗休闲度假村。

4. 农民自营帮扶模式。墨脱县农牧民以农家乐或家庭旅馆方式自发参与旅游经营。按照县旅游局推荐、乡政府监督的方式，签订了达木乡珞巴族扎西家对口帮扶协议，并发放补助资金用于扎西家改厕、改浴及庭院美化。如今，扎西家庭旅馆已经成为乡村旅游致富带头人，带动示范效应在当地日渐凸显。据墨脱县旅游局相关负责人介绍，当地相关部门采取“带出去，请进来”的模式，加大家庭旅馆从业人员的培训，组织当地农牧民到云南、海南、广东、四川等地考察学习，并通过整治和提升周边村庄村容村貌，提升家庭旅馆的品质。

第五节　墨脱县未来旅游发展面临的问题

地处雅鲁藏布江下游山川河谷地貌的墨脱县，处于西藏自治区旅游业发展中的后晚发区位。其旅游业发展水平与其丰富厚重的旅游资源是很不相称的，这从游客人数、旅游收入等方面可以反映出来。在日趋激烈的旅游业发展竞争中，墨脱县主要存在以下六个方面的问题。

一 旅游资源整体开发不足

墨脱县有关部门克服各种困难，利用有限的资金建设了一些景区（点）。但随着人民群众生活水平的日益提高，已不能满足人民群众多样化的需求。初步开发的景区（点），由于受到经费等条件的制约，设施不完善，开发档次不高，尚无影响力大的精品景点，缺乏叫得响的品牌，还处于“初级开发状态”。旅游景点间的协调不足，旅游资源无法得到充分利用。一是许多高品位的旅游资源远离交通干线，路途遥远，旅行费用高；二是一些旅游资源所在地的经济条件较差，当地居民开发旅游市场意识偏低，自筹资金用于高水平旅游开发的难度较大。旅游市场还没有完全形成，旅游资源不能得到充分利用。

在目前已经开发的旅游项目中，同一地区内共性特征的开发多，而自身的独特性开发不足；旅游资源开发仅停留在表面的较多，个性化的深度开发较少。这就使得参与激烈市场竞争的能力受到削弱，大大地制约了墨脱县旅游业的进一步壮大和发展。

由于开发程度低，配套条件差，旅游功能单一，所以在旅游资源向旅游产品转化上还不充分，其旅游吸引力十分有限。旅游建设缺乏规划和形象设计，这一问题主要反映在两个方面：一是墨脱县旅游景区的知名度，与其他重点旅游区相比偏低，缺乏科学合理的规划开发和鲜明独特的旅游主题形象设计。这就容易出现主题不明确、项目设施不全或重复建设的问题；二是旅游业建设缺乏提纲挈领的总体规划，导致旅游业发展建设陷入方向不清、重心不明、目标不定的波动状态之中。

二 旅游环境总体氛围欠佳

尽管墨脱县拥有良好的空气质量，城市环境建设有了长足的发展，但是墨脱县城区及各景区目前的旅游环境，与旅游业发展所需要的优美、洁净、舒适、安全等环境条件要求还存在一定的差距。特别是旅馆饭店的服务态度，银行、邮局的服务，街道的洁净和秩序，公厕的卫生标准和合理分布，临街商店的装饰等方面，尚存在明显的不足，旅游景点环境有待进一步完善。因此，墨脱县旅游环境的美化和旅游氛围的营造还需付出较大的努力，加以改善和优化。

三　旅途旅长游短、季节冬长夏短

旅游景点的距离相对内地省区要偏长，各景点比较分散，有的景点之间相距有上百公里，由此增加了游客的旅游支出，这也是导致墨脱旅游人数较其他省份偏少的原因之一。因此，进一步加快交通设施的建设，将缩短游客在旅途中的时间，使他们真正做到游得其所，乐在其中。

墨脱所处的地理位置和气候、地势地貌使旅游业的发展也受到了一定的限制。旅游季节性强，使得到一些著名自然景点旅游的游客，多集中在6月到10月这五个月。造成旅游旺季游客急剧增多，在接待和服务上出现市场秩序混乱、服务质量下降、安全隐患增加的情况，影响了旅游的声誉。此外，景点设施的配套性、交通安全、环境卫生、服务质量等都成为游客的投诉焦点。大力开发新兴的旅游项目，寻找新的突破口，做好旅游淡季的宣传工作，都将是解决这一问题的关键所在。

四　旅游交通通信条件滞后

“眼睛在天堂，脚下是地狱”，墨脱县境内只有扎墨公路作为连通波密县到墨脱县的交通主干道。就墨脱县内部旅游交通条件而言，目前状况不仅不尽如人意，甚至相当滞后。特别是由主干道通往其他乡村的公路，等级低、路面窄、路况差。有些通往景区（点）的道路是弹石路、砂石路、泥土路，不但路面颠簸，而且蜿蜒崎岖，有些路段晴通雨阻。游客旅行途中既花费了很多时间，又感到疲惫不堪，影响游兴。正如我国伟大的浪漫主义诗人李白在《蜀道难》中发出的千古喟叹：“问君西游何时还？畏途巉岩不可攀！”

课题组在墨脱实地调查期间，从墨脱镇到巴日村，由于山大沟深、道路崎岖，开车要经过一条从悬崖上炸出来的盘山路。碎石铺成的路面非常狭窄，路沿下就是千仞崖壁与奔流不息的雅鲁藏布江，有时外侧车轮只有一半碾压在悬崖边上。虽然当地驾驶员技术精湛，但即使是胆子大的男士乘客看着都会腿肚子发软。交通条件的滞后，大大限制了墨脱县旅游业的发展，成为制约墨脱县旅游业发展的“瓶颈”。墨脱县在发展旅游业上，首先要重点解决的就是交通问题，要从根本上改变交通条件滞后的状况。否则，即使有再好的旅游资源，游客也会视其为“畏途”。此外，墨脱许多乡村没有手机信号，甚至在墨脱县城有的地方手机信号也十分微弱，网络很不稳定，这都会对墨脱县的旅游声望和未来发展带来很多消极影响。

五 旅游业发展意识和宣传营销工作较弱

由于受到传统产业格局认识的约束，以及对“优先开发高级别旅游资源”的认识偏差，导致墨脱县对具有非物质生产特点的旅游业重视程度不够，旅游业起步晚、发展慢。事实上，旅游业虽是非物质生产的行业部门，但其同样能够提供劳动就业机会，创造社会财富，甚至比物质生产部门更能发挥广泛的联动效应和产生更大的效益。受国家政策和当地基础设施的限制，虽然墨脱县目前的旅游资源尚不具备吸引大规模海内外游客的能力，但却完全有潜力成为西藏自治区特种旅游地，特别是我国徒步旅游的基地。在网络上，墨脱早已被誉为“徒步圣地”。

与此同时，墨脱县在旅游宣传营销方面的工作较弱，具体表现为：一是尚未充分利用现代营销策略和手段，用多种方式、多种渠道宣传墨脱县；二是营销宣传资金投入严重不足；三是营销宣传中缺乏品牌意识和鲜明的墨脱县整体旅游形象；四是旅游营销中尚未形成最佳产品组合。在国际国内旅游业突飞猛进的今天，西藏已形成了拥有较高知名度的一系列景区（点），一些有代表性的景区（点）在海内外旅游市场上已构成了较强的吸引力。在上述背景下，墨脱县作为旅游业刚刚起步的区域，其旅游知名度和旅游吸引力都非常有限。除雅鲁藏布江大峡谷旅游景区稍有知名度外，其余景区（点）大都默默无闻。

六 旅游专业人才队伍不足，旅游行业管理机制不健全

墨脱县在旅游专业人才队伍建设上明显不足，这突出表现为：一是缺乏规划、设计的专业人才；二是缺乏旅游营销品牌策划推广人才；三是缺乏旅游业所需的中高级管理人才和业务熟练的员工；四是缺乏训练有素、综合素质强的导游，旅游业从业人员整体素质有待提高。“生活不仅有眼前的苟且，还有诗和远方”。人们外出旅游就是想呼吸一下新鲜空气，换个心情，陶冶情操，因此，在旅途中保持一个愉快的心境是非常重要的。但是有一些旅游企业和经营者却很难做到让游客心情愉快，他们不惜采用各种手段强行骗取游客的钱财，例如：一些旅馆、饭店不实行明码标价，旅游高峰期价格成倍上涨，旅游纪念品经营点漫天要价的现象较为普遍。此外，一些旅游经营者、导游人员素质不高，欺客事件时有发生。

旅游业的规范，旅游行业管理的完善，都需要强有力的旅游行业管理机制作为保障。墨脱县对旅游管理机制的建设非常重视，旅游行业管理正逐步走向正轨。但是，墨脱县的各级旅游行业管理部门关系还未完全理顺，管理机制还需要进一步健全。

第六节 墨脱县旅游发展的对策与建议

墨脱县属亚热带湿润气候区，境内四季如春，雨量充沛。常年最低气温2℃，最高气温38.3℃，年均气温达16℃。年日照时数约2000小时，无霜期330天以上，年均降水量达2330毫米以上。拥有西藏自治区最优越的气候条件，形成了独特的热带、亚热带、温带及寒带并存的典型立体气候带，是“西藏的天然氧吧”。境内野生动植物资源极其丰富，野生动物主要有孟加拉虎、长尾灰叶猴、猕猴、狗熊、小熊猫、羚牛、赤斑羚等，其中有国家重点保护动物99种。有高等植物3000多种，其中竹类植物十余种，野生兰科植物80余种，重要药用植物主要有黄连、三七、五味子、木通等。拥有最原始的生态旅游资源，有嘎隆拉天池、布裙湖、仁钦崩寺、汗密原始森林、老虎嘴瀑布、果果塘大拐弯等自然与人文旅游景点，都具有很好的开发价值，为墨脱县打造藏东南高端旅游目的地提供了强大的资源保障。尤其是世界第一大峡谷——雅鲁藏布大峡谷的主体部分和雅鲁藏布江马蹄形大拐弯位于墨脱县境内，地质结构复杂，自然风景独特。拥有最充沛的水力资源，有雅鲁藏布江等大小河流39条，年径流量达1400多亿立方米，开发旅游资源具有很高的价值。

墨脱县的旅游资源优势主要表现在：自然旅游资源与人文旅游资源有机地结合，在整个西藏自治区也具有显著的特色优势。墨脱县的旅游资源有很好的组合性，也有很好的互补性。墨脱县境内海拔悬殊、地形特殊，是门巴族和珞巴族的主要聚集地。门、珞两族以大山为伴，豪爽好客、民俗奇异，创造了绚烂多彩的门珞文化，被外界惊叹为“远古文化的化石”。底蕴深厚的民族文化，瑰丽多姿的民族风情，无疑是墨脱这片乐土一道耀眼的风景。这不仅使得藏东南地区的旅游资源结构更趋丰富多样，成为旅游吸引力的新增长点，还有可能成为重要的辐射起点，带动西藏自治区内旅游业的整体发展。

一 墨脱县发展旅游的指导思想

从墨脱县旅游资源的禀赋状况及旅游市场发展变化趋势出发，遵循旅游业发展的一般规律，墨脱县旅游业发展的指导思想可概括为：

第一，与时俱进，树立旅游业科学发展观。以旅游资源和旅游生态保护为前提，以旅游经济效益为中心，科学配置旅游业发展各要素，并结合当地社会经济发展状况，根据旅游业所兼具的优化产业结构、民族团结、文化传承、提供就业与再就业、扶贫、创汇等多方面的经济社会功能，合理构建旅游业结构与布局。

第二，以优势资源为基础，以旅游市场为导向，深度挖掘旅游资源价值。突出冰雪高山风光、森林生态系统、历史古迹文化、门珞民族风情特色，将旅游资源优势转化为旅游经济优势，形成新的经济增长点。

第三，以墨脱县旅游资源的空间结构、地域分异与组合特征为依据，充分发挥旅游资源多样性、独特性、稀缺性的特点，树立具有市场号召力的旅游形象。

第四，以旅游精品项目为龙头，高品位、高起点地进行深层次旅游产品开发和旅游产品组合设计，增强旅游产品的市场吸引力和竞争力。

第五，以大市场、大旅游、大联动的旅游气魄，把墨脱县建设成为西藏自治区特色鲜明、主题突出的新兴旅游区。

二 墨脱县发展旅游的基本原则

（一）市场导向原则、保护与发展相结合原则、历史文化传统与现代观念相结合原则。不能一味贪大求洋，要接地气，尊重当地少数民族的传统生计方式。不是简单粗暴地用行政命令、经济补贴等手段，强行改变当地民众的生产生活方式。比如，狩猎不仅代表维持生计，也是人生意义和文化传统的延续方式。以人为本，以人的福祉为中心，不能简单地搞“熊进人退，猪进人退”，只见树木野兽，不见人的“荒野化、无人区”极端偏执的保护思路。

墨脱县的旅游资源只是一种潜在优势，要使其潜在资源优势转化为现实的经济优势，就必须遵循市场经济规律，坚持以旅游市场为导向的原则。为此，要以旅游市场需求为出发点，按照市场需求的规模和方向，合理规划旅游资源的开发功能和开发序位，优先开发高需求收入弹性的旅游资源和具有鲜明民族地方特色的旅游资源。同时开发类型多样，且具有参与性的旅游景点或线路，尽快形成有市场竞争力的旅游产品。从而不断提高市场占有份额，尽快形成新的旅游目的地，提高旅游接待能力，提高旅游者逗留时间和旅游消费，进而提高旅游综合经济效益。

（二）地域个性特色原则。地域特色是一个地区有别于其他地区的本质与魅力所在，是旅游地形成吸引力并得以生存、发展的基本条件。墨脱县进一步旅游开发中应准确把握资源的特色与市场发展趋势的结合，从各个层次、各个方面不断加以充实、完善和提高自身的个性化、多样化主体特色。具体来说，应从旅游景区（点）建设、旅游线路编排、旅游设施建设、旅游活动项目设计等方面充分展示自己的独特魅力和内涵神韵。使其冰雪高山风光的特色、历史古迹文化的神韵、森林生态系统的风貌、门珞民族风情的意境等都有其主题依托和形象导向。

（三）超常规、跨越式发展原则。超常规、跨越式发展是墨脱县未来发展旅游的一个重要战略。其具体要求是发展速度、发展水平、人才培养的超常规、跨越式发展。墨脱县旅游发展面临着起步较晚、资金投入不足、旅游基础建设薄弱、自然和人文生态环境系统比较脆弱等诸多不利条件。因此，墨脱县旅游资源开发和旅游建设应突破一般旅游发展模式，按照超常规、跨越式发展旅游的原则，切实解放思想，更新观念，以全新的发展观念指导旅游的开发建设，以严谨科学的方法进行旅游发展布局，以先进实用的技术手段组合设计旅游产品，以更为宽松优惠的政策导向与融资环境筹措资金和吸引资金，以更加开放的姿态大力开拓国际国内旅游市场，从而赢得墨脱县旅游的超常规、跨越式发展。

（四）可持续发展原则。可持续发展是当今旅游资源开发利用的主导模式。旅游可持续发展就是注重对旅游资源与生态环境的保护，在不破坏生态环境的前提下达到发展旅游的目标，其核心是追求经济、社会、生态三大效益的协调、均衡、可持续发展。墨脱县旅游业所赖以生存和发展的旅游资源和生态环境十分脆弱，一旦招致破坏，旅游业的发展将遭受灭顶之灾。因此，旅游业的可持续发展，要求在经济运行上引导旅游业结构向合理良性化方向调整；在生态环境保护上坚持开发与保护并重，建立合理的容量与监督调控手段；在社会发展上注重社区参与、利益共享、开发与再就业工程结合，建立以生态保护为前提、以旅游发展促生态保护、开发与保护相互促进的旅游业，即可持续发展的生态—旅游—生态良性循环模式。

（五）产业联动开发原则。旅游业是涉及面多、综合性强、关联面广的产业，产业联动开发就是要充分发挥旅游业对区域经济的关联拉动作用和示范效应，以旅游业的发展为强劲动力，带动和促进区域相关产业的发展，使旅游经济与区域经济协调发展。就墨脱县而言，应以旅游资源开发和景区（点）建设为龙头，以旅游产品开发为主体，实施食、住、行、游、购、娱六大要素配套完善。进而带动和促进生态农业、工艺产品业、食品加工业、交通运输业、邮电通信、贸易商业、休闲娱乐业、酒店餐饮、医疗卫生、文化事业等相关产业的全面发展，逐步形成墨脱县旅游业较强的综合实力。并通过旅游业的发展，改善投资环境，树立地方形象，扩大对外开放，加强招商引资，使旅游活动与商业经贸活动相结合，使旅游开发与扶贫解困攻坚相结合，从而强有力地促进墨脱县社会经济的飞跃发展。

（六）区域网络开发原则。区域网络开发是从系统论的观点出发，将开发对象放在大系统的背景下，从大系统与子系统、子系统与子系统的多维联系出发，综合考虑开发对象的开发方向、功能设置、相互连接等问题。墨脱县不是一个孤立的旅游系统，而是处于西藏自治区旅游区、中国旅游大区网络系统中的一个旅游子系统。坚持区域网络开发原则，就是要把墨脱县放在与其相邻旅游区的结构关系中，融入西藏自治区旅游区、中国旅游大区乃至全球旅游网络系统中。按照旅游网络系统的联系规律和旅游空间相互作用格局，打破行政区划界限和地理环境阻碍因素，确定墨脱县旅游资源开发方向、组合旅游产品形态、运作旅游活动项目、编排旅游线路，使墨脱县与周边旅游区形成功能互补、相互促进、协同发展的良性发展格局。

（七）可操作性原则。坚持可操作性原则，就是要求旅游规划在理论上高起点、高水平的战略研究，应该且必须能够运用于指导旅游资源开发和旅游业发展的实际，使规划的科学价值与实施开发建设保持一致性。因而在墨脱县旅游规划的制定与实施中，通过以下几方面来保证规划的可操作性：一是在旅游功能分区上，以资源内涵为依据确定各区开发主题，连片（线）开发，以保证建设的可操作性；二是在政策上，将规划对策措施与建议体现于政府的政策及管理体制中，以保证管理的可操作性；三是在时间安排上，采取整体规划、阶段开发、分期实施的序列安排，以保证开发的可操作性。

三　墨脱旅游的发展路径和发展目标

重点对目前旅游接待基础设施较好、交通便利及有民族地方特色的景区（点）进行改造升级，成为墨脱县旅游业主要发展方向。鼓励少投入、多产出，突出地域文化、民族文化，结合时代现实需要，呼唤民族传统文化的回归，使其成为文化扶贫、政策扶贫、观念扶贫的最佳结合，引导墨脱县农牧民走向短平快的脱贫致富之路；培养典型，总结经验，互帮互助，走多元化产业发展之路。墨脱具有得天独厚的自然资源，生态环境良好，有许多天然旅游资源，但一直受交通条件影响，旅游业发展起步晚，景区开发难度大，旅游资源利用率低；旅游建设一直存在较大的缺口资金，加之墨脱县级财政吃紧，无法配套缺口资金，使很多旅游基础设施项目不能落实，阻碍了旅游建设工作进度。从墨脱所处的地理环境分析，目前，不具备修铁路和大型机场的条件，公路是改善墨脱交通的唯一途径，也是开发大峡谷资源的必要条件。因此，加大资金扶持力度，加快墨脱公路升级改造建设，助力墨脱旅游业发展。

墨脱旅游业的发展目标，是建成一批在西藏自治区有一定知名度的旅游景区（点）。墨脱县旅游业在全县经济发展中具有日益强大的地位，成为全县重要的新兴产业龙头，是全县实现投资、就业、创汇、增加收入、脱贫解困等的重要产业之一。“十三五”期间，全县旅游业初步发展成为内部结构合理、产业协作良好、市场适应能力较强、发展后劲充足、经营管理科学含量高的产业，把墨脱县初步建设成为西藏自治区内又一新兴的旅游区，可有3—5个景点列入西藏自治区旅游精品项目。

四　未来旅游发展的重点任务和空间布局

（一）墨脱县旅游发展重点任务

1. 特种旅游：主要包括嘎龙拉—冰雪扎墨线等6条徒步探险路线。
2. 峡谷—原始生态旅游区：雅鲁藏布大峡谷景区，汗密原始观光区。
3. 嘎龙拉—香格里拉风景区、布裙湖景区、仁钦崩景区。

（二）墨脱县旅游发展的空间布局

遵循国家“丝绸之路旅游区”规划和西藏自治区旅游业总体布局对林芝的定位，以及“林芝地区旅游发展总体规划”对墨脱的定位。根据墨脱县的自然地理环境、交通条件、市场区位、旅游资源的品位、已开发旅游产品的档次以及资源与产品的空间分布状况等，结合区域外的市场、交通等大环境，定位墨脱县旅游业的空间结构为“一心一轴两翼三区”的空间格局。

“一心”：是指以扎墨公路“零公里”地标为依托，打造“门珞特色的驿站”的中心区，突出墨脱县作为区域旅游中心县城的功能。充分利用扎墨公路的终点这一特殊地标，集中规划、有序开发，打造具有旅游、观光、购物 、休闲、餐饮、娱乐及探险后勤补给等综合功能的“门珞特色的驿站”，使其成为波密至墨脱的探险旅游者交流的特色县城。

“一轴”：即发挥雅鲁藏布江下游山川河谷地貌塑造的雄奇自然风光资源优势，重点发展墨脱至波密、墨脱至米林及其他线路探险徒步旅游，进一步提高墨脱作为徒步胜地的声望。

“两翼”：是以珞巴族特色民族文化和门巴族特色民族文化为依托，开展民俗文化观光体验游。

“三区”：是以墨脱自然地理现状为基础，围绕“一心一核两翼”，将墨脱旅游资源划分为东北部嘎龙—香格里拉自然风景区、北部高山峡谷原始风光区和西部雅鲁藏布大峡谷风光及原始自然生态旅游区，突出徒步探险、自然风光、民族风情等主题，集中力量开发具有区域特色、最具吸引力的旅游景点和线路。

五 加强人才队伍和服务能力建设，提升旅游业软实力

发展旅游业硬件非常重要，软件建设更为重要。旅游市场的竞争，更多的是软件水平的竞争，旅游服务质量的核心是人，是服务态度。

首先，要抓管理。近年来，墨脱县旅游管理水平有了很大的提高，但要清醒地看到，管理工作还存在一些薄弱环节和死角，一些损害旅游者合法权益、损害景区形象的事时有发生，有些还造成了很坏的影响。因此，必须大力整治旅游市场秩序，规范旅游企业的经营行为，加强旅游购物场所和景区摊点的管理，严格实行旅游服务质量监督检查制度。建立健全游客投诉制度、质量理赔制度，切实保护旅游者和旅游经营者的合法权益。

其次，要建设一支高素质的旅游从业人员队伍。有一支高素质的旅游业从业人员队伍，是加快旅游业发展的重要条件。从事旅游业人员既要有服务热情周到，一切想游客所想、急游客所急、帮游客所需的精神，同时

还要有大量的管理人才，旅游产品设计、包装和宣传人才，旅游规划和项目策划人才，旅游教育人才和大量有经验的服务人员、导游人员。近年来，墨脱县在这方面虽然做出了一定努力，但全县从业人员中，经过培训的人员极少。且高、中级管理和境外促销人才奇缺，根本满足不了快速发展的旅游业的需要。

旅游业是服务业，服务能出效益，服务能赢得客源，服务质量的高低关系到墨脱县旅游业的形象和竞争力。墨脱县旅游业目前正处于发展初期，更需要树立旅游行业的服务意识，以管理促服务，以服务抓队伍，促使旅游行业在服务质量上下功夫，逐步建设一支高素质的旅游队伍。

第七节　生态保护与旅游开发的辩证互动

“即使我承认传统社会曾经给予若干人生活的幸福或乐趣，我也决不愿意对这传统有丝毫的留恋。不论是好是坏，这传统的局面已经走了，去了。”① 墨脱正经历从未遇到过的现代化、城市化浪潮的巨大冲击，如果无视墨脱已经和正在发生的这场不以人的主观意志为转移的社会变迁，仍然以既定思维和知识看待变迁，以不变应万变，就是刻舟求剑，抱残守缺。墨脱县曾经是一个相对封闭、较少流动、变迁缓慢的封闭社会，在国家与市场外力的推动下走上现代化道路的墨脱，将逐渐学会如何处理自身历史文化传统与外来影响之间的关系。

社会变迁往往受当地传统生计模式及其背后漫长的历史文化与自然环境因素制约，不符合当地实际的新技术会被抵制，以保护生计传统和生态平衡，这种抵制表现为文化观念的差异甚至冲突。但传统的生计模式和新观念新技术并不必然发生冲突，墨脱门巴族、珞巴族及藏族农牧民“原始落后”“刀耕火种”的生计传统有其内在合理性，但同时也存在严重的不能满足基本的生存需求的内在危机。民俗旅游的新观念、新技术不仅不会被生计传统及相应的文化观念抵制，反而能迅速地嵌入进本地生计模式，有效地解决其内在危机，达到将传统文化纳入经济发展、用经济发展繁荣传统文化的效果。我们也不能由此走向另一个极端，将发展与传统简单地对立起来，赋予传统合法性地位的同时，认为发展带来的改变必然对

① 《费孝通全集》（第5卷），内蒙古人民出版社2009年版，第8页。

当地的生计和生态造成损害。如果盲目地将发展与传统对立，就会产生极端环保主义。经济发展并不必然与传统文化对立，关键取决于发展是以怎样的形式进入本地的环境和生计方式之中。极端发展主义和极端环保主义都应该被摒弃，因为它们都没有给人本身留下位置。

以人为本的观点认为人自身才是最重要的，要从人的角度来看待发展和传统，无论促进发展还是维护环境，目的都必须是让人更幸福地生活。如果我们忽视了发展对传统文化和生态保护的积极意义，当地农牧民的后代为了追求更好的生产生活条件就会更多地离开故乡。没有了人的生存与再生产，传统文化与生态保护就没有意义。试想，如果我们的最终目的就是一片没有人类活动的原始荒野，还用讨论什么社会经济发展与国家民族的未来。我们不应以“文化孤岛”自居，困守生态围城，也不再幻想隐居于世外桃源，独善其身，而是时时在经历文化旅行，甚至是文化冲突。人的流动、文化交流以及各种信息技术正深刻地改变着人们的生活方式，文化是人为的，文化也是为人的。文化延续的一个前提就需要有人，人是文化的主体，文化离开人类活动将失去用途。因此，最合理的发展模式是参与式发展，让每位农牧民在发展中受益，并对自己的文化有自觉、有自信、有尊重，这样才能真正保护和传承本民族文化。

第六章

生活在世界屋脊之南的珞巴族

珞巴族居住的大峡谷地区，被浓密的原始森林所覆盖，山高林密，人烟稀少，珞巴族曾经过着“不耕不织、穴处巢居、冬衣兽皮、夏衣木叶”的游猎生活，形成了独特的婚姻家庭。与自然环境相适应，架栈桥、过独木、爬“天梯”、飞溜索、穿藤网，便成为珞巴族的交通绝技，也由此形成了珞巴族独特的衣食住行。

第一节　珞巴族的婚姻与家庭

珞巴族的婚恋习俗遵从氏族外婚和部落间等级内婚的原则，等级制度的划分是珞巴族婚姻与家庭制度形成的基础。父子连名制是维系父系氏族制度的重要手段。

一　氏族外婚和部落内婚

在珞巴族传统社会，各部落都严格奉行氏族外婚和部落内婚，这在生产力低下的珞渝地区至关重要。如果谁敢违反这一规定，当事人将会受到非常严厉的谴责和惩罚。在婚姻缔结上，珞巴族的禁婚原则显示出积极的作用。同氏族的人严禁通婚，父系血统严禁通婚，姨表禁止通婚，这是珞巴族婚姻制度的根本原则，同时，珞巴族认为姑舅表婚是最好的婚姻。如果缔结姨表婚，那么庄稼就长不好，太阳母亲看着也会害羞。这些禁忌有效地限制了近亲结婚，是人类在长期的发展过程中自然选择的结果，对民族人口素质的提高无疑起到了积极的作用，客观上也有利于民族、部落间的团结和睦及经济交往。由于珞巴族处在门巴族和藏族的包围中，人口少，婚姻选择范围比较窄。在不违背氏族内婚的前提下，有的珞巴族部落同门巴族、藏族也可通婚。

在20世纪80年代以前，珞巴族还遵守着严格的通婚制度，严禁与其他民族的人通婚。在90年代以后，这方面的禁忌日益被打破。现在，族际通婚变得非常普遍，珞巴族与藏族、汉族和门巴族的通婚日益增多。

二　没有“嫁娶”的民族

珞巴族的传统婚姻制度直到西藏和平解放前仍保留着非常明显的等级烙印。不同等级间不能通婚，即使是同一等级，婚姻实际上也是以买卖形式出现。在珞巴语里，男子娶妻意为“买妻子”（买老婆），父亲嫁女意为“卖女儿”。因此，在珞巴族日常生活语言中，没有“嫁”“娶”这样的词汇，而是用“买”和“卖”来表达同样的意思。只有“买老婆”的说法，绝对找不到“娶妻”的词汇。如嫁女儿就叫“卖女儿”，与卖货物用同一个动词。也就是说，嫁女娶妻不过是一宗特殊的商品交换，待婚的女子如同其家人准备出卖的牲畜一样，被明码标价，待价而沽。

不同等级的男子，买老婆的价格不同，女子等级越高，身价也就越高。由于婚价问题，又引出了珞巴族婚姻形式遗存的一种表现形式：上门劳动。用上门劳动的方式抵偿婚价，或是上门为奴，在妻子家做若干年工抵偿婚价，然后与妻子一同回到自家。除了买卖婚外，西藏和平解放前的珞巴族还比较盛行交换婚，就是甲家的男子娶乙家女子，乙家的男子同时娶甲家的女子。这样做的目的是，两个家庭的人都不需要付出财物就可以解决婚姻问题。如果双方的女子年龄相差悬殊，一般年龄小的人家要给年龄大的人家一些东西作为补偿，算是达到婚价平衡。

不论什么等级的男性，他们的妻子都是买来的，所以在买卖婚姻通行的时代，男人在家庭占有绝对权威的位置，妇女的地位十分低下。女子无论年龄大小，都没有参与氏族中重大事务的权利，也没有财产继承权，所有一切都必须听从丈夫的命令。妻子有时甚至等同于奴隶，其价值仅仅是丈夫个人的财产，而抹杀了包括感情在内的其他一切现代婚姻所重视的因素。如果丈夫对妻子产生反感，可以随时遗弃而不受任何舆论的谴责。

珞巴族落后的社会生产力水平是其买卖婚存在的根源。在传统的狩猎与刀耕火种农业相结合的经济形态下，受生理和地理条件的限制，男性创造了绝大部分社会财富，因此妇女地位非常低下，这种地位不平等直接带来了珞巴族买卖婚的通行。半个多世纪以来，随着社会的发展和进步，珞巴族的买卖婚姻已逐渐转变为自由恋爱和结婚，高低等级和“骨头”的概念在年轻的珞巴人中已经淡化。奴隶制基础上的氏族外婚和等级内婚制度已经消退，男女平等思想也渐渐深入人心。珞巴族妇女的生活已经有了很大的改观，地位明显提高。珞巴族以男性为中心的家长奴隶制社会已不复存在。西藏民主改革后，珞巴族妇女在家庭和社会上的地位日益提高，妇女有了自己选择爱人的自由和支配自己命运的权利。随着时代的发展和变迁，珞巴族妇女能顶半边天的时代已经到来。

三　家长制家庭及其长屋

珞巴族住宅的建筑结构形式有两类，一类是适应整个家庭居住的或作为公房的“一”字形长屋，一类是供个体小家庭居住的小栋房。在20世纪60年代以前，珞巴族还是以父系家长制家庭为基本单位的氏族部落社会。家庭中以男性家长为中心，大小事务都由男性家长决定，其在家庭和家族中拥有绝对的权威。在开山季节里，家长带领男女劳动力背运产品到藏区交换，全部财产的处置权掌握在他手中。

在珞渝地区，典型的珞巴族建筑是供氏族家庭和家长制家庭居住的长屋，各部落方言有不同称呼。长屋呈“一”字形排列，根据家庭人口的多少分隔成若干间，供家庭成员居住。有数间或数十间不等，一般长达数丈，最长的可达几十米。一般长屋内住着同一家庭的若干小家庭，每一小家庭占一居室，自立火塘，每间房都是一个独立的生活单位。墙壁用竹片或木板相隔，但只隔高度的4/5，各间房可以相通。每间房都设有火塘，其搭建是在屋中央留一个四方孔，孔内用藤条吊一只木板制作的箱盒，箱内糊泥，其上架放三块灶石即成。每间房前的墙上都开设一个小门，墙外捆扎横木条作鸡舍。房间的后墙上也开一个小门，墙外搭建一个小仓库，盛放各自的粮食和衣物等。粮仓则集体盖在远离住房的村边，以免发生火灾时被烧毁。

整栋长屋与外界的通道是阳台旁立的一根刻阶的独木梯子，人们经独木梯上下。长屋居室的分配是这样的：经阳台进入房子的走廊，紧靠阳台的第一间房由男性家长居住，父亲往往占据长屋的最主要房间，而且单独住宿，表明父亲在家族中的权威地位。其余由每个妻子及其所生子女各占一间，按结婚先后顺序排列。每买一个妻子，丈夫就把长屋延伸一两间，妻子多，房间也多。各个妻子及其所生子女构成一个生活单位；最后一间是家奴的集体居室，如有男女家奴，则另增一间，以便按性别居住。每个房间以火塘为中心分四个不同的位置，进门方向的右边称“巴布”，是男主人坐卧的位置；“巴布”的右下方正对门的一侧叫“弱登”，平常为女主人坐卧的位置，客人来时也在此入座；进门方向的左边称“物素”，是一般家庭成员坐卧的位置；靠近门面的背靠门处称为“过达”，一般是家奴的座位。

墨脱南部的达额木、希蒙部落，同姓父系家族住在一栋几间或十几间的长屋里。长屋是竹木结构的干栏式楼居建筑，主体用木头搭建，居室之间的隔墙用竹篾或竹板，根据人口的多少将长屋隔成若干小间，每间设立火塘，是一个独立的生活单位。孩子长大成婚时，从长屋边接出一间供其居住，因而长屋会不断扩展延长。墨脱珞巴族过去多住长屋，门巴族东迁墨脱后，尤其是门巴族和珞巴族发生械斗后，当地的珞巴族大多南迁。墨脱南部印度非法占领地区的珞巴族曾久居长屋，而我国实际控制区内的珞巴长屋随着家长制家庭的解体早已消失。

在珞巴族社会中，虽然存在多偶婚家庭，但就其家庭形态的总体情况看，仍以一夫一妻制的个体家庭为主。因此，存在长屋的同时，各部落都建有供一夫一妻制个体家庭居住的小栋房，有些部落甚至以小栋房为主，小栋房呈方形或长方形。以博嘎尔部落为例，修建时，先在底部竖圆木立柱，二层地板处和顶棚处架设横梁。横梁上铺设木条，房顶搭建成人字形，多用木板、芭蕉叶苫盖。墙壁、地板用篾席铺搭。房屋底层堆放柴火，作猪狗圈。二层住人，顶层堆放辣椒等杂物。门一般面向山坡开，门外有一阳台，在阳台靠门的两端设有男女厕所。人口多的人家把居室隔作两三间不等，每间均设火塘，由婚后的子女或奴隶分住。一般人家在靠近房子的入口处另建一耳房圈放牛羊，在房子的附近建仓库堆放粮食等。

随着家长制家庭的解体，珞巴族传统的长屋已不复存在。政府拨专款帮助珞巴族盖新房，在有条件的地方统一规划，集中建设珞巴新村。

四　父子连名制

珞巴族没有自己的文字，因而作为同一血缘衍生而成的氏族谱系不能通过家谱等方式详尽记录下来。氏族得以延续的一个重要条件就是他们的父子连名制，通过父子连名制去追溯自己的祖先，构建出整个氏族的谱系。

珞巴族社会是以男子为中心的父系氏族社会，取名时通常都采用父子连名的方式。即氏族男性成员的名字是和父亲的名字编连在一起，父名又和祖父的名字连在一起，每个人的名字都由两部分组成，其首字为父名，尾字为子名，以此严格区分，一代一代连下来，构成一个谱系。如某人的祖父名叫巴都，父亲名叫都戈，他本人名叫戈里，排列起来就是：巴都—都戈—戈里。但在日常生活中，珞巴人习惯略去父名，男子在本人名前加“达”音，如“戈里”变成“达里”，女子在本人名前加“亚”音，如“戈佳”变成“亚佳”。由于实行氏族外婚制，女儿是要嫁离本氏族的，所以女子在谱系中不占主要地位。父子连名制是以男子连名为主，家庭的承袭也完全以父系延续下去，成为社会的基本细胞。

一般来说，在氏族内部是祖孙三代人系谱。如果在氏族之外讲述自己的名称，就要在每个先辈名字前面冠以氏族名称，以表明自己的氏族血统。由于生存环境艰难，过去婴幼儿死亡率很高，有的家庭出生的孩子屡屡夭折，于是有的人家便请养育孩子多、存活率高的妇女取名，并与该妇女的名字连名，而不再用父子连名的方式。父子连名制反映了珞巴族传统的家长奴隶制社会以男性为中心的特征。现在，取名方式上非常多样化，因为深受藏族影响，珞巴族多取藏名，尤其是年轻人很少再取珞巴族传统名字，像格桑、卓玛这样典型的藏名在珞巴族地区经常可见。珞巴族父子连名制的取名方式已经渐渐消失。

第二节　独特的珞巴风情

在长期的狩猎、采集和农业生产活动中，由于珞巴族各部落经济发展不平衡，有的部落完全从事狩猎和采集，有的则完全靠农业为生，有的则是狩猎、采集和农业并重，由此各部落形成不尽相同的服饰、居住与饮食习惯，以及一套特有的生活风尚、宗教祭祀仪式、禁忌和节庆活动。

一　威武与华丽的服饰

珞巴族长期生活在深山峡谷，在服装上就能体现出他们粗犷豪放的性格，成为力量和勇敢的象征。珞巴族从使用树叶、秸秆和原皮等自然产品，逐步过渡到使用加工过的皮张和木质纤维织成的土布，进而引种棉花和从外部输入羊毛，体现了他们制作衣物所用原料的发展变化，衣服式样也渐渐由简单向复杂，由实用向美观发展。

珞巴族擅长狩猎，腰挂弓箭和长刀曾是珞巴族男子的标志性装束。背上弓箭，挎上腰刀，高大的身躯再配上其他闪光发亮的装饰品，显得格外威武英俊。佩带长刀是珞巴族男子的嗜好，它不单单是显示阳刚之气的装饰品，更是日常生活中的基本工具和重要武器。可以用来防止野兽和毒虫的袭击，砍竹木，架藤网桥，起房造屋甚至剪头发、裁剪兽皮等。除长刀之外，弓箭更是珞巴族男子不能离身之物，是狩猎的主要工具。珞巴族男子颈上的串珠，是用一种青蓝色的石料磨制而成的，每个成年人都有几串，盛装时可佩戴几十串。男女都喜爱系一条考究的腰带，有藤编的，也有皮革制作的，也有用羊毛编织的，并织有各种彩色图案。上挂小串珠、铜铃、贝壳，走时发出悦耳的响声。腰带除用来扎系衣裙外，还用来悬挂小刀、火镰和其他铜、贝制作的饰物。

过去，在珞巴族地区流行一种叫“阶邦”的草裙，是用鸡爪谷的秸秆编成的。妇女们穿上土布衣裙，还习惯在外面罩上一条草裙，起到对布裙的保护作用。上身则用野芭蕉叶为衣料，用竹丝绒搓成的线缝制上衣，上衣没有袖子。充分利用野生植物纤维和兽皮为原料，是珞巴族服饰较突出的一个特点。后来，珞巴族妇女开始穿用自织的羊毛、麻、棉衣料做的短上衣和筒裙。喜穿麻布织的对襟无领窄袖上衣，外披一张小牛皮，下身围上略过膝部的紧身筒裙，小腿裹上裹腿，两端用带子扎紧。珞巴族女子都很重视佩戴装饰品，喜欢用耳环和项链装饰自己。珞巴族十分注重对耳朵的装饰，不分男女一律都穿耳洞，戴着藤木、金属耳环或串珠。除银质和铜质手镯、戒指外，还有几十圈的蓝白颜色相间的珠项链。妇女还在腰间挂铜铃等饰物，缀有许多海贝串成的圆球。每逢节日吉庆，妇女们一个个盛装打扮，戴上所有的银器，互相比美。珞巴族妇女身上的饰物多达数千克重，可装满一个小竹背篓，走起路来，叮当作响，英姿飒爽。这些装饰品是每个家庭多年交换所得，也是家庭财富的象征。

随着时代的变迁，对外交往的扩大，珞巴族的服饰变化速度惊人。现在珞巴族地区已经很难见到传统服饰了，平日多是汉式或藏式服装，节日时主要穿藏装。

二　种类繁多的竹编

珞渝地区有十余种竹子，粗的直径可达 30 厘米。竹林漫山遍野，产量丰富，分布广、韧性好，而且既结实又轻巧耐用。珞巴族自古就擅长竹器的编制，竹编制品在珞巴族日常生活中不可或缺，广泛使用，竹编技术当属一绝。从房屋建造的材料，选种用的筛子，收获用的背篓，晾晒谷物的席子，捕鱼的鱼笼，打猎的弓箭，养鸡的鸡笼，到日常生活中用的碗、盆、提篮、雨具、熊皮帽圆盔等都用竹篾编制而成。竹制品不仅成为珞巴族生产上不可缺少的工具，也是他们日常生活中的必需品。

编竹的方法是将竹子浸泡在水中一段时间，再用小刀劈成竹篾，也有直接用木槌砸的，将竹篾的木质层削去就可以用来编制器具了。通过世代的相传和积累，珞巴族竹编的技艺已达到相当成熟的地步，成为西藏自治区富有民族特色的传统手工艺之一，但手工业还没有从农业中分离出来。珞巴人用农闲时编制的这些物品，连同兽皮、黄连、熊掌、辣椒、染料草等土特产和猎物，到察隅、米林、墨脱等县城附近，从藏族那里换回铁制工具、食盐、羊毛、衣服、粮食、茶叶等生活必需品。每次转山朝圣，也是珞巴族和藏族交换土特产品的大好机会。

珞巴族孩子从小就开始学竹编，男女都会编制竹筐、竹席、竹笼、竹绳和竹筛等。有的竹筐有一人多高，胸径在 1.5 米左右，用来储存粮食。墨脱地区珞巴族编织的“邦穷”竹盒尤其精致。珞巴族的竹编制品，不但实用独特，而且精巧别致、花样繁多，能满足日常生产和生活需求，同时极具民族特色。现在，珞巴族中年纪大些的村民或多或少都会竹编，但喜欢竹编的年轻人已经越来越少了。

传统的珞巴族木屋是最能代表珞巴族特色的房屋建筑类型之一。房屋所用的材料以竹木为主，房屋四周的墙壁全部用整根的圆桦木层层垒起，非常结实坚固。屋脊两侧的坡度通常比较平缓，屋顶距地面不高，上面一般都铺着一层薄木板或用粗竹篾编织成的竹席，再压上一排排石块。门一般都面向大山，房屋不留窗户，据说是怕恶鬼进来，但是留若干小洞作为射箭孔并用于传递信息。珞巴族的房屋因地而异，不尽相同。有长房式或方形、长方形大屋等数种，都是竹木石结构的三层竹楼。底层圈猪关牛，中层住人，顶棚上堆放农具、农副产品及食物和灶灰。家家户户房前或屋后建有一个高脚粮仓。

个体家庭住宅又分为干栏式小栋房和地居式竹木屋两种。小栋房一般为方形或长方形，修建时先在底部竖起圆木的立柱。二层的地板处和顶棚处分别架设横梁，横梁上面铺设木条。房顶搭建成人字形，大多用木板、芭蕉叶苫盖着。墙壁和地板则用篾席铺搭而成。房屋的底层堆放着柴火，作为猪狗圈；二层住人；顶层则堆放着辣椒等杂物。门一般都面向山坡而开，门外有一个阳台，阳台靠门的两端分设有男女厕所。地居式住宅的建筑方法是：先在两面的山墙外竖立三根立柱，中间较高的那根作为主梁，两边低的立柱则架檐梁。主梁和檐梁间加搭一些木棍，上面铺设芭蕉叶和茅草等，再用藤条拴牢为“人”字形。然后在四周用竹片或粗竹席搭棚，并捆上藤条，最终构成墙体，室内则铺竹席或木块。屋子的中心设有火塘，既是煮饭之所，又是照明之源，冬天是取暖之火，夏日是驱蚊之烟。火塘上方的顶棚上吊一个三层的木架。最高一层用于熏干稻谷，最低的一层用来熏烤鱼干和肉类，中层用来存放烤制好的肉类或其他食物。火塘的灶台上架着陶锅或铜锅，旁边则放置竹编饭盒、木勺、饮具等。火塘的四周是人们睡卧、吃饭的地方。躺在熊皮上睡大觉可以缓解跳蚤的侵扰，这对整日劳苦的珞巴人来说是个极其难得的享受。珞巴人在门上或屋内的墙壁上，画有许多避邪求福的图案。屋内墙上挂着的动物头首，既是财富的象征，也是对猎手狩猎能力的炫耀。

珞巴族建筑多依山就势，灵活多变，水渠道路因地制宜，自由延伸，一切从方便生活出发，建筑选择干栏式结构，这是珞巴族适应本地区自然生态环境的结果，充分显示出人与自然和谐共生。现在，受藏式房屋风格影响，珞巴族地区已经很难寻觅到传统的珞巴族风格建筑了。

三 好客的火塘

由于珞巴族各部落经济发展不平衡，有的部落完全从事狩猎和采集，有的则完全靠农业为生，有的则是狩猎、采集和农业并重，所以饮食习惯不尽相同。在传统的珞巴族社会中，居室内的火塘是由三角灶石垒搭而成的，食物制作以煮、烤、烙为多。烧烤是最常见的一种加工食物的方式，不管是植物性食物，还是动物性食物，都可以烧烤。把整条鱼投入火塘，埋上热灰，很快就可以烤熟了吃。在山上捕获到大的动物，除烤着吃外，还可切成肉条，以便熏干后长期贮藏。

作为珞巴族主要食物的植物叫“达谢”，是一种生长在喜马拉雅山南坡的野生棕榈类植物，俗称“糌粑树”。生长五六年后，可以高达丈余，径粗五六寸。首次开花时，把树砍下，剥去树皮，用锋利的竹片把树干的中心部位切成薄片，在水里浸泡，除去苦味后，捞出来在木板或石片上捶打，提取汁液，煮沸后放在容器里冷却后成团，便可以食用。与谷物掺食，可做成粉坨食用，或制作成别具风味的烙饼，或煮糊糊供食，也可以酿酒。

由于居住地区不同，珞巴族的食物差别也很大。在墨脱，米饭和面食是当地珞巴族自产的两种重要食品，米类是蒸与焖，以干食为主；面类是烙与烤，以饼食为主，主要是为了便于以往到山上打猎或是干活时携带和保存。珞巴族的神话传说中便有珞巴族和藏族交换食盐、大米和辣椒的记述。珞巴族生活在温暖潮湿的热带丛林地区，喝黄酒、吃辣椒是祛湿防病的重要方法。无论男女都喜欢吃辣椒、吸鼻烟和饮酒。当雨季临近时，村村寨寨、家家户户要做的事情就是喝黄酒和吃辣椒。珞巴族酿造黄酒的技术比较精湛。黄酒的主要原料是鸡爪谷，学名蔓稼，是热带地区特有的农作物，属于粟米的一种，因谷穗部呈鸡爪状而得名。用玉米、鸡爪谷、“达谢”等煮好拌曲后，装在大葫芦内封酿，酿成后放在漏斗形的竹筐或竹筒内加水滤出即为黄酒。酿好的酒经过蒸馏可制成白酒。珞巴族也喜欢以自酿的鸡爪谷酒待客，以示敬意。

山鼠肉是珞巴族十分喜爱的食品，也是招待客人和送礼的上等佳品。随着山鼠数量的减少和其经济价值的增加，珞巴族人喜食山鼠并以此待客的习惯也在慢慢改变，开始取而代之的是另一道珞巴食品——石锅炖鸡。现在，珞巴族地区烧烤已经退居次要地位，汉式和藏式饮食已经普及，传统的很多饮食习俗很难再见到。

第三节　传统文化与科技

在长期狩猎、采集和农业生产活动中，珞巴族崇信“万物有灵、灵魂不死”，日常生活中事无巨细均问卜，认为神灵“乌佑”无处不在，无所不能，由此形成了一套特有的生活风尚、宗教祭祀仪式、禁忌和节庆活动。

一　无处不在的万物之灵

珞巴族的各个氏族或部落，其社会发展呈现出不平衡状态。直至20世纪50年代，有的氏族和部落还是母系社会，有的已进入父系社会。而与藏区接壤的一些氏族和部落，则出现了私有观念和阶级的萌芽。因此，珞巴族的原始宗教信仰和崇拜也复杂多样，祖灵的观念、万物有灵观念和灵魂观念杂糅并举，自然崇拜、图腾崇拜、祖先—英雄崇拜错综并存。由于珞巴族的原始社会形态，使珞巴族的原始宗教对周围地区的佛教及佛教文化产生了排他性，形成了具有内在统一性的原始宗教文化体系。

过去，珞巴族遇到任何疑难杂事，想办任何事情，都得向鬼神请示。只有两种人能够直接与鬼神打交道，有卜卦巫师“米剂”和祭神跳鬼巫师“纽布”。他们被认为是来往于人鬼之间的使者，享有崇高的威望。“米剂”一般由男性充当，“纽布”一般由女性充当。在珞巴人心目中，“纽布”的法术和地位高于“米剂”，能主持复杂的仪式。“纽布”除具有“米剂”的职能外，还以祭神跳鬼的祷词、咒经、模拟动作、祭献牺牲和占卜等方式，为人们祛危求安，免灾招益。在适当的情况下，鬼灵附体在“纽布”的身上，通过她的言语或动作，告诉部落的人哪些事该干，哪些事不该干，哪些事应当这样干，哪些事应当那样干。这就叫“纽布”降神，也称“纽布”跳鬼。珞巴族认为每个人都有灵魂，如果灵魂被鬼带走了，这个人就会生病，这时就需要做一个招魂的仪式，把病人的魂找回来，病也就好了。当认为灵魂没有牢固地附在人身上时，就由巫师将一根羊毛和三粒串珠施以巫术后戴在患者脖子上，就可以把灵魂稳住，免遭鬼怪引诱和勾走。一个有学问的“纽布”，是珞巴部落中最受尊敬的人，也是珞巴民族的历史传承者和歌者、诗人。

珞巴族居住的珞渝地区，一直被视为尚未教化的蛮荒之地，许多藏族高僧曾尝试传教珞渝，但均以失败告终。著名藏族高僧汤东吉坡（1385—1464）曾带领9名弟子赴珞渝的马尼岗、梅楚卡一带传教，历尽千辛万苦在珞渝传教两年，终因所传佛教和珞巴族的原始宗教格格不入无功而返。200多年前，门巴族东迁墨脱后，才将佛教带入了珞渝。

现在珞巴族地区，自然崇拜现象基本消失，但却转化成朴素的生态保护意识，与藏族宗教习俗趋同。现在，大多数珞巴族越来越远离宗教生活，即使有，也仅仅是一个仪式和象征。老年巫师对昔日的巫师生活经历充满美好回忆，对迅速衰退的宗教生活感到无比惋惜和无可奈何。在汉藏文化的影响下，随着老年巫师的故去，珞巴族本已单薄的原始信仰更显脆弱。一些用于治病的宗教仪式由于医疗卫生水平的提高，逐渐淡出人们的视线，珞巴族逐渐抛弃了凡事凡病都要宰杀畜禽问卜的习俗。

二　独特的物候历

历法的出现是农业发展的标志。珞巴族没有形成现代意义上的历法，不管是太阳历还是太阴历都没有，即使是月的概念也不是很精确。如珞巴人不说初一、初二，而说人看不见月亮，只有鸡、狗、獐子能看得见月亮那天；不说初三、初四，而说月亮像野猪牙；不说初五、初六，而说月亮像“达宁白”树的叶子；不说初七、初八、初九，而说月亮像把弓的日子；不说十五、十六，而说月儿圆又亮，深山老林的熊也能看得见的那些天，如此等等。年的概念也不确切，珞巴人也不记年，在过去若问珞巴人多少岁了，他们没法回答你。如果回答就只能说，我是大地震那年出生的，我是叔父买老婆那年出生的。如此这般，让你摸不着头脑。日是根据月相盈亏制定的，每月三十日。“月黑夜”是每个月的起讫点，当月亮像弯刀时，就说“新的月份开始三天了”。当月亮剩下了一半时，就说“这个月只有五六天了”。

珞巴族在长期的狩猎、采集和农业生产活动中，培养了对自然现象敏锐的观察力。根据月相盈亏、寒暑冷暖、草木荣枯等自然现象的变化规律来判断年月日，虫鸣鸟叫、开花结果是人们赖以耕耘播种的重要依据。经过长期的观察，随着知识的不断积累，珞巴族逐渐认识到了这些自然现象的变化规律，掌握了它们之间的关系，并用这些知识指导生产、安排生活，创造了具有鲜明地域特征的历法——物候历。物候历是珞巴族古老的传统历法，是珞巴族从采集、狩猎进入农耕时代的产物。

珞巴族以桃树开花为岁首，月亮周期变化 12 次为一年。有的把一年分为春、夏、秋、冬四季，有的则把一年划分为暖、冷两季，暖季自 2 月至 9 月，冷季自 10 月至第二年的元月。月份是根据月相盈亏来确定，月相盈亏的每一个周期为 1 个月。对一年中的 12 个月，依次称为：1 月——“夏谢”，意为桃树开花，开始烧荒、翻地；2 月——“鲁布谢”，意为杜鹃和“辛永”树开花，树叶长出；3 月——“拉热布”，意为积雪融化；4 月——“闵谢”，意为开始砍“达翁”草，烧后肥田；5 月——“依珞”，意为其时青黄不接；6 月——“翁木迪”，意为青稞吐穗，土豆结块；7 月——“亚勒”，意为河谷地的玉米、辣椒成熟；8 月——“那热宾”，意为鸡爪谷开始成熟；9 月——“辛珠”，意为收割鸡爪谷；10——“鲁阿勒”，意为山地玉米成熟；11 月——“松奔勒”，意为冬天到来；12 月——“哈尼”，意为阻挡人的季节。

由于珞巴族生活在高山峡谷地区，气候和植被因海拔高低的不同而显差异，所以各地在农事活动的安排上各有特点。以往珞巴族许多部落都根据物候历来指导农耕生产。现在，珞巴族已经使用藏历或公历，传统的计月数日的方法已经弃之不用。但在确定农时安排生产时，仍以物候的变化作为农耕的重要依据。而且，珞巴族已经接受了藏族过年的习俗。

三 过三个新年

由于居住分散，交通不便，珞巴族各地年节的日期不一。大部分都使用自己推定的历法，节庆活动一般在农业生产活动的一个大周期结束后，另一个新的生产过程即将开始时举行，也就是在每年的秋收或年底时庆祝。因此，欢度年节都包含有庆贺丰收、迎新辞旧之意，利用这短暂的机会，休息娱乐，隆重庆贺。

绝大多数部落每年要过三个新年。11 月 1 日过第一个新年，这时庄稼全部收获完毕，人们休息三至五天，每家杀 3 只鸡，做 40 升鸡爪谷的甜酒和 20 升玉米的白酒，用米粉炸制油饼。其间，氏族内互相吃请，家家户户向氏族内的年长者敬送一竹桶甜酒和一竹桶白酒，以及十个碗大的油炸饼。休息期间，任何人不得干包括砍柴在内的劳动，不能狩猎和捕鱼，顿顿佳肴美味，尽情畅饮狂欢。12 月 1 日为大年，不管农业丰歉与否，都要隆重而热烈地庆祝。11 月 29 日就开始杀猪宰牛。30 日在粮仓内杀鸡，每种粮食要杀一只鸡，一般要杀五只鸡，公母均可，并将鸡血洒在粮食上，祈求粮神保佑明年丰收。元月，过第三个新年。除了进行以上两个新年的祭祀活动外，在一个月前就做好充分的物资准备。尤其肉食多寡是衡量贫富的主要标志之一，要炸三筐大油饼，又薄又圆。

每年庄稼收获后，珞巴族都要举行近两天的丰收节，叫“昂德林节”，也是传统的农祀节日。临近节日，男人上山打猎，女人收取少许谷物，做熟后请村中老人尝鲜。节日期间全村男女们身穿盛装，从各家端出准备好的美酒，共享节日食品。节日的晚上篝火熊熊，歌声彻夜不绝，歌词主要是关于农业的起源和男女的贡献。珞巴人认为是男子开天辟地，才使妇女们有了可以耕种的田地；女人则发现了种子，学会了种田收获粮食，酿出美酒，才保证了民族的繁衍。这一节日带有宗教色彩，既是庆祝丰收，祈福纳祥，又要祭祖先和鬼神。珞巴族很重视收割期，一旦开镰收割，男子就一早下地，一日三餐都不能同妇女在一个火塘吃饭。艰苦的收割期结束后，就可以尽情放松玩乐。

现在，居住在墨脱、米林一带的珞巴族，由于自然环境的变化和与藏族的联姻日益频繁，已经不再过本民族的这些传统节日了。珞巴族沿用藏历，所有的节日和祭祀活动与藏族没有多大区别。一年中只过藏历年和工布节，分别是每年的正月初一和十月初一。工布节是工布地区的藏族提前过的藏历新年，距今已有700多年的历史了。随着历史的发展，藏历十月初一已经成了工布地区人们的盛大节日。藏历新年的过法与工布节完全相同，只是女性一般都要穿拉萨地区的藏装。

四　听不完的故事，唱不完的歌

珞巴族依靠口耳相传的方式流传下来大量的民间故事，情节通俗质朴，充满丰富的想象力，具有浓厚的生活气息和鲜明的民族特色，反映出珞巴族的价值观念和审美情趣，以及对美好生活的追求。藏族的许多故事，特别是《说不完的故事》对珞巴族的民间故事影响深远，在墨脱珞巴族地区广为流传。《说不完的故事》是一部藏族民间故事集，共收录有30多则故事，有多种版本传世。珞巴族民间故事中的《猎人当上了吉波》《木匠达穷肯布》《画匠、木匠、涅巴和巫师》《妹妹与蛇》等，就是吸收和改造藏族《说不完的故事》情节而来的。《格萨尔王传》在珞巴族部分地区广泛传唱，有着深远影响。

珞巴族的民间故事题材广泛，形式多样，具有丰富的想象力和深刻的生活哲理，常常寓褒贬于浪漫的情节中，以表达人们的爱憎情仇。如反映人们征服自然进行艰苦斗争的故事《洪水》《智勇双全的两兄弟》；歌颂勤劳勇敢和鞭挞懒汉的故事《瑞希与瑞荣两兄弟》；歌颂坚贞爱情，抨击买卖婚姻和欺诈行为的故事《两兄弟与两姐妹》《傻小子与母鸡》《东鲁准智惩霸婚人》；赞扬勤劳、机智的劳动人民和讽刺统治阶级凶残、愚笨的故事《加米央金三难杰布》《猎手当了杰布》等。在珞巴族的民间故事中，动物故事又占有很大比重。它以拟人的手法，寓意深刻地反映了社会生活中人与人的关系。

珞巴族的传统音乐单纯朴素，用歌的形式叙述民族来源和迁徙等内容。珞巴族民歌大体可分为庆典和叙事歌“夹依”（或“夹金甲”），礼俗歌“勃力”，征战歌“月”（或“达米达”），宗教仪式上的祭祀歌“亚里”和劳动歌曲等几类。“夹金甲”相传是珞巴族各部落流行的一种最古老的民歌，内容主要讲述珞巴族的神话故事和历史传说，在民间流传较广且深受人们喜爱。“夹金甲”一般在节庆、祭祀或宴请等较隆重的场合演唱，歌词以赞颂或叙述民族来源和迁徙历史为主要内容，曲调深沉、肃穆，多为单句体，常见一领众和、边舞边歌的演唱形式。“夹金甲”既能用于舞蹈也可专用于叙事，既有一领众和的形式，也可用来独唱。音乐也因此各具特色，比如用于舞蹈的“夹金甲”，节奏鲜明，速度往往由慢渐快，音乐粗犷、豪放；用于叙事的“夹金甲”，既可载歌载舞，也可只歌不舞，领唱部分的旋律和节奏随歌词而变化，而合唱部分的旋律、节奏和速度则相对固定；专用于史诗性叙述的“夹金甲”曲调淳朴，具有很强的说唱性，富有弹性节奏等。

礼俗歌“勃力”与珞巴族的生活习俗密不可分，内容有酒歌、婚嫁歌、丧歌等。每逢建房、乔迁、宴请或游乐等活动，珞巴族一定要演唱“勃力”酒歌。用欢快的歌声烘托出热烈喜庆的气氛，传递内心喜悦的心情。珞巴族还有婚礼用的婚嫁歌和丧葬礼仪上的哭丧歌。西藏民主改革前，珞巴族地区通行买卖婚姻，被卖的女子嫁前有哭嫁习俗。哭丧歌是丧葬仪式中悼念死者时哭唱的一种歌，也叫“哭歌”。现在，“夹金甲”等这些古老的叙事性歌谣已经逐渐被人们淡忘，这个最能反映远古时期珞巴族生存环境、历史传统的民间文化正面临着消失的困境。珞巴族的传统民间文学和文化艺术急需加以保护和传承发展。

珞巴族也有多种形式的舞蹈，大多表现其生产和生活的内容，多数是在模拟的基础上加以发展而来的。有珞巴刀舞、祭祀舞、征战舞等，多数没有音乐伴奏，舞蹈动作原始古朴、豪迈奔放。其中最著名的就是珞巴刀舞，它产生于远古的部落围猎活动，成为珞巴民族一种力量和胜利的象征，是最具珞巴族特色的舞蹈之一。高山峡谷地带，亚热带湿润气候条件下荆棘藤萝密布，各类植物生长茂盛葱郁，珞巴族男子经常在腰间悬挂一把大刀，砍掉挡路的杂草开辟道路，又能防止野兽攻击，这样在日常生活中就逐渐形成了刀舞。无论是狩猎归来、祭奠山神或举行祈福禳灾活动，跳刀舞都已成为必不可少的一个环节。刀舞没有音乐伴奏，以模拟狩猎情景为主，属于即兴表演，表演者多为男性，具有原始、古朴、奔放、豪迈的特点。体现了珞巴男子的勇猛和阳刚，具有浓郁的山区生活气息和鲜明的民族风格。珞巴族的舞蹈植根于生活实践，有模拟鸟兽活动的，有表现人们捕捉和驯养动物的欢快场面的，也有反映原始宗教仪式的。

第七章

寻找极乐胜境的门巴族

门隅是门巴族的发祥地，自古以来这里就是门巴族的故乡，今墨脱县及其附近地区的门巴族并不是祖居于此。早在18世纪前期，门巴族居住的门隅和竹隅地区乌拉差役十分繁重，又遭受强烈地震等自然灾害的袭击。因此，怀着对“佛之净土白马岗，圣地之中最殊荣”的向往，一部分门巴族被迫跋山涉水、逃亡东迁到墨脱，形成了今天门巴族东西分布的格局，距今已有250多年。

第一节　门巴族的婚姻与家庭

历史上门巴族的婚姻和家庭形式具有多样性，历经了单偶婚、招赘婚、服役婚等多种婚姻形式。主流的婚姻家庭形式仍是一夫一妻制，一夫多妻和一妻多夫的古老婚姻家庭遗俗已经消失。门巴族社会多种婚姻和家庭类型的存在与社会经济状况、传统价值观念有着重要的联系。

一　传统的招赘婚与服役婚

在不违背近亲禁止通婚的原则下，门巴族的恋爱婚姻比较自由，视男女婚恋为自由美好之事，男女成年之后就有与异性交往的权利。一般情况下，年轻人婚姻虽由父母做主，但也要取得子女的同意。门巴族的婚姻多为一夫一妻制，没有民族的限制，不重视门第和民族界限。亲戚之间联姻要求严格，必须出五代，或是至少三代才能结婚，父系血亲与母系姨表亲戚之间的婚姻严格禁止。

门巴族青年男女尽管有恋爱的自由，但能否成婚还要看家庭的经济实力。在门巴族的婚姻中，“嫁”和“赘”都要交付一定的财物，作为对方丧失劳动力的补偿。在门巴族的传统观念里，“嫁”和“赘”的含义没有区别，招赘婚受到社会舆论的普遍欢迎，占门巴族婚姻的相当多数。招赘婚主要取决于两家劳动力的情况，一般都是女方没有兄弟的人家。女方家若缺乏男性劳动力，婚姻的形式多以招赘婚为主。在门巴族聚居的墨脱地区，招赘婚的比例要超过门隅的勒布地区，入赘是最受欢迎的，当地人认为这样的婚姻可以平衡一个家庭的劳动力。在一夫一妻制家庭中，有相当数量的招赘家庭，招赘婚仪式比较简单，入赘的男子不会受到任何的社会歧视，同样也可以顶立门户、继承财产、养老送终，任一家之长，这使婚姻的经济互助功能得到了最大限度的利用。如果是招赘，由女方家请媒人提亲，提亲得到对方同意，要向媒人支付一定的报酬。结婚要付彩礼，由女方家庭主办和承担婚礼的开支。这种男方到女方家“上门”的习俗，可能是母系氏族社会以女性为中心从妻居婚姻制度的发展和演变。

服役婚通常存在于两种情况下：一种是男方家无力支付聘礼，婚后男方到女方家从事劳动两至三年，以补偿女方家因缺失劳动力而未得到补偿的状况；另一种是女方家缺乏劳动力，在双方家庭商议后，同意男方到女方家劳动一至两年。门巴族的招赘婚和服役婚符合了婚姻的经济互助功能，它将在劳动上互为补充的两个人——男人和女人结合在一起。①

门巴族过去有早婚的习俗。根据20世纪60年代的门巴族社会历史调查资料显示，门巴族结婚的平均年龄在15—18岁。在生产力极端低下的情况下，通过早婚的形式，一方面能增加家庭劳动力；另一方面，结婚年龄小，妇女的生育周期长，在家庭人口的数量和存活率上有一定的保障。也有的父母处于等级和经济方面的考虑，把年仅十二三岁的姑娘嫁给他人，但这种早婚带来的离婚率也很高。墨脱门巴族离婚和结婚一样自由，离婚的双方当事人只要不愿意再维持这个婚姻家庭，经双方协商一致就可以离婚。基本上双方都能达成离婚协议，而且离婚之后在财产的分配方面也不会发生纠纷。一般孩子的抚养原则是，男孩跟着父亲，女孩随母亲。不过在墨脱门巴族的婚姻里，实际离婚的人是很少的，主要是因为大多数建立婚姻家庭的男女都是经过恋爱之后才结婚，这种婚姻有一定的感情基础。

婚姻形式的变化是门巴族生活习俗变化的重要内容。过去由于无钱支

---

① 刘庆慧等：《门巴族婚俗文化特征及其与藏族婚俗的关系研究》，《西藏大学学报》2007年第2期。

付彩礼而出现的交换婚、服役婚现象早已消失，现在是结婚自由，离婚也自由，早婚现象也基本不复存在。可以说，门巴族已经实现了真正的婚恋自由。随着门巴族地区的政治、经济、文化的发展，以及全民族科学文化水平的逐步提高，门巴族的婚恋观念和礼俗发生了很大变化。主要表现为特权婚姻的消亡、婚姻仪式的简化、通婚范围的扩大、婚恋观念的更新、婚姻类型变化等。

二 夫妻关系为中心的小家庭

在门巴族中，传统婚姻家庭以一夫一妻制为主，兼有少量的一夫多妻制和一妻多夫制家庭，后两类家庭现在已经消失。

门巴族在封建农奴制下生活，领主的差和乌拉（徭役）大多是以户为单位摊派的，重新组合一个家庭就意味着增加差和乌拉的负担。多偶婚家庭被用来作为巩固家庭经济力量的手段，是与封建农奴制的生产方式相结合的。根据墨脱县地东村 42 户的典型调查，20 世纪中期以前，门巴族主要是一夫一妻制家庭，占总户数的 85.72%；一妻多夫家庭占总户数的 9.52%；一夫多妻家庭占总户数的 4.76%。这说明一夫一妻制的个体家庭是门巴族社会的主要家庭形式，是基本的生产单位和消费单位。[①] 在门巴族传统的家庭模式中，一夫一妻制仍是主流模式。

门巴族社会以一夫一妻制为主，同时兼有多夫、多妻的家庭，具有以男性为中心的封建家长制家庭的性质。一夫一妻制家庭，是单一的个体小家庭，没有几代同堂、妯娌共处的大家庭。主要原因有：一是宗教上的原因。西藏民主改革以前，门巴族有两个以上儿子的家庭，必须抽一人甚至两人当喇嘛。二是社会舆论普遍认为，一个家庭有了妯娌，就容易产生纠纷，所以，过去在门巴族中很难见到大家庭。

一妻多夫制家庭，主要是兄弟共妻，其次是朋友共妻。在门巴族中，一妻多夫制家庭有较多的劳动力，能够应付各种逆境。特别是在乌拉差役比较沉重的时候，既有男子外出支乌拉，又能有人在家从事生产劳动。若兄弟较多，还可到较远的地方进行交换。因此，一妻多夫制家庭生活状况往往好于一夫一妻制家庭。做妻子的更受到社会舆论的称赞，她能把众兄弟团结在一起，和睦相处，若不是妻子聪明能干，处事公平，是难以做

① 国家民族事务委员会：《民族问题五种丛书》之二《门巴族简史》，民族出版社 2008 年版，第 86 页。

到的。

一夫多妻多数出现在招赘婚家庭。男子入赘姐姐后，又与成年妹妹同居，形成姐妹共夫的家庭，甚至有三姐妹共一夫的情况。只有个别人是属富裕家庭，或妻子不育才有再娶一妻的现象。凡姐妹共夫的家庭，谁有能力就由谁当家。

在门巴族社会中，这些多妻、多夫的婚姻家庭形式与生产生活水平低下、财产积累不易、劳役多、劳动力缺乏有着密切的联系。门巴族的一妻多夫与一夫多妻家庭和藏族社会中存在的多夫制和多妻制家庭基本上是相同的，它的存在有着深刻的历史、社会和文化原因，也与西藏封建农奴制的典型环境有关，低下的生产力水平、与世隔绝的自然地理条件、无力防范的自然灾害、沉重的徭役负担，以及古老的道德观念，都是民主改革前门巴族这些婚姻家庭形式能够长期存在的重要原因。民主改革后，封建农奴制所带有的差役和剥削被消灭了，一夫一妻制家庭已经能够满足劳动力的需求，与传统社会形态相适应的婚姻和家庭形式都失去了其存在的必要性，一妻多夫制和一夫多妻制家庭也就随之消失。

三　民族混合家庭的增长

民主改革后，门巴族渐渐打破了首选族内婚的传统，越来越多地与周边藏族、汉族和珞巴族通婚，尤其与藏族通婚已成为较为普遍的现象，并深受当地门巴族和藏族的欢迎。改革开放以后，由于门巴族聚居区交通条件的改善、人口流动的加快，门巴族与汉族、藏族和珞巴族等其他民族间往来增多，民族之间的文化交流也不断深入，婚姻对象的选择范围也不断扩大。

在西藏，国家和政府在门巴族聚居区投资建设的大部分项目，都是由藏族和从全国各地前去务工和援建的汉族共同完成的。在墨脱村，婚配对象双方都是门巴族的约占 78%，配偶是汉族的约占 11%，配偶是珞巴族的约占 6%，配偶是藏族的约占 5%。用当地一位门巴族妇女的话讲，就是“现在墨脱的姑娘都被汉族‘包工队’的男子娶走了”，这充分说明了墨脱门巴族婚姻嫁娶的自由，同时也折射出了墨脱门巴族通婚范围的不断扩大。①

① 李旺旺：《墨脱门巴族文化变迁研究》，硕士学位论文，西藏民族学院，2009 年。

由于长期的交流互动，藏族和门巴族在语言、生活方式、价值观念等方面基本没有多少障碍。在对西藏民族学院22位门巴族大学生的一项调查显示，门巴族大学生非常赞同不同民族之间通婚。他们之间的恋爱对象双方都是门巴族的占10%，一方是藏族的占52%，一方是汉族的占38%。[①] 可见，年轻的门巴族一代对不同民族之间通婚现象的接纳度很高。对于一般的门巴族父母来说，如果儿女能找到本民族的对象成婚那就最好不过了，但找其他民族的人他们也能接受。

尤其是在中央召开第四次和第五次支援西藏工作座谈会以来，全国各省市加大了对口支援西藏的力度。随着在门巴族地区定居的藏族和流动的汉、藏人口不断增多，以及电视、广播等现代传媒的普及，门巴族的婚姻家庭观念和习俗必然越来越多地受到汉族、藏族的影响。在通婚范围上，门巴族和藏族、汉族通婚的家庭在数量上逐渐增长，民族混合的家庭也越来越多，各民族间的交流也日益扩大。门巴族传统婚姻家庭在现代多元文化的冲击之下，面临着适应新社会的考验，并逐渐呈现出新的面貌。

第二节　一个都不能少的宗教信仰

在门巴族的信仰体系中，有着对鬼、神、佛的最大的宽容精神，不分远近、亲疏、厚薄，都会请他们在的心灵的祭祀上按部就座，向他们奉献人间的礼遇和牺牲。门巴族的原始宗教、苯教和藏传佛教互融共生，是在门巴族社会中并存的，为门巴族共同信仰的三种宗教。

一　沟通人与自然的原始宗教

万物有灵的原始宗教是门巴族的古老信仰，流行于民间。门巴族认为山有山神，树有树精，水有水怪，风雨雷电、地震水灾，乃至人的生老病死都有超自然的神灵在左右驱使，而巫师和巫术是人与神、鬼之间沟通的纽带。门巴族巫师有“巴窝”“巴莫”和“觉姆”等。直到20世纪中叶，门巴族仍真诚地认为天神地灵、山鬼水妖、石精树怪、鸟兽虫鱼都有神性灵气，鬼神灵气无所不在，并且喜怒无常。它们既能赐福人间，也常布灾降难，凡病痛或不祥，异常或祸殃，被认为都是某种鬼灵妖气所致，唯有

① 李旺旺：《墨脱门巴族文化变迁研究》，硕士学位论文，西藏民族学院，2009年。

请求巫师施行巫术，请神送鬼，才能禳灾除祸。为免灾祈福，门巴族敬奉鬼灵，贡献牺牲，举行各种繁缛的巫术活动。

在墨脱，被门巴族的村寨称为“格拉”或“域拉”的保护神，都是些山鬼地灵、树精水怪之类。墨脱门巴族一方面信奉藏传佛教宁玛派，另一方面又信巫重鬼，其神灵家族的主要成员，大都是与人们生产生活密切相关的森林江湖、山石树木等，其中女性神灵占有较大比重，反映出门巴族神鬼信仰的自然性和原始性。与精灵鬼怪打交道最多的就是门巴巫师，墨脱的门巴巫师种类繁多，有“巴窝”“登龙坎”“巴莫”“觉姆”等，有男巫，也有女巫，女巫数量一般多于男巫。根据职能的不同，门巴族巫师分为请神巫师和驱鬼巫师两大类。请神巫师多由女性充任，这就是“巴莫”和“觉姆”；驱鬼巫师则多为男性。根据驱鬼方式的不同又分作“巴窝”和“登龙坎”。巫师之间的区别，除了使用的法器、衣饰不同之外，作法的动作也不同。在门巴族心目中，“巴窝”的巫术较高，“巴莫”和“觉姆”要差一些。但患病时，先请“巴莫”和“觉姆”求神，如不见效，再请“巴窝”。如果这三种巫师都无法使病人康复，便只能请喇嘛念经诵佛。

门隅的门巴族逐渐完全吸收了藏传佛教宁玛派的信仰，已无巫师。但是门巴族固有的原始宗教信仰在墨脱这一特殊的文化地理环境中得以复苏和保留，并得到了相当的发展，孕育和培养出了种类繁多的巫师，其巫师种类之多，巫师数量之大、巫术活动之繁是罕见的。根据对墨脱四村的调查，近两代人中巫师有 48 人之多，其中女巫 26 人，男巫 22 人。[①] “巴窝”“巴莫”和“觉姆”在门巴族地区流传比佛教早，尽管各有特点，但他们作法的主要用意，都是请求神灵把病人的灵魂放回来，使之得以安宁，病体康复。

二　入乡随俗的苯教

苯教是藏族原始社会时期的宗教。佛教传入西藏以后，经过和苯教长期的相互吸收和斗争。9 世纪中叶，在为西藏统治阶级所利用的苯教和佛教斗争中，苯教受到毁灭性打击，势力被挤出西藏中心地带，只能在西藏边缘的偏僻地区活动。

---

① 陈立明：《走入喜马拉雅丛林：西藏门巴族、珞巴族文化之旅》，中国藏学出版社 2002 年版，第 120 页。

苯教传到门巴族聚居区后，门巴族并没有给予其特殊待遇。它没有特别的仪式和仪轨，挤在原始宗教的祭坛上一同品尝牺牲，它没有自己的单独住宅，人们只是在心灵上承认它的存在。不过，苯教也确实拓展了门巴族的信仰思想，门巴族从苯教那里请来了天神，给原始宗教的各霸一方的众鬼们找到了最高的主宰。门巴族接受了苯教的宇宙“三界”的结构“理论”，并将其与本民族的实际相结合。门巴族认为，自己曾经崇拜的那些山神就是苯教说的通向“拉”界的“通天之路”。墨脱门巴族朝拜的南迦巴瓦峰，就被认为是与“拉”界相连的神山。原始宗教崇拜的鬼灵们也被接纳为苯教神祇的成员，同时苯教的神祇也加入了原始宗教崇拜的鬼灵行列，如龙、精怪、战神等。苯教传入门巴族聚居区后，产生了苯教的神话、传说，并在当地的诗歌、舞蹈、戏剧中也渗进了苯教的思想观念。据称在藏区的昌都、日喀则等地也有“巴窝”和“巴莫”，这或许也是古老苯教的残存。

在门巴族信仰观念中，苯教与其他原始宗教并没有严格界限。在门隅和墨脱地区，仍有门巴族信仰苯教，但苯教已经和门巴族当地的原始信仰相结合，不再完全是藏族地区的苯教了。东迁墨脱的门巴族，可能又吸收了珞巴族巫师跳神的某些内容，形成墨脱门巴族的苯教。在门巴族中有一类称作“苯波”的巫师，可能与藏区的原始苯教有一定的渊源。

从西藏民主改革到我国改革开放后的很长一段时间内，门巴族地区巫风林立，巫术盛行，在婚丧、建房、生育等各种活动中都有巫师的身影。时至今日，门巴族敬巫重鬼的观念逐步淡化，随着老年巫师的不断故去，巫术活动已经十分鲜见，喇嘛僧人的法事活动渐渐取代了巫师的祭灵跳鬼。但是，神灵的观念和影响依旧广泛存在，尤其是在喜马拉雅高山峡谷中的墨脱，不可预测的各种自然灾害仍有发生，贫困问题并没有完全解决。在自然灾害和生老病死面前，门巴人有时仍依赖求助于神灵，这些古老的宗教仪式能给予他们精神上些许安慰。

三　广为传扬的藏传佛教

门巴族是一个善于学习和吸收新鲜事物的民族，具有宽厚和包容的精神和开放的心态。门巴族在信仰原始宗教和苯教的同时，还信仰藏传佛教。藏传佛教在门巴族地区的传播和发展过程，也是被门巴族地方化和民族化的过程。原始宗教信仰、苯教信仰和藏传佛教信仰互融共生、杂糅并存，原始宗教巫师、苯教巫师和佛教喇嘛地位平等，不分轩轾，都受到人们的尊崇，享有崇高的地位。

藏传佛教的宁玛派、噶举派和格鲁派在门巴族地区都有影响，其中以宁玛派影响最大，是门巴族信奉的主要教派。随着藏传佛教各教派的传入，一座座佛教寺院在门巴族地区相继建立，一批批僧人应运而生。至20世纪50年代，门隅地区已有佛教寺院十多座，经堂若干，僧人近千人。墨脱有寺院六座，经堂若干，僧人三百多人。影响较大的寺院有达旺寺、仁钦崩寺等。[①] 仁钦崩寺是白马岗地区修建最早和影响最大的佛教寺庙，被称为"德瓦仁钦崩"，意为"中心聚宝寺"。起初，这里居住的珞巴族不允许东迁的门巴族在此修建寺庙。南则玛拉山是珞巴族的猎场，珞巴族认为在此修建寺庙会得罪山神，以后将打不到猎物。南则玛拉山上的仁钦崩地方是鬼地，在此建寺庙会冒犯鬼灵带来灾难。经过反复谈判，门巴族向珞巴族送了许多财物后才得以修建。

仁钦崩寺是白马岗规模最为宏大的建筑，是一座有12面墙和东南西北四个门的石木结构的三层建筑，寺内有多座镀金铜佛像。1950年时，该寺毁于大地震，后重修为东西两门建筑。仁钦崩寺喇嘛最多时达到过40多人，大部分喇嘛住寺。"文化大革命"期间，仁钦崩寺被破坏，寺庙基本变成废墟，仅剩寺墙。20世纪80年代后期国家落实宗教政策后恢复重建，1989年4月建成并举行开光典礼。1992年10月，林芝地区僧尼代表、佛教协会、民族宗教事务局领导和墨脱县的干部群众170余人，在林芝县拉玛林寺举行了莲花生塑像移交和迎送仪式，并于11月底运到墨脱县仁钦崩寺，由专职喇嘛管理。从此，仁钦崩寺进入了一个新的历史发展时期。

东迁墨脱的门巴族身处珞巴族原始宗教盛行的文化环境中，虽然修寺建庙，供奉佛祖神灵，信奉宁玛教派，但他们固有的原始宗教信仰在墨脱仍得到相当程度的发展。从患病到死亡，直至安葬的全过程，都贯穿有巫师和喇嘛的活动。虽然原始宗教和苯教的影响淡化了许多，但对生活在较为封闭僻远的高山深谷里的门巴族而言，这些古老的宗教仪式还在给予他们精神上的某种慰藉。

---

① 国家民族事务委员会：《民族问题五种丛书》之二《门巴族简史》，民族出版社2008年版，第91—92页。

第三节　天人合一的风尚习俗

门巴族与藏族长期生活在一起，关系密切，在衣、食、住、行等生活习俗方面受藏族影响较大。由于特殊的自然环境和气候条件，门巴族在不断吸收外来文化的同时仍保持着自己的传统风俗。门巴族的生活习俗如果用一句话概括，那就是“十里不同风，百里不同俗”，与高山峡谷的自然生态环境和谐地融为一体。

一　披挂小牛皮的女袍

由于长期与藏族共居杂处，门巴族的服饰和藏族很接近。氆氇是藏族制作衣服和坐垫的一种羊毛织品，门巴族服饰喜爱用羊毛织品氆氇为原料，种类多样，色彩艳丽，是门巴族生活中的必需品。门巴族服饰有地区差异，门隅地区的门巴族男女一般都穿氆氇袍和绛红色的长袍，很像藏装，但衣着比藏装短小。腰间都系有一条长约 2 米、宽约 0.6 米的红氆氇腰带，妇女胸前挂一个用金属制成的护身盒，内装佛像及经卷，叫“嘎乌”，以示吉祥，这也同藏族的习俗很相近。由于坡大路狭，人们爱穿软底长筒靴，靴筒用红、黑两种颜色的氆氇镶配缝制，靴底为牛皮软底。门隅地区男子头戴一种叫作“拔耳甲”（八拉嘎）的帽子，用蓝色或黑色氆氇作帽顶，下部使用红色氆氇，翻檐处用橘黄色绒布镶边，并在帽子前檐留有一个精巧、醒目的小缺口，戴帽时把缺口对在右眼上方。橘黄色颜色是用当地出产的一种草根染制而成，几种颜色对比鲜明，远远望去十分醒目，颇具民族特色。为了适应在山林地区的生活，门巴族男子皆耳垂大环，腰间挂一把带鞘的砍刀。

门巴族女子的服饰别具一格，女子梳长辫，身前围一条白氆氇围裙。门隅地区的勒布、邦金一代的门巴族妇女，保留有不同于其他地区门巴族妇女的独特装束，她们习惯在后背上披挂一张完整的小牛犊皮。披挂时，小牛犊皮毛朝内，皮板朝外，牛皮颈部朝上，尾部向下，四肢的皮伸向两侧。当地妇女以此为美饰，吉庆节日或访亲会友，都要披一张新牛皮作盛装。传说这是唐朝文成公主进藏时来到山南留下的习俗，为了避妖邪、图吉祥，将此皮赐给门巴族妇女而后沿袭下来的。背牛皮实际上是为了在背筐时保护衣服不受磨损，同时也有雨披的作用。门巴族女子的内衣叫

“不布热”，颜色多样，无开襟、无领、无扣子，只开一个圆口由头上套穿。外衣称“冬固”，分长短两种，用红、黑两种氆氇做成。勒布地区四季分明，服饰既不像墨脱县门巴族那样简洁轻薄，也不像高原藏族那样繁杂厚重。妇女一般胸前佩戴松耳石、红珊瑚、玛瑙等串成的饰品，喜欢佩戴嵌有珊瑚、绿松石等宝石的银手镯、耳环和戒指。

墨脱的门巴族妇女，用从雅鲁藏布江下游换来的棉花做原料，用手摇木纺车将棉花纺成线，用脚踏织机织成土布，也有用藏区换来的羊毛搓成线编织氆氇的。由于地处亚热带，气候温暖，墨脱地区男女一般穿长短两种上衣，也都喜欢穿棉麻制成的衣服，男女服装都以白色为主。男子留长发，佩戴耳环挎腰刀。墨脱的男子很少戴帽子，常戴自编的斗笠防日晒雨淋。穿的多是用棉麻自织的白色衣袍，腰悬砍刀或叶形小刀。男子过去多赤足，现在多穿胶鞋。墨脱地区的门巴族女子服饰与门隅有所不同，她们穿白色短衣或无袖无领的宽大褂子及花色长裙，有的在裙子上挂缀小铃铛或一种称作“朋巴林”的用植物果实做成的装饰品。脚穿绣花毡靴，戴项链、耳环、戒指、腰链等饰物。长发辫盘于头顶，并以红、黄、绿等彩色的线装饰。妇女结婚时，新娘的嫁妆一般也都是白色的。

20 世纪 90 年代以来，门巴族仍保持着民族服饰的浓郁特色，但服装的质地、款式和种类较之过去已大为丰富，不同性别和年龄对色彩和形式也有着不同追求。随着汉文化的影响，传统服饰在日常生活中的实用性越来越低，越来越多的门巴人穿汉族服装，这一点在年轻人身上体现得尤为明显。

二　结实耐用的木楼

门巴族生活的喜马拉雅山区，沟壑纵横，江河切割，森林密布。墨脱很少有宽阔的平地，因此房屋多依山势而建，错落有致。由于地理条件和气候条件的差异，门巴族不同地区的建筑各具特色。墨脱处于高山峡谷地区，雅鲁藏布江奔腾呼啸纵贯全境，门巴族村寨多沿江而建，一般坐落在面向河谷的台地或山坡上，依山傍水，绿树掩映。村寨间相对分散，十几户、几十户的村落，往往分几个居民点。

墨脱地区的门巴族生活在喜马拉雅山南坡低而热的谷地，依山傍水，绿树掩映，所以他们住的都是干栏式的房子，多为长方形。历史上干栏是指古代南方民族的树居房屋，“依树积木，以居其上，名曰干栏”①。在户与户之间的空地上，是一块块大小相同的菜地和稻田，几乎没有一片闲置的空地，房前屋后都栽种香蕉、葫芦和柑橘等植物。建房一般都是就地取材，用木头、竹子、草、石块等建盖，以石块、木板或竹篱筑墙，既简单又实用。“人”字形结构的房屋便于排水畅快，适应了墨脱地区雨水多的气候特点。

干栏式木屋一般也是分为三层，底层没有围墙，四面敞开，供拴养牲畜用。第二层为一家人的居所，有正屋和偏房，正屋面积略大，南侧设灶堂，用土石砌成，灶台低矮，人弯腰才能操作。西为窗户，北为偏房。偏房又分为两小间，一间作客房，另一间是存放衣物和贵重物品的地方。西屋正侧窗旁为主人陪客之地。夜晚全家在正屋歇宿。有的家庭房屋面积大，在正屋的东南角又隔开一小屋，内设灶堂，作为煮酒的地方。居所的外侧有宽大的走廊，兼作晒台，既可晾晒粮食，也是人们平日编竹器和做木工活的场所。底层与外走廊相连接的是一架用粗大的圆木砍凿而成的短木梯。第三层存放杂物。房屋与地面相距1米左右，“人”字形房顶，多半是木顶、竹顶或草顶，用蕉叶或木板覆盖，再用石板压顶。所有建筑房门都朝东，在门巴族看来这样太阳出来就照进家门，能带来吉祥如意。

随着国家对墨脱地区生态环境的保护，传统的木质房屋的材料来源受到限制。大部分家庭在维修房屋的时候以石砖代替木材，于是出现了许多木质材料和石砖混合的房屋。近年来，干栏式木屋在用材、格局、结构和功能方面都与传统房屋有所不同。随着房屋质量不断提高，原来的木板、茅草或芭蕉叶屋顶，已被镀锌白铁皮取代，可以保持10—20年。房屋面积也普遍比过去宽大，房屋大门朝向也多样化了，向西的房屋也不少。门巴族原有的在房屋底下圈养牲畜的习惯也发生变化，逐渐把牛、猪等大的牲畜圈养到房子外面。同时，为了卫生和安全起见，开始在自家的房屋旁搭建单独的煮酒灶。

随着20世纪末国家“兴边富民行动”和扶持人口较少民族特殊政策的实施，门巴族聚居区的经济社会快速发展，生产生活条件大为改善。在国家的统筹规划下，将散居在山坡、高岭的民居集中到路边、路口、平坝之处新建房屋。像墨脱地区的亚让村、墨脱村、亚东村等村，都是国家统

① （唐）李延寿撰：《南史》卷77。

一规划居民房，既有着现代化的室内设施，如各种电器及许多现代新潮家具和物品，又保持着门巴族民居传统的风格特色。

三　鲜美可口的石锅饭菜

门巴族的饮食结构因地而异，既有吃玉米、稻米、鸡爪谷的，也有吃荞麦、小麦和青稞的。当地人无论何地都喜欢以辣椒佐食，水田多的地方，以吃大米饭为主。大米吃法与汉族相同，玉米和鸡爪谷则被做成糊粥，他们也吃糌粑、面饼、奶渣，喝酥油茶。

在门巴族饮食结构中，与藏族有所不同的是肉食少、蔬菜多。常见的蔬菜品种有白菜、萝卜、圆根、土豆和黄瓜等。门隅和墨脱森林茂密，盛产野生蘑菇和木耳，蘑菇种类繁多，味道十分鲜美。墨脱的黑木耳更是闻名遐迩。蔬菜多是在石锅里煮熟后，蘸着盐巴、奶渣和辣椒面混合成的糊糊一起吃。石锅，门巴语译为“可”，门隅和墨脱均产石锅。相传，门巴族最初做饭没有锅，粮食是装在竹筒里烧熟后吃。后来，人们发现了一种质地很软的石块，于是便在石块上凿出大圆窝来煮食物，石锅就这样被发明出来了。门巴族喜欢用石锅煮饭煮菜，石锅散热慢，炖出的饭菜鲜美可口，并能够保持食物的原味，这是金属锅所不能媲美的。现在石锅的使用范围已缩小，石锅的功能也发生了变化，主要是用来炖肉。石锅基本上被一些现代化的炊具如高压锅、电饭锅等替代。但是，尽管铜锅、铝锅、铁锅、高压锅等现代炊具大量传入门巴族地区，但门巴族仍然保持着使用石锅的传统，尤其是节日里款待宾朋时要使用石锅，一般人家也都珍藏有大小不等的几口石锅。最初石锅的式样与石臼相似，制作粗糙，后来石锅的样式越来越考究，既是炊具，又是可供观赏的工艺品。过去，门巴族的餐具多是用木制或竹制的碗，盘根错节的大树根是最好的材料，可制作大木碗。木碗通常用青冈、杜鹃树的粗根制作，木质细密、坚硬。随着现代化的餐具、炊具基本上覆盖了门巴族传统的餐饮用具，使用木碗的人家越来越少，会制作木碗的手工艺人也越来越少，加之木碗的制作工艺比较烦琐，原材料又不好找，因此价格昂贵。

珞渝地区沟深谷狭，雨量充沛，气候炎热，刀耕火种耕地适宜种植玉米，因此，玉米和鸡爪谷成了墨脱门巴族的主食。玉米的食用方法主要有两种，一是做玉米饭，二是做玉米黏坨。玉米饭是将玉米加工成较粗的玉米渣粒做成的，玉米渣粒也可和大米掺和煮成混合饭，玉米细粉可煮成面团。鸡爪谷是热带作物，因谷穗形似鸡爪而得名，产于墨脱和下珞渝地区，大小颜色和油菜籽相似。鸡爪谷的食用方法一般是炒熟后磨成面干食，也做成黏坨食用，门巴族也喜欢吃用鸡爪谷粉煮成的面团。墨脱门巴族的肉食在过去主要来源于狩猎，人们在野外打到野兽，剥皮后切成肉条，用火烤干，再带回村里。肉食的烹制方法也很简单，除了烧烤外，就是炖煮。烤肉干是门巴族最喜爱的食品。墨脱门巴族最喜欢的肉食是山鼠肉，每年的10月到来年5月，都是捕鼠的好时节。山林里有许多山鼠活动，往往一次就能收获五六十斤。烤制的鼠肉干，还可以用来待客送礼。墨脱地区江河纵横交错，有丰富的鱼类资源。这里的门巴族擅长捕鱼，用竹篓子作为捕鱼工具。鱼肉一般也是烧烤后食用，也可将其烤成鱼干后长时间保存。

无论是墨脱还是勒布地区的门巴族，男女老少普遍嗜好饮酒。门巴族擅长酿酒，像玉米、鸡爪谷、稻米等，既是生存需要的粮食，也是酿酒的好原料。门隅北部的勒布和邦金地区喝的多是用青稞酿制的酒，而墨脱地区的门巴族喝的多为大米和鸡爪谷酿制的酒，这种酒度数低，酒味甘甜而略带酸苦味，可清热解乏，也是请客送礼的必备之物。门巴族把自制的青稞酒、大米酒储存在大葫芦里，或者是装入大竹筒里。门巴族非常好客，当有客人来的时候，他们会热情地接待客人。一股情况下都是男的陪客，女的敬酒，客人喝一口，女主人便在一旁随时添加，如果客人喝醉了，主人会很高兴，因为他们认为这样表示客人尊重主人，看得起主人。饮酒对歌已经成为门巴族的一种生活习惯，早已融入门巴族的喜怒哀乐之中。

门巴族传统的饮食观念、饮食结构和饮食习惯正在发生变化，饮食文化呈现出多元化趋势。传统的荞面饼、糌粑等依然是主食，青稞酒、酥油茶还是最好的饮料。同时，门巴族渐渐也接受了汉族的饮食，如煮面条、烹炒煎炸等各式菜肴，也已成为人们的日常食品。肉食和各类蔬菜是日常饮食的重要构成，传统的青稞酒、酥油茶与现代的啤酒、各式饮料并存，人们可以根据自己的喜好选取，他们的日常生活处处都能见到传统与现代的混融交会。

四 “萨玛”酒歌和“东三巴”

在长期的历史发展进程中，门巴族以其聪明睿智创造了灿烂的民族传统文化。门巴族把自己深厚的情感注入民歌、舞蹈、叙事诗和戏剧之中，形成了独特的门巴族民间文学与艺术。深藏于高山峡谷中的门巴族文化正被越来越多的人所熟知。

门巴族民歌曲调优美、流传久远，其中以“萨玛”酒歌和“加鲁”情歌最为奔放动人。门巴族热情好客，凡有客人到访都要拿出家中最好的美酒招待，直到客人喝醉方才满意，于是便催生出了“萨玛”酒歌这样优美的旋律。“萨玛”酒歌流行于门隅，多用于节日、酒会、婚礼、远行和生产中，歌词生动有趣，曲调欢快高昂。酒歌多为7个字或9个字组成一句，诗节无定数，多为歌颂赞美家乡的。常用比喻、渲染和夸张的手法，给人以豪放的感觉，抒发对崇高理想和美好愿望的勇敢追求。传说“萨玛”酒歌最早是由一位名叫拉布热的歌手创作的。他一生热爱唱歌，把欢乐留在人间，最后坐化成佛，被门巴族尊崇为歌神，由他创立的酒歌也因此传遍了整个门巴族地区。

门巴族酷爱唱歌跳舞，生活中的许多场景如生产劳动、婚丧嫁娶、修建新屋等都离不开歌舞。门巴族爱唱酒歌，也爱唱情歌，每逢年节或喜庆之时，在门巴族的山乡，“加鲁”情歌和“萨玛”酒歌如泉喷涌，情深意长。在门巴族地区，青年男女交往是很自由的，自然情歌也就成了连接门巴族青年男女心扉的纽带，感情含蓄、细腻，曲调清新动人，在门巴族民歌中占据着重要地位。无论在墨脱还是门隅，门巴人有着世世代代唱不完的情歌，这种情歌，他们称为“加鲁”。其中，最为著名的就是仓央嘉措的情歌，正是这块丰地沃壤孕育出了那样著名的浪漫主义诗人。

“东三巴”是墨脱门巴族中流传的一种古老曲调，此种曲调浑厚古朴，具有浓厚的乡土气息和鲜明的民族特点。相传为门巴族从竹隅迁往墨脱时带来的，感情深沉，低沉婉转，如泣如诉，多反映过去农奴们的痛苦生活。在过去艰苦的生活条件下，门巴人聚会时愿意唱这种沉闷的“东三巴”曲调，借以倾诉他们的困难生活。尽管现在已经不再支差，不再饥饿，但一些门巴老人还是喜欢这个曲调。每当夜幕降临，他们围着火塘或松明，饮酒唱歌，既沟通彼此关系，抒发自己的情感，忘却白天的艰辛，也借此提醒年轻人勿忘过去的艰苦岁月。现在，会唱“东三巴”曲调的门巴人已经越来越少了。

墨脱县拥有得天独厚的门巴族和珞巴族民俗文化风情，门珞民族的建筑、音乐、舞蹈、服饰、绘画等文化资源丰富多彩而又神秘独特，文化资源的开发和利用前景十分广阔。近年来，墨脱地区对门珞文化的挖掘、保护、收集和传承工作正有序展开。2014 年背崩乡巴登村整村竹编编织技艺被申报为县级非物质文化遗产保护项目。至 2016 年年底，墨脱县西藏自治区级文物保护单位只有藤网桥 1 个，已经申报的县级非物质文化遗产保护项目有 7 个，分别为藤网桥制作、珞巴藤竹帽制作、德果体育竞技、锅罗巴体育竞技、门巴服饰制作技艺、门巴黄酒酿造技艺和门巴竹编制作技艺。自治区级非物质文化遗产传承人 1 人，县级非物质文化遗产传承人 13 人。

第八章

医疗卫生及社会事业进步

自2013年10月31日墨脱公路通车以来，墨脱县的医疗卫生事业有了显著改善。墨脱县加快完善县、乡镇、村三级医疗卫生服务体系，着力推动基层卫生机构基础设施建设，新型农村合作医疗实现了广覆盖；加强传统医药的开发；完善城镇养老社会保险、城镇医疗社会保险、失业社会保险、农村养老社会保险等社会保障制度，易地扶贫搬迁工作取得了一定成就。墨脱经济的大发展，必然带来社会事业的全面改革和发展。

第一节　墨脱县医疗卫生事业的大发展

2013年10月31日上午，墨脱公路通车仪式在西藏林芝地区波密至墨脱县80公里处举行，宣告了中国最后一条未通公路的县正式通车。墨脱公路修建前，墨脱物资匮乏，发展缓慢。每年封山季节，背夫徒步翻越雪山将物资背进墨脱，一块砖15元，一个罐头20元。墨脱公路通车后，县城到林芝县八一镇运输时间从原来的3天至7天缩短为1天，运输成本每斤下降0.65元。[①] 以前由于交通不便，墨脱一直以来缺乏医药，医疗设备落后，当地人求医问药之难超乎外界的想象。

一　墨脱县医疗制度的变迁

（一）免费医疗

西藏自治区对农牧区的群众实行免费治疗，使之在生病期间能及时就诊医治，尽快康复。县民政局按财政年均拨0.9万元的专款，对五保户、

① 交通运输部：《墨脱公路通车，我国实现县县通公路》，中国公路网，2013年11月1日。

军烈属、困难户及48位麻风病人进行治疗，经卫生局下达执行。

1993年11月，西藏自治区人民政府颁布实施《西藏自治区免费医疗暂行管理办法》，明确免费医疗在新的历史时期的定义、原则和享受对象及免费范围，确定资金来源渠道、经费管理及就诊制度，提出“减、免、收”的免费医疗政策。1993年，对甲、乙类传染病、地方病的防治、计划免疫及四种节育手术实行全免；对五保户、边民和少数贫困户由县民政和卫生行政部门审查后发放免费医疗证（红本）享受全免费医疗；对农牧民群众实行有限免费和自费相结合的办法发放免费医疗证（蓝本）；对个别危、急、重症农牧民住院费用，其个人负担部分确有困难者，本人提出申请，由医院报告同级卫生行政部门审批，免费住院。但同时规定县以上医院门诊一律实行收费，住院分三级医院实行限量收费。

（二）合作医疗

1998年，西藏自治区推行农村合作医疗制度后，免费医疗经费以专款形式直接由地区财政核拨给县财政。免费医疗经费作为政府投入资金用于合作医疗，农牧民个人应负担费用由乡政府统一筹集，上交合作医疗管理委员会，真正把合作医疗基金直接用在农牧民群众身上。

2001—2004年墨脱县开始实行农牧民免费医疗，2005年开始实施以免费医疗为主的农牧区医疗制度，2005年年底农村合作医疗户数1359户，8623人，参合率95%，墨脱县门诊就诊共有3692人次，住院共有944人，分别从家庭账户中核销123759.12元，大病统筹资金中住院补偿189007.42元。

（三）公费医疗

1959年，墨脱县各级党政部门和事业单位工作人员实行公费医疗制度，规定公费医疗的范围和等级，由专人具体负责公费医疗的管理工作。20世纪七八十年代，实行医疗公费证制度，县政府根据民族地区的实际，加强职工公费医疗的管理。90年代，经过摸索总结对公费医疗进行改革，改实报实销为限额规定，即由县财政局分别按工龄5年以下、5—10年、10—20年、20年以上4个等级，分别按75%、80%、85%、95%进行限额报销。

1993年7月，西藏自治区卫生厅和财政厅联合下发《西藏自治区公费医疗管理办法（试行）》，第一次明确规定享受公费医疗待遇的范围、经费开支范围、经费预算定额和管理等。将公费医疗经费从医疗单位划拨给各享受公费医疗待遇的单位，公费医疗人员到医院就诊实行收费，凭票据回单位报销，医疗费用实行政府、单位、个人合理分担。2000 年干部职工的公费医疗费报销达 35.8 万元。2001—2004 年实施公费医疗制度政策，凭票报销；2005 年开始实施农牧区新型农村合作医疗制度；2005 年年底墨脱县干部职工的公费医疗费报销 69 万元。

二 墨脱县特色民间医疗

墨脱地处热带与亚热带气候区之间，温暖、多雨、潮湿，是结核、疟疾、大脖子病、大骨节病和消化道系统等多种地方性疾病的高发区。墨脱人民在漫长的历史岁月中，长期缺医少药，门巴和珞巴民族在长期的实践中学会使用草本药物，用以解决日常生活中的小疾小病。由于门巴族和珞巴族信仰万物有灵，认为神灵无处不在，将所有病痛都归结于鬼神对人的怪罪。尽管如此，门巴族和珞巴族在同疾病斗争的过程中，也逐渐认识了一些病症及其治疗的药物，懂得一些预防和治疗的方法。

（一）外科医疗

门巴族和珞巴族的生活环境艰苦，生产条件差。在劳动或械斗时，易被砍伤、摔伤、烧伤，或被虫蛇咬伤中毒等。这些伤病显而易见，死亡率高，因此，最先引起人们的注意和治疗，从而积累起比较丰富的医疗知识。

1. 治疗蛇毒、箭毒：毒蛇咬或中箭毒，须将伤口周围的肉挖割（手脚受伤还要用绳子捆扎上方），以免毒素进入血液扩散至全身。伤势严重者要断肢。治疗时用清水冲洗伤口，涂以麝香或“尼英金”蛇胆干粉末，借以止血、消炎。并外敷“冬格亚儿”树鲜叶，或内服“节纠”树皮汤剂、麝香，借以止血、止痛、解毒消炎、生肌愈合。

2. 治疗出血、扭伤和骨折：用麝香粉、“尼英金”蛇胆干粉末或“埃登达目”草鲜汁涂伤口，借以止血、消炎。如伤口在手脚部位，须用绳捆扎伤口上方，借以止血。扭伤、瘀血、红肿可分别用“热得”树叶或嫩皮、“辛服”树叶、“达格”树上长的疙瘩嫩皮，捣烂热敷；内伤则服用熊胆与黄连，或虎骨与黄连的水剂，麝香与黄连的水剂，口服与外涂均可。这些药物有解毒、化瘀、消肿的作用。遇上骨折，可用“则力阿坝”包扎伤口，或口服与外敷浸泡于酒、水的“埃令句巴”，或外热敷“罗雪罗密”藤捣烂的鲜根、茎、叶，口服“则节”树皮汤剂。此外，还有针对虫咬、蜂蜇、关节炎、刀伤、烧伤等的相应治疗方法。

（二）内科医疗

门巴族和珞巴族人能诊断较多的内科疾病，也有各种相应的治疗方法。

1. 治疗食物中毒：服用“蹦嘎布”草根或黄连汤剂，使患者上吐下泻。严重者则用高粱、月经块等与水一起灌入腹内，然后悬挂在梁架上转动，令其呕吐，排除毒物。

2. 治疗感冒、头痛和腰痛：喝麝香水剂或吃花椒、姜、大蒜，可治感冒、头痛。腰痛服鱼胆水，“应格”草根煮酒，或吃“埃辛达立”树皮。

3. 治疗肝、肺等病：肝痛、浮肿，口服熊胆；咳嗽、气喘、咯血，取“达热”虫粪便与鸡爪谷一起酿成酸酒，外加少许食盐，烤干服用，借以祛痰镇咳、平喘止血。

4. 治疗肠胃病：肚痛腹泻、肠炎痢疾，用“埃辛达”树皮，“色内”树果，加少许食盐，以水冲服。或吃“贺热儿”“帝胜”树果，或用鱼苦胆、“啪克”鸟肉、猴子肉熬汤。还可热熬“加鹅”树叶，用热陶罐炙。

（三）传染性疾病的治疗

门巴族、珞巴族对传染病，缺少药物治疗，多采用硬性的隔离手段，以防蔓延。一旦麻疹、猩红热、天花、霍乱、鼠疫等疾病发生，他们则以村落为单位，进行隔离预防。严禁本村人和外村人互相来往，尤其对疾病流行村寨的人，绝对禁止进入。有的村落还集体迁往山洞逃避。所有村寨，家家户户用“巴布亚多”“达白”树叶作睡垫，借以预防或治疗。门巴、珞巴人民在缺医少药的条件下，采取这些措施，对控制疾病的传染起到了一定的作用。

门巴、珞巴人对病后、产后体弱或身体虚弱者的补养，也有一定的认识。往往为他们进食鲜鱼、野鸡、鸡等营养品，以增强抵抗力，早日康复。

用“比比林”果或“苏每”草熬汤，有时也喝黄连汤治疗头晕头痛等感冒症状；“辛扎”树皮晾干后捣成粉末服用治疗胃疼；“地达”草熬的汤治腹泻，而且还能防治疟疾；被毒蛇咬伤后，先排出毒血，然后用麝香水擦洗伤口，再把“噶加”藤和半夏草捣碎，用芭叶包裹，埋在灶灰中，待温热后，热敷于伤口上，过四五天换一次药；用绳子小心地把剧毒药物一只蒿或过江龙穿起来，绑在关节上，治疗关节炎等。

（四）综合治疗

墨脱民主改革以后，墨脱县委、县政府十分关心人民的健康。按照“在医疗方面认真执行以医疗卫生工作开路，开展民族地区工作”的指示和“预防为主，面向广大农牧区，团结中西医，卫生运动与群众运动相结合”的方针，组织医护人员深入乡村牧场，送医送药送政策上门，对防病治病、联系群众、密切党群关系起到了积极作用。

在外科方面，当地人对治疗蛇伤和中毒箭有丰富的经验。在长期同毒蛇作斗争的过程中，门巴族、珞巴族老百姓摸索出行之有效的蛇伤的治疗方法。① 被毒蛇咬伤四肢，立即用绳索捆扎受伤部位的上下方，用利刃在受伤处划出一条大的刀口。使毒素与血一并流出。将受伤人迅速转移至流水处或水坑旁，两人轮番用嘴吸吮伤口，吸一口吐掉后在水中漱口一次，应注意不能下咽，以防中毒。如果是身体其他部位被咬，则毫不犹豫地用刀将伤口的肉剜掉，否则便有生命危险。四肢被咬也常用剜肉的方法，以避免毒素的扩散而导致死亡。剜肉后，需用烧红的铁钳或燃烧的木柴烫烙伤口以止血。

治疗蛇咬伤有两种方法：一是用清水洗净伤口后，在伤口处撒麝香或熊胆粉，外用白布包扎，内服用黄酒、酥油和鸡蛋调制的饮料。二是排出毒血后，用麝香水擦洗伤口，将“噶加”藤和半夏草砸碎，用芭蕉叶包裹后埋入灶灰中，待温热后取出热敷于伤口上，3 天左右换药一次。如果处理及时一般无大的后患，倘若被毒蛇咬伤稍有疏忽延误，后果不堪设想，轻则断肢，重则危及生命。②

不幸被毒箭所伤，处理和治疗方法与蛇伤大同小异。被蚂蟥叮咬，可在伤口涂抹烟灰或草木灰；被毒蚊、毒蜂蜇伤，可用酒擦抹伤处，还可以涂抹一种草籽提炼的称为“当布尔”的油。长疔疮，多涂抹“当布尔”油，若疔疮已化脓，用小刀破头排脓后，拿麝香水擦洗患处。

当跌打损伤、瘀血红肿和扭伤筋骨时，用自制白酒擦搓受伤部位，用“江宁”叶在火上烧热后热敷其上，外用白布包扎。3 天左右更换“江宁”叶一次，一般换药两次即可痊愈。

如果骨折，一般有两种药物治疗方法：一种方法是将伤处用水洗净

① 陈立明：《走进喜马拉雅山丛林》，中国藏学出版社 2002 年版，第 26 页。
② 同上书，第 27 页。

后，将骨扶正对接，然后用一种称为“多居巴”的矿物质（质地软、易碎）粉敷于伤处，外用数块竹夹板固定，再用绳索捆牢。另一种方法是用麝香、熊胆和虎骨（粉）加水调和，先用手将断骨对接复位，然后将药涂抹于伤处，再用“江宁”叶烤热后热敷其上，外用竹板固定。

被刀砍伤、砸伤时先用麝香水擦洗伤口，采集9种不同的草叶用手搓揉或砸碎后用芭蕉叶包上，涂敷于伤处，9种草叶指任何草的叶子，只要9种就可以。常采集的草有“林莫玛”“甲嘎额”“甲玛嘎杂”“蒙仁”草等。门巴族和珞巴族在实践中发现，用9种不同的草叶混合使用治疗刀伤及砸伤等外伤，比单一使用某一种药草效果好。这一治疗外伤的“偏方”至今仍在缺药时被使用。

墨脱地区多雨潮湿，人易患关节炎和腰背疼痛。治疗关节炎，主要使用剧毒药物一只蒿或过江龙（“过洛巴”），用绳子小心地将一只蒿或过江龙穿起来，挂绑于膝关节或踝关节（关节处有伤口禁用）。腰、背疼痛，用“布那春”草叶在手上搓揉至出水后，在患处用力搓擦，直至发热发烫为止，使药性渗入肌体。如果病情严重，还可内服熊胆或麝香。①

除对以上几种常见外科疾病能进行治疗外，对眼疾、鼻出血、口疮、皮肤病等都有一些治疗方法。一些内科疾病，门巴族也有简单的诊断和治疗。一些常见内科疾病治疗方法如下：

头昏，用“比比林”果或“苏每”草熬汤，一日喝三次。头痛时，一般喝“比比林”汤剂，有时候也喝黄连汤剂。若头痛剧烈并伴有发烧症状时，多喝麝香水剂，并外用凉水冷敷。感冒时，烧吃大蒜，并多吃辣椒，使其全身出汗。

胃痛，刮取“辛扎”树皮外层，和水吞服，亦可将其晾干后捣成粉末再服用。呕吐，吃生姜片，或将生姜捣碎后调水成姜汁喝下；或吃“辛扎”树的外皮。腹胀或腹泻，主要喝用黄连熬的汤药，有时也喝用“地达”草熬的药。

误食毒蘑菇和毒木耳，给中毒者灌洗米水或淘玉米水，使其呕吐，然后再灌黄酒或自制白酒。

误食剧毒一只蒿，立即给中毒者灌从芭蕉茎中挤出的汁液，或者让中毒者服用其他既无毒又能使之呕吐的东西，然后让其快速旋转，使中毒者

① 陈立明：《走进喜马拉雅山丛林》，中国藏学出版社2002年版，第143页。

呕吐。呕吐排出毒物后，再灌以黄酒。

防治疟疾，用“地达”草熬汤，一日喝三次，另喝自己的尿和男童的尿，以男童的尿为佳；或喝黄连汤剂，另配合喝煮开的自制白酒。

治疗痢疾，主要喝黄连汤，另配合吃大量的大蒜和生姜。

对霍乱、天花、鼠疫、猩红热等恶性传染病，无有效的治疗办法，主要采取隔离的预防措施，以阻止疫病的蔓延。

对麻风病患者，采用强制隔离的手段，将其送到人迹罕至的地方，为其搭建房屋居住，并规定活动区域。

一般情况下，当地人认为疾病是神对人的责罚、鬼的作祟、命运的不昌顺。因此，在患病之初，纵使有药他们也不会服用，多用的办法是先请巫医喇嘛来送神送鬼，只有把鬼神送走，吃药才会见效。

（五）流行性疾病治疗

墨脱民主改革以前，墨脱县内传染病有麻风、霍乱、天花、脑炎、白喉、麻疹、痢疾、伤寒等。民主改革以后，境内先后发生传染病十多种，由于逐年加强预防接种工作，20 世纪 70 年代末消灭鼠疫、天花等烈性传染病，并有效控制脊髓灰质炎、脑炎等病的发生与流行。现在主要有疟疾、结核、痢疾、肝炎 4 种传染病。地方性疾病主要有：

地方甲状腺肿大病，俗称“大脖子”，主要发生在格当的兴凯、帮辛的西典、墨脱的亚让等地，加热萨乡、甘登乡、达木乡也有不同程度上的发生。女性是男性患病人数的 3. 14 倍。民主改革以后，当地增设商业网点，供应的食盐增加，群众经常可食一些含碘食物。加上长期治疗，此病已基本得到控制。据 1998 年在格当、帮辛两个乡对 538 人调查，患地方甲状腺肿大病的仅 3 人，患病率为 0. 029‰。随着碘盐供应和普服碘丸，2000 年以来未增加新病例。

克汀病，俗称痴呆病，1991 年防疫人员在墨脱县克汀病普查中发现 12 名患者，患病率 0. 31%。20 世纪 90 年代后期，对育龄妇女普服碘油丸进行防治。2000 年墨脱县克汀病患者仅 4 人。

大骨节病，1998 年县卫生局统计，墨脱县有大骨节病患者 112 人，患病率 0. 98%。主要发生在格当乡的曲那塘村、兴凯村、多龙村等地。根据 1994 年自治区、地区、县三级综合防治调查表明，3 个村的总体患病率为 74. 01%。1999 年 8 月，对格当乡 7 个村的患病率调查显示，其患病率为 24. 38%。

麻风病，据墨脱县防疫站调查，1989年墨脱县有麻风病患者19人，分布在6个乡，占墨脱县8个乡（镇）的75.7%。1993年林芝地区麻风病普查，墨脱县有现症病48人例，增加21例，后死亡6例。1997年患者减少至27人，2000年达到无现症病21人。发病率从0.7%下降到0.13%，平均每年递减0.57%，已治愈21人，占麻风病患者总数的77.14%。

三 墨脱县日渐完善的医院医疗系统

随着2013年扎墨公路的全线贯通，墨脱县医疗卫生服务体系不断完善，医疗服务水平不断提高、医疗队伍不断发展壮大。农牧民“看病难、看病贵”问题得到进一步解决，初步实现了“小病不出乡、大病不出县”的基本目标，墨脱县的医疗卫生事业取得了可喜的成绩。

（一）医疗卫生基础设施完备

1956年12月，墨脱宗成立宗办事处，办事处下设民政科，负责民政医疗卫生工作。1994年卫生局独立，直到2002年10月机构改革时，墨脱县卫生局核定行政编制2名，科级领导职数1名，并将计划生育办公室更名为计划生育委员会，为墨脱县卫生局管理的副科级机构。

1960年，墨脱县成立卫生院（在米林县派区）。墨脱县在建立初期，由最开始的一家不足40平方米，医疗服务人员不足5名的卫生医疗机构，至2015年年底墨脱县共有县直医疗机构3个，分别是县卫生服务中心、藏医院、疾病预防控制中心，乡（镇）卫生院有8所。

表8-1 墨脱县医院的建筑面积和医务人员

时间	面积（平方米）	科室	医务人员（人）
1960年	40		5—6
1977年	598	口腔科、内科、外科、孕妇接生、消化道、呼吸道流行性感冒等疾病的预防和治疗	14
1987年	957		
2000年	1658	内科、外科、妇科、儿科、五官科、藏医科、传染科、放射科、妇幼保健科，急诊室、供应室、药房、挂号室、收费室、检验室、藏医室、心电图室、超声波室、胃镜室、病房护理部、门诊注射室、手术室、财务室、后勤室等	63
2005年	1658		42
2015年	1787		104

截至2016年8月，墨脱县目前有药品零售店1家，个体诊所两家。有医护人员104名（核定编制卫生专技人员119名），医技人员中具有中级职称3人，初级职称及以下73人。其中执业医师20名，每千人拥有执业医师数1.14人。墨脱县46个行政村村医生有88名，基本实现了一个行政村两名村医的目标。①

表8-2　　2016年墨脱县卫生工作人员情况　　（单位：人）

单位	编制	人数	正式	合同	公益性	临时工	职称		学历			执业医师	助理医师
							中级	初级	本科	大专	大专以下		
卫生服务中心	23	68	40	9	13	6	4	20	8	33	27	9	3
藏医院	6	9	8	1	0	0	1	5	7	2	0	5	0
疾控中心	7	11	6	3	2	0	3	6	4	5	2	4	0
妇幼保健院	3	0	0	0	0	0	0	0	0	0	0	0	0
达木乡卫生院	13	6	4	1	1	0	0	0	1	4	1	0	0
格当乡卫生院	12	4	4	0	0	0	0	1	2	2	0	0	0
甘登乡卫生院	8	2	2	0	0	0	0	0	0	2	0	0	0
加热萨乡卫生院	9	4	3	0	1	0	0	1	2	1	1	0	0
帮辛乡卫生院	11	5	4	0	1	0	0	0	0	4	1	0	0
德兴乡卫生院	10	5	4	0	0	1	0	0	0	4	1	0	0
背崩乡卫生院	13	7	5	0	2	0	0	0	1	6	0	0	0
墨脱镇卫生院	7	0	0	0	0	0	0	0	0	0	0	0	0
总数	122	121	80	14	20	7	8	33	25	63	33	18	3

资料来源：根据2016年墨脱县卫生工作人员情况表整理。其中，藏医院有3人来自墨脱镇卫生院，实际只有6人，并且妇幼保健院由卫生服务中心工作人员兼职。墨脱县卫生局编。

2015年年初新成立了藏医院，独立开设有门诊、住院、外治、理疗、药浴等基本医疗工作部门，现藏医院人员有7名，其中中级职称1名，初级职称6名。

（二）卫生服务体系不断完善

2011年完成背崩乡中心卫生院业务用房改扩建项目、帮辛乡卫生院业务用房项目、县卫生服务中心24套职工周转房。

2012年援藏投资28万元用于改善墨脱县卫生系统工作人员办公条

① 墨脱县卫生局：《2011—2015年卫生工作总结》（电子版），2016年，第4页。

件；投资45万余元建设了简易血站和医疗垃圾处理系统。

2013年国家投资1688.88万元的县卫生服务中心医技楼改扩建项目，建设规模2915平方米，现已建成并投入使用。

2014年改扩建格当乡卫生院297.14平方米，国家投资100.07万元，已竣工并通过验收；改扩建村级卫生室432.6平方米（均为木板房），投资73.92万元，已投入使用。2014年8月，广东援藏援墨医疗工作队投资新建卫生服务中心消毒供应室，项目总投资57.58万元，面积40平方米。

2015年7月墨脱县急救站和卫生监督所综合业务楼项目完工，总建筑面积310.08平方米，投资115.08万元（国家投资1074454.79元，本级财政投资76345.21元）。不断提升墨脱县突发公共卫生事件应急处置能力和卫生监督执法能力。

德兴乡卫生院改扩建项目，总面积297.14平方米，国家投资100.07万元，已通过验收并投入使用。

墨脱县卫生服务中心住院楼改扩建项目，建筑面积2138.89平方米，679万元（国家投资6203140.75元，本级财政投入586859.25元），等待验收并投入使用，其大大改善了墨脱县群众就医住院环境，缓解了群众住院治疗需求。

表8-3　　2011年至2015年墨脱县卫生局投资项目一览

序号	项目名称	建设性质	建设规模（平方米）	建成年份	投资类别	总投资（万元）
1	背崩乡中心卫生院业务用房	改扩建	241	2011年	国投	150
2	帮辛乡卫生院业务用房	改扩建	81.6	2012年	国投	40
3	县卫生服务中心医技楼业务用房	改扩建	2915	2013年	国投	1688.88
4	格当乡卫生院业务用房	新建	297.14	2014年	国投	100.07
5	村卫生室	改扩建	432.6	2014年	国投	73.92
6	县急救站和卫生监督所综合业务楼	新建	310.08	2015年	国投	115.08
7	德兴乡卫生院业务用房	改扩建	297.14	2015年	国投	100.07
8	县卫生服务中心住院楼	改扩建	2138.89	2015年	国投	679

资料来源：根据2011年至2015年卫生工作总结整理，墨脱县卫生局编。

通过表8-3可以了解到，墨脱县各医疗单位的项目快速建设，改善了墨脱县的基础设施建设薄弱的局面，为提高县医疗卫生服务水平创造了有利条件。

（三）医疗服务水平不断提高、医疗队伍不断发展壮大

墨脱县卫生服务中心和各乡卫生院医疗设备不断完善，服务能力水平不断提高。墨脱县卫生服务中心正在申报开展二级综合医院创建工作，主要科室有外科、内科、儿科、妇产科、放射科、B超室等。目前拥有的先进医疗设备如下：500毫安数字化X光机DR2800、500毫安X光机、脑电图、全自动生化分析仪AU-480、全自动生化分析仪URIT-80、便携式黑白B超DP-50、便携式彩色B超、心电图机、彩色B超机（台式）DC-7、全自动血细胞分析仪BC3000、胎儿监护仪、自动洗胃机SC-Ⅱ、多参数监护仪一拖六、电子胃镜、麻醉呼吸机、心电监护仪、冷藏柜、台式离心机等总价值约507.2万元的医疗设备。2015年年底，墨脱县分别为各乡镇卫生院、村卫生室配备了40.3346万元的医疗器械及23.6万元的办公设备，进一步改善了乡镇卫生院医疗条件，提高了乡镇卫生院医疗水平。

2011年，墨脱县门诊人数10818人次；2015年，墨脱县门诊人数24850人次，同比增长129%。

此外，医疗人才培训渠道不断拓宽。以“请进来、送出去”的方式不断加强人员培训力度，创新培训方式、丰富培训内容，每年以医技人员总数的2/3接受和完成核心内容对口专业的业务指导培训。2012年培养村医以来，每年完成了70人以上人员培训任务。目前村医队伍基本能完成医疗、预防、保健和诊疗，参与传染病救治、突发公共卫生应急事件处置工作。为“小病不出村、中病不出乡、大病不出县”的目标奠定了基础。

四　新型农村合作医疗（新农合）的发展壮大

新型农村合作医疗制度，简称新农合，是由政府组织、引导、支持，农民自愿参加，个人、集体和政府多方筹资，以大病统筹为主的农民医疗互助共济制度。2002年10月，中国明确提出各级政府要积极引导农牧民建立以大病统筹为主的新型农村合作医疗制度。2009年，中国做出深化医药卫生体制改革的重要战略部署，确立新农合作为农村基本医疗保障制度的地位。

截至2016年，墨脱县新型农村合作医疗制度从无到有、从雏形到完

善，医疗补偿模式也在实践中修改和完善，合作医疗制度已实现全面覆盖。新农合制度的实施，切实有效地解决了墨脱广大农牧民群众“看病贵，看病难”的民生问题。

（一）深化医药卫生体制改革全面启动

自2004年农牧区新型农村合作医疗保障制度在墨脱镇试点，2005年新农合体系在墨脱县全面建立后，农牧区医疗制度体系逐步完善。至2011年，全县参加农牧区医疗制度9249人；2015年10195人，同比增长10.2%。农牧区医疗制度财政补助标准由2011年的260元/人，提高到了2015年的420元/人，4年增加160元/人。2011年大病统筹报销1309736.36元，2015年大病统筹报销补偿达到353.38万元，大病统筹报销逐年提高。农牧区医疗制度的巩固和完善，有效缓解了农牧民因病返贫、因病致贫现象。

表8-4　　2011年至2015年墨脱县新型农村合作医疗参保情况

年份	2011	2012	2013	2014	2015
人数	9249人	9455人	9598人	9692人	10195人

资料来源：根据2011年至2015年卫生工作总结整理，墨脱县卫生局编。

表8-5　2011年至2015年墨脱县新型农村合作医疗大病统筹报销情况变动

年份	2011	2012	2013	2014	2015
金额	1309736.36元	936869.64元	3315846.02元	2489051.8元	3533806.95元

资料来源：根据2011年至2015年卫生工作总结整理，墨脱县卫生局编。

（二）落实妇幼计生政策

当地始终把降低孕产妇死亡率和婴幼儿死亡率作为县妇幼工作的重点和难点，坚持以保障妇幼健康为目的，面向基层，面向群众。2015年住院分娩补助金由100元、300元、500元统一调整为500元。近年来始终坚持对墨脱县妇女孕前期检查和孕早期发放叶酸工作，进行免费孕前检查及“两癌”筛查，孕产妇住院分娩率达67.64%，0—6岁婴幼儿死亡率下降到3‰。

2011年“一孩、双女”户困难户有66户，补助720元/户；2015年83户，补助960元/户，5年内增幅240元/户。

（三）实施城乡居民免费健康体检

2012年开始实施城乡居民暨在编僧尼免费健康体检工作。到2015年农牧民及在编僧尼体检率已达到99.8%和100%，并且都建立了完善的健康档案，做出了科学的健康评估。尤其是将糖尿病和高血压病患者纳入慢性病随访人群中，并对糖尿病、高血压等慢性疾病患者进行随访管理。

表 8-6　　“十二五”期间居民健康体检情况变动

年份	2012	2013	2014	2015
人数	10699 人	10622 人	11064 人	11244 人

资料来源：根据2012年至2015年卫生工作总结整理，墨脱县卫生局编。

（四）稳步推进国家基本药物制度

稳步推进国家基本药物制度建设，严格按照“防治必需、安全有效、价格合理、使用方便、藏中西医并重”的原则，实施国家基本药物制度、西藏地方基本药物制度。墨脱县乡卫生院全部配备和使用基本药物，同时全部实施基本药物零差率销售。

（五）强化疾病预防控制工作

全面实施国家免疫规划工作，加强对0—4岁儿童单苗接种工作，接种率达到了95%以上。结核病、艾滋病防治工作不断加强，按照《结核病实施方案》，将墨脱县结核病人纳入村级管理并定期到乡村督导、宣传。坚持地方病防治工作，加强疟疾、鼠疫、碘缺乏病、大骨节病防治工作，力争在2018年同全国一道实现“消除疟疾”的总目标。

（六）加强卫生应急工作

卫生应急工作进一步加强。定期定时开展地震应急演练、防暴演练，配备应急药品，制定墨脱县突发公共卫生事件应急预案，实施应急演练，成立以墨脱县政府副县长为组长的应急处置领导小组，并成立突发公共卫生事件监测和现场处置小组、医疗救治和后勤保障组，层层落实责任，确保早发现、早报告、早处置，落实疫情“打早、打小、打了”处理机制，切实提升应对处置能力。

（七）卫生监督执法能力不断提升

“十二五”期间，墨脱县理顺卫生行政执法体制，开展了综合行政执法，努力抓好行政执法队建设。协同有关执法部门对住宿行业、美容美发、娱乐场所、学校卫生、医疗机构等公共场所开展执法检查并办理相关证件。

（八）发挥特色优势，促进藏医药事业发展

积极发展藏医产业，有常用藏药品94种。从2015年年初成立至今，墨脱县藏医门诊就诊1065人次，住院40人次，能进行药浴、久巴治疗、烤电、针灸、拔罐、颈椎牵引、电针人、艾灸等适宜技术治疗，其中藏药浴受到农牧民的追捧。

（九）发挥援藏工作队作用

“十二五”期间，援墨医疗队推动“爱心医疗援助行动”，共在县卫生服务中心开展妇科各种手术83台及各种清创34例。共开展抗生素使用原则、分娩过程要点讲解与模型练习、病历书写规范等医疗课程23次，共培训县、乡、村三级医护人员365人次。医护人员到广东省市共培训8人，时间220天。2014年8月广东省援藏援墨医疗工作队，投资新建卫生服务中心消毒供应室，项目总投资575800.00元、面积40平方米。其间，为县卫生服务中心添置临床操作技能培训模型、床位消毒机、电解质分析仪、非接触性水龙头等医疗设备。①

第二节 医药事业的崛起

墨脱县地处热带向亚热带的过渡地带，这里气候温和，四季如春，冬暖夏凉，县城年均气温17℃。独特的地理环境和气候条件，使得墨脱县境内的生物资源十分丰富，原生植物多达1528种，其中药用类植物达1351种，占亚热带区域组成植物种类的86%，是西藏中草药品种最齐全的县份，也是西藏最大的药物基因库。

一 传统医药简述

墨脱林区药用植物资源异常丰富，是西藏自治区药材资源种类最丰富的地区。西藏自治区一些紧缺的、依靠进口的热带及亚热带药材许多都可以在此找到。据不完全统计，墨脱有药用植物490余种，主要分布在山地热带雨林、季雨林，山地亚热带常绿阔叶林，以及山地暖温带针阔混交林中。

山地热带雨林、季雨林中主要有见血清、密花石斛、高斑叶兰、鹅毛

① 相关数据均来源于墨脱县政府卫生局。

玉凤花、海芋、毛过山龙、螳螂跌打、美脉杜英、墨脱胡椒和歪叶榕等；山地亚热带常绿阔叶林中主要有绞股蓝、攀茎钩藤、美果几节、蛇根草、滇丁香、铜锤玉带草、接骨草、黄独和黑风藤等；山地暖温带针阔混交林中主要有独龙小檗、黄水枝、多茎景天、紫花络石、血见愁、虎刺、水红木和茅瓜等；在山地较高海拔地段，还有粗茎红景天、珠子参、滇川唐松草和苞叶雪莲等种类。其中，具柄胡椒、美脉杜英、苞叶雪莲等，是著名的藏药材。

千百年来，生活在墨脱的门巴族和珞巴族依靠这些丰富的药物资源，在同疾病作长期斗争中逐步形成了自己独特的医药文化。他们利用大山丰富的原生药治疗各种疑难杂症和风湿骨痛，取得了显著的疗效。过去每个村寨都有“巫医”，他们不仅是村落的精神领袖，也承担民间医生的职责。这些民间医生，平时在家劳作，受人之邀也常为他人治病，形成了一套极具地方特色的医药理论和实践。

二　藏医学事业的发展

墨脱民主改革以前，主要是寺庙僧人从事一般常见疾病的民间藏医治疗。民主改革以后，在党和政府的大力扶持下，1977 年 9 月县医院成立时，在门诊开设藏医科。据县卫生局统计，1977 年 9 月至 2000 年 12 月期间，藏医工作人员自动上山采集野生药材 3000 余斤，共诊治 38720 人次。2000 年 12 月至 2005 年 12 月，藏医工作人员共诊治 973 人次。墨脱县人民医院所用的藏药主要来自林芝地区奇正藏药厂，用以治疗胃癌、关节炎等疾病。

历史记载藏医已有 2300 多年的历史，它对世界屋脊上的藏族人民的生存、繁衍生息、生产力发展等方面做出了巨大贡献。藏医学鼻祖宇妥云丹贡布集古代藏医之大成，吸收四方医学的精华，编著了《四部医典》，该巨著是 80 幅唐卡的最早来源。8 世纪初，吐蕃王朝侍医比吉赞巴希拉，编绘《尸体图鉴》26 章。《尸体分布图》《活体及尸体测量》等藏医腹腔图画见于许多藏医历史典籍。1730 年圆满完成了《四部医典系列挂图》79 幅藏医唐卡画图的绘制。史籍记载，唐卡画图是为了使《四部医典》通俗易懂，从学识渊博者到初学的童龄均能理解，犹如一颗掌上透明珠宝，一目了然。藏医 80 幅唐卡是祖国医学宝库的璀璨明珠，是藏族人民智慧的结晶。1998 年由强巴赤来教授担任主编，编写了藏、汉、英《四部医典80幅彩色挂图释难蓝琉璃之光》，作为注解的小圆圈图表5000多幅，为系列挂图起到了画龙点睛的作用。具有独特理论与丰富临床经验的藏医学，是祖国医学宝库中的瑰宝。藏医通过望、闻、问、切、尿等诊断病情，做出结论。

（一）“望诊”：是根据病人的表情、气色等特征进行诊断的技术。面部十分痛苦，多为新病（急性病）；精神不振，多为久病（慢性病）；面色红的多属热症；面色黄的多属湿症；面色白的多属失血虚症；面色青的多属风症；患者弯腰手按腹部的，多属急性腹痛；体瘦的多属阴虚；体胖的多气虚、多湿。舌质红而不淡不深且润泽的属正常，舌苔艳红的多属热症；红面干多属阴虚火旺；深红多属血热；紫暗的多属瘀血；白苔属表寒；薄白润滑属外感风寒或虚寒症；黄苔属热症；黑云多属阳虚寒重。

（二）“闻诊”：是通过耳听、鼻嗅诊断疾病的方法之一。

（三）“问诊”：是藏医通过提问对病人的病情病史进行全面的了解。

（四）“切诊”：是藏医用切（摸）脉来诊断疾病的方法之一。通常以高骨（骨茎突外）为根，根前为村，根后为强，用食指、中指、无名指分别切村、根、强，通过浮脉、沉脉、迟脉、数脉、细脉、洪脉、弦脉、滑脉来判断疾病。

（五）“尿诊”：是藏医观察疾病的主要手段，也是别具一格的诊断技术。通过细棒搅拌患者的尿液，看尿的泡沫多少、大小、消失快慢、颜色，有的还要嗅尝尿味，即可确诊。

藏医除内服药物和外治疗法治疗疾病外，对患者的饮食起居也很重视。在内服药方面，根据“以毒攻毒”“寒者温之”的原则，依据药物的性味和效能，针对病情而选择用药。外治疗法内容多种多样，有烧灯花、放血、热敷、冷敷、蒸气疗法、温泉洗澡等办法。藏药包括植物、动物及矿物药，有单方也有复方。

第三节　墨脱县社会保障制度的稳步完善

文化传统是制度设计理念的基石。一个社会的福利观对社会保障制度及其实践的影响力比具体技术更为突出，因为它不仅决定着制度的出发点和发展路线，而且影响着制度的运作和变革。

一　墨脱传统的社会保障

墨脱县门巴族和珞巴族传统的社会福利观念不仅对当地的社会保障实践产生了深刻的影响，也在一定程度上对现代社会保障制度产生了某种启发。

以家庭为核心的传统社会福利观念认为，个人在照顾自己及家庭之余，有责任为社会上其他不幸人士提供力所能及的帮助。随着时代的发展，建立在个人和家庭道德责任基础上的中国传统社会福利观开始转变，传统宗族制度逐渐瓦解，其在保障功能方面也有新的演化。当前，墨脱县以中国传统的个人、家庭负责制为主，发挥社会团体作用，实施政府承担有限责任的社会保障制度。传统的社会福利观在墨脱大山现代社会保障制度的建立和发展过程中贯穿始终。

墨脱县境内，勤劳勇敢、纯朴善良的门、珞、藏、汉各族继承着中华民族尊老爱幼的传统美德。家庭长辈是最受尊敬的人，在家庭之中除父母之外，还有舅舅是最受尊敬的人。老人对子女爱若至宝，从小就培养子女勤劳勇敢和艰苦朴素的品质。嫌弃老人、虐待子女和弃婴现象要受社会的谴责，因此这种现象极为少见。

二　现代社会保险制度成果显著

自2011年7月墨脱县人力和社会保障局成立以来，以五项社会保险为中心，创新管理模式，实行“一站式”服务，五项社会保险的覆盖面在逐渐扩大。当前，墨脱县已在城市建立了完善的社会保险体系，并且继续扩大征缴面，从而保障企业职工的合法权益。依据《中华人民共和国社会保险法》，努力做好了各项保险的统筹和保险费的收缴工作，完成了各项社会保险指标。

（一）2012年社会保险参保情况

1. 完成基本养老保险参保人数达162人，共征缴基本养老保险费383.44万元，征缴率达到100%；

2. 完成墨脱县干部职工医疗保险参保人数达844人，共征缴基本医疗保险费1923.4万元，征缴率达到100%；

3. 完成事业单位失业保险参保人数达472人，共征缴基本失业保险费177.21万元，征缴率达到100%；

4. 完成墨脱县干部职工生育保险参保人数达844人，共征缴生育保险费 63.47 万元，征缴率达到 100%；

5. 完成事业单位工伤保险参保人数达 472 人，共征缴工伤保险费 29.58 万元，征缴率达到 100%；

6. 完成城镇居民基本医疗保险参保人数达 576 人，参保率达到 100%；

7. 完成城镇居民社会养老保险参保人数达 146 人，共征缴城镇居民社会养老保险费 1.82 万元，其中，寺庙僧尼参保人数达到 27 人，参保率 100%，征缴率达到 94%，城镇居民养老金发放率达到 100%；

8. 完成新型农村养老保险参保人数达到 4073 人，征缴新型农村养老保险费 42.5 万元，征缴率达到 94%，基本养老金发放率达到 100%。

（二）2013 年社会保障参保情况

1. 完成墨脱县职工基本养老保险参保人数 193 人，共征缴基本养老保险费 142.38 万元，征缴率达到 100%；

2. 完成墨脱县干部职工医疗保险参保人数 961 人，共征缴基本医疗保险费 564.07 万元，征缴率达到 100%；

3. 完成事业单位失业保险参保人数 563 人，共征缴基本失业保险费 67.01 万元，征缴率达到 100%；

4. 完成墨脱县干部职工生育保险参保人数 1099 人，为投保人员拨付生育基金 18.87 万元，征缴率达到 100%；

5. 完成事业单位工伤保险参保人数 563 人，共征缴工伤保险费 11.20 万元，征缴率达到 100%；

6. 完成城镇居民社会养老保险参保人数 101 人，缴费人数 84 人，完成保险金收缴金额 2.37 万元，参保率 55%，征缴率 83%；

7. 僧尼参加养老保险 25 人，其中 60 岁以上 10 人，收缴金额 1500 元，参保率 100%，征缴率 100%；

8. 完成城镇居民社会医疗保险参保人数 567 人，收缴医疗保险金 2.7 万元，参保率达 94%，征缴率 100%。

（三）2014 年社会保障参保情况

1. 职工基本养老保险目标 198 人，征缴基金 176 万元，完成墨脱县职工基本养老保险参保人数 202 人，共征缴基本养老保险费 202.32 万元，征缴率达到 100%；

2. 失业保险目标 510 人，征缴基金 60 万元，完成事业单位失业保险参保人数 583 人，共征缴基本失业保险费 81.96 万元，征缴率达到 100%；

3. 城镇职工基本医疗保险目标 1092 人，征缴基金 547.69 万元，完成墨脱县干部职工医疗保险参保人数 1092 人，共征缴基本医疗保险费 824.26 万元，征缴率达到 100%；

4. 城镇居民基本医疗保险目标 647 人，征缴基金 25.88 万元，完成墨脱县干部职工医疗保险参保人数 670 人，共征缴基本医疗保险费 26.8 万元，征缴率达到 100%；

5. 工伤保险目标 579 人，征缴基金 15.17 万元，完成事业单位工伤保险参保人数 1238 人，共征缴工伤保险费 24.64 万元，征缴率达到 100%；

6. 生育保险目标 1121 人，征缴基金 24.69 万元，完成墨脱县干部职工生育保险参保人数 1238 人，为投保人员拨付生育基金 27.24 万元，征缴率达到 100%；

7. 城镇居民社会养老保险目标 185 人，征缴基金 3.36 万元，目前完成城镇居民（包含僧尼）社会养老保险参保人数 185 人，完成保险基金收缴金额 3.36 万元，征缴率 100%，完成年初工作目标 100%。

（四）2015 年社会保障参保情况

1. 完成墨脱县职工基本养老保险参保人数 198 人，共征缴基本养老保险费 250.40 万元，征缴率达到 100%；

2. 完成事业单位失业保险参保人数 654 人，共征缴基本失业保险费 122.54 万元，征缴率达到 100%；

3. 完成墨脱县干部职工医疗保险参保人数 1052 人，共征缴基本医疗保险费 988.38 万元，征缴率达到 100%；

4. 完成墨脱县城镇居民医疗保险参保人数 690 人，共征缴基本医疗保险费 2.89 万元，征缴率达到 98%；

5. 完成事业单位工伤保险参保人数 1202 人，共征缴工伤保险费 41.46 万元，征缴率达到 100%；

6. 完成墨脱县干部职工生育保险参保人数 1202 人，为参保人员拨付生育基金 33.17 万元，征缴率达到 100%；

7. 城乡居民基本养老保险参保人数 5233 人，60 岁以上 710 人，缴费金额 43.3 万元。自 2015 年 1 月本地基础养老金标准调整为 140 元，相比 2014 年增加 20 元。墨脱县城乡居民基本养老保险系统 9 套上线设备已保障到位，5 个乡镇已安装完成（除墨脱镇、达木乡外无法正常使用）。

2015 年内未出现新的社会保险费欠缴现象。

（五）2016 年上半年社会保障参保情况

1. 完成墨脱县职工基本养老保险参保人数 253 人，共征缴基本养老保险费 140.24 万元，征缴率达到 100%；

2. 完成事业单位失业保险参保人数 724 人，共征缴基本失业保险费 53.77 万元，征缴率达到 100%；

3. 完成墨脱县干部职工医疗保险参保人数 1147 人，共征缴基本医疗保险费 602.28 万元，征缴率达到 100%；

4. 完成墨脱县城镇居民医疗保险参保人数 728 人，共征缴基本医疗保险费 3.89 万元，征缴率达到 100%；

5. 完成事业单位工伤保险参保人数 1301 人，共征缴工伤保险费 24.81 万元，征缴率达到 100%；

6. 完成墨脱县干部职工生育保险参保人数 1147 人，为参保人员拨付生育基金 33.06 万元，征缴率达到 100%；

7. 目前完成城镇居民社会养老保险参保人数 1235 人，其中僧尼 23 人，60 岁以上 696 人。完成保险基金收缴金额 7.14 万元，征缴率 30%。

截至 2016 年 6 月底，墨脱县参加城乡居民社会养老保险总参保人数 1307 人，其中年满 60 周岁及以上人员 696 人，缴费人数 611 人，缴费金额 69900 元。

表 8-7　　　　2011 年至 2016 年墨脱县五险征缴情况　　　　（单位：人）

项目	2011 年	2012 年	2013 年	2014 年	2015 年	2016 年
基本养老保险	162	193	198	198	198	253
干部职工医疗保险	844	961	961	1092	1052	1147
事业单位失业保险	472	563	563	583	654	724
干部职工生育保险	844	1099	1099	1238	1202	1147
事业单位工伤保险	472	563	563	1238	1202	1301
城镇居民基本医疗保险	576	567	567	647	690	728
城镇居民社会养老保险	146（其中寺庙僧尼 27 人）	126（其中寺庙僧尼 25 人）	126（其中寺庙僧尼 25 人）	185（其中寺庙僧尼人）	5233	1235（其中寺庙僧尼 25 人）
新型农村养老保险	4073					

资料来源：根据 2011 年至 2016 年墨脱县人社局工作总结整理，其中部分数据缺失，墨脱县人社局编。

三　就业再就业工作开展情况

五年来，墨脱县政府认真贯彻落实就业再就业政策，积极建立、健全促进就业的长效机制；坚持和完善促进就业联席会议制度，加强与财政、税务和民政等职能部门的合作和协调；加强再就业资金管理、使用及跟踪问效，认真执行再就业资金管理、使用的各项规定，严格财会制度，提高资金使用效益，有效促进和推动了再就业工作。县政府出台了一系列旨在加快就业和再就业工作的措施，为农牧区富余劳动力提供再就业，施工队也积极响应政府号召，积极吸纳再就业人员。这些措施的实施，为进一步加快墨脱县就业和再就业工作，转移农牧区富余劳动力，增加农牧民收入，提高百姓生活水平和质量提供了强有力的保障。

墨脱县民政局为提高劳动者素质，促进本县人员的就业再就业，通过地区农培办要求，结合墨脱县实际，进行了年初农牧民培训计划，转移大量农牧区培训工作，并不断致力于开发就业岗位，到目前为止墨脱县民政局已经实现的有：

（一）实现城镇新增就业（包括“3545”人员及就业困难群体）328人，城镇登记失业率为2.17%；

（二）新增“零就业家庭”实现动态消零，确保困难家庭的高校毕业生全部实现就业；

（三）共举办各项培训41期，培训内容包括电工、装载挖掘机、中式烹调厨师、藏餐、旅游、民族歌舞、汽车维修、建筑业（木匠、泥工、钢筋工、建筑机械操作等）、茶业种植、大棚蔬菜种植等。培训人员共1606人，培训合格率达到90%，培训后就业率达到60%，实现农牧区劳动力转移就业5306人次；

（四）开发公益性岗位153个。

四　劳动监察与劳动维权

墨脱县劳务领域工程民工工资保障金一直由财政代收。各类工程承接之前，由承建方到财政局按10%收取额，交纳民工工资保障金。主要做法：一是民工工资保障金收取作为一项硬性规定执行。人社局参与工程项目拨款工作，前期和中期的拨款，拨款人需携带民工工资保障金收据到墨脱县民政局签字盖章，后期将根据相应工程项目民工工资支付情况，决定是否拨款。二是执行信誉公示制度。墨脱县辖区内所有工程项目一经发现有拖欠民工工资行为的，墨脱县民政局与财政联系，扣发相应工程项目的民工工资保障金，用于结算民工工资，并将情况在墨脱县进行公示。

五年来，墨脱县民政局在处理劳动监察和劳动人事争议仲裁过程中，始终坚持依法、公平、公开、公正原则，较好地维护了劳动者和用人单位双方的合法权益，促进了墨脱县劳动关系的和谐稳定。结合“就业政策宣传月”“春风行动”和“政策主题宣传年”等活动，墨脱县民政局共监察墨脱县施工项目 99 余家，用工单位共计 96 次，现场悬挂 8 条就业宣传横幅，接受 143 余名农民工就业咨询。随后又走访街区、宾馆等地，发放《中华人民共和国劳动法》《中华人民共和国劳动合同法》等宣传资料千余册。共接到农民工上访投诉案件 144 起，涉案人数 731 人，涉案金额达 1132.76 万元；目前已调解 141 起，为民工追回拖欠工资 982.72 万元，劳动争议案件调解率为 97.9%。

五　人才需求和培养

（一）人才需求及人才培养工作。墨脱县民政局对各乡（镇）、县直各单位专技人才需求进行了全面分析，经统筹考虑，科学合理地制订人才需求计划。2016 年墨脱县事业单位工作人员（专业技术人员）需求共计 342 人，其中大专及以上 175 人，本科及以上 167 人。涉及医学、农学、会计、旅游、新闻（传媒）、师范（幼师）、文秘、城镇规划等专业。

为推动墨脱县人才队伍建设，加快技能人才培养步伐，提高职业技能水平和业务素质，墨脱县民政局组织墨脱县各单位 8 名工人参加了工人技术等级考核，34 名公益性人员参加了社会化职业技能鉴定。

（二）公共服务平台建设工作。墨脱县民政局为进一步做好墨脱县基层劳动就业社会保障公共服务平台建设，在各乡镇和行政村中选配了兼职劳动保障协理员 62 名，以满足人力资源和社会保障事业发展公共服务需求，提高基层平台的标准化和规范化建设水平。

（三）建立人才资源库工作。根据市人社局有关文件要求，为进一步摸清墨脱县专业人才队伍现状，更好地让各类人才发挥专业作用，拟建立一个墨脱县相对完善、准确的专业人才资源数据库。目前墨脱县民政局已建立完成墨脱县各单位共 1037 名行政、事业干部的信息数据库，同时为墨脱县机关事业单位选人用人提供参考依据，做到人尽其才、才尽其用，为全面推动墨脱县科学发展提供人才保证。

六　工资待遇晋升工作情况

（一）普级晋升工作

墨脱县民政局结合墨脱县 2015 年度考核情况，指派专人负责对墨脱县干部职工晋升调资工作。经审核 2015 年“5 年滚动晋升”的共有 50 人，工资总增长为 9242 元，人均增长约为 184.84 元。“2 年正常晋升”的公务员有 292 人，工资总增长为 52769 元，人均增长约为 180.72 元；事业技术人员 230 人，工资总增长为 23956 元，人均增长约为 104.16 元；工人 55 人，工资总增长为 9452 元，人均增长约为 171.85 元。

根据藏组发〔2016〕264 号、墨政法发〔2016〕45 号和墨委〔2016〕65 号、66 号的文件要求，人社局指定专人负责，目前已全部完成墨脱县 67 名干部职工职务晋升的工资核算工作，其中正科 24 人、副科 41 人、科员 2 人。

（二）职务与职级并行工作

按照有关文件精神，经县委、县政府同意，向地区申报墨脱县职务与职级并行 2 人，其中副县级及以上的 1 人，正科级及以下的 1 人。由于人事变动等原因，2016 年墨脱县无符合职务与职级晋升人员。

（三）折算工龄补贴

根据市人社关于高海拔地区折算工龄补贴要求，人社局对墨脱县干部职工在高海拔地区经历进行核查统计，共有高海拔地区折算工龄补贴人数 89 人，其中机关在职人员为 77 人，事业单位在职人员为 9 人，平均高海拔地区折算工龄补贴为 74.70 元；退休人员为 3 人，平均高海拔地区折算工龄补贴为 59 元。

（四）退休工作

根据藏政发〔2012〕64 号文件精神，墨脱县人社局对 13 名同志退休后工资进行重新核算，并认真做好退休后的工资发放工作。其中，副县级人员 3 名，正科级人员 6 名，专业技术人员 4 名。

七　制度建设方面的特色

（一）对墨脱县工人、公益性岗位进行检查，看是否按时上下班，是否认真履行工作职责；每季度排查人员请销假情况，看人员是否按照规定请销假，杜绝不请假外出，请假不销假情况。

（二）保密制度方面，涉密文件及涉密电子设备等办公单独管理制度。

（三）监察情况。建立农民工工资保障机制，充分发挥劳动监察作用，完善农民工工资支付八项制度：1. 切实维护农民工的合法权益。2. 尊重农民工，理解农民工，保护农民工，关爱农民工。3. 依法维护农民工的合法权益，切实解决好农民工工资拖欠问题。4. 支付工资要诚信，按时足额是原则。5. 拖欠工资要清偿，员工权益要维护。6. 及时足额支付劳动者工资是用人单位的法定义务。7. 加大劳动保障监察和法律制裁力度，依法查处恶意欠薪违法行为。8. 解决农民工工资拖欠必须坚持“谁主管、谁负责；谁建设、谁负责；谁总承包、谁负总责；谁用工、谁负责”的原则。

（四）公共财产安全管理。墨脱县人社局办公室指定专人负责本局公有财产的综合管理，负责各类公有财产的使用、保管和维护。凡公有财产，不得私人占用。未经分管机关的局领导批准，不得外借，更不得自行变卖和处理，否则将追究相关人员的责任。下班时保持三关“关电、关水、关门”制度。

八 医疗保险基金考核工作

每年年底组织定点医院和定点药店的考核工作，主要从以下几个方面进行：一是检查医院领导重视程度，是否将医保工作列入医院重点工作；二是定期检查医院和药房运行中存在的问题，并要求医院和药房定期自查；三是如医院和药房新配用人员，要求要有一定的培训和相关政策的学习后方可上岗；四是要有医疗保险政策宣传栏和公布人社部门监督电话。

九 职称评审工作全面开展

明确县职称评审程序，严格职称评审工作初审制度。近三年新聘任初级专业技术职务 79 名，为 15 名教师申报中级专业技术职务，组织 6 次专业技术人员参加专业技术职务提升考试，36 名符合条件工人参加工人技术等级考试，受地区委托考查墨脱县副高专业技术职务教师 1 名，同时已完成了上述受到聘用人员的全部工资待遇。①

第四节　社会保障工作存在的困难及建议

我国的少数民族地区因多处在地理位置偏僻、自然环境恶劣、经济条件比较落后的地区，社会保障制度建设与我国的东部和中部地区相比明显滞后。贫困困扰下的西部民族地区迫切需要社会保障制度，但社会保障制度建设仍有许多不尽如人意之处，离广大群众的要求还有较大距离。当前存在的主要问题有：农村社会保障体系不健全、覆盖面小、保障水平低、社会化程度低、保障功能差、社会保障管理水平不高、社会保障资金运行风险较大，等等。② 由于墨脱县属于后发展地区，第二产业、第三产业发展滞后，社会保险基金征缴扩面极为困难，统筹面非常狭窄。

一　社会保障工作存在的困难

（一）缴费费率偏高，缴费压力大的问题。以养老保险为例，2015 年上半年，西藏自治区城镇在岗职工平均工资 5100 元/人每月。③ 按最低档次进行征缴，用人单位每用一个人就要承担养老保险基金 376 元/月，劳动者本人要缴 150 元/月。相对于最低工资标准为 830 元/月的墨脱县来说，社会保险缴费费率偏高，导致一些用人单位不参保，劳动者本人也不愿参保。这既损害了劳动者的合法权益，也增加了劳动保障维权难度。部分下岗失业人员和个体自谋职业者也因缴费基数高而无力续保。

（二）上级下达任务不切实际，任务繁重。同样以养老保险为例，在墨脱县劳动保障监察部门劳动用工备案的仅有 1850 人，全部按全区在岗职工平均工资为基数征缴养老保险基金计，墨脱县全年仅能完成养老保险基金 1956 万元。而上级下达给墨脱县的任务为 3710 万元（2014 年任务），并纳入绩效考评，任务艰巨且难以完成。

（三）机构设置和人员编制与社保工作不相适应。由于墨脱县是个小县，人员编制少，而社保经办机构人员更少，不能按社会保险基金管理制

① 相关数据均来源于墨脱县政府卫生局。

② 朱合理、谢冰等：《新型民族地区农村社会保障制度研究》，湖北人民出版社 2012 年版，第 3 页。

③ 刘庆顺：《西藏发布社保征缴标准，上年度在岗职工月平均工资 5100 元》，中国西藏新闻网，2015 年 6 月 24 日。

度设置不相容岗位，不利于社保基金的监管。

（四）平台建设需要完善。近年来西藏农牧民培训工作力度有了很大提高，为更好地开展墨脱县农牧民培训，提升农牧民培训工作成效，首先要考虑的就是硬件设施的建设。目前墨脱县培训还没有专门的场地，大部分培训项目都是租用场地或者委托给各乡镇培训，使墨脱县培训效率一直得不到提高。特别是墨脱县受地理条件限制，委托的个别乡镇有的不通路，给督管工作带来了极大不便。所以建议成立本县的技能培训中心，以便能集中资源、集中培训、集中管理。

（五）就业问题亟须解决。随着墨脱县建设不断加快，城镇人口也不断增多，就业方面的压力也随之增长。建议在每年的公益性指标上给予墨脱县倾斜，并且加大墨脱县就业优惠政策的支持。

（六）墨脱县人才队伍的建设仍然面临许多困难。一是墨脱生活条件艰苦，福利水平也基本上和其他县相同，因此许多分到本县工作的人才在工作的同时却想着怎么样才能调走。虽然墨脱县在管理方面制定了大量的制度、办法，但是人才流失现象依然严重。因此建议在工资福利水平上给予墨脱县适当调整。二是全县每年分配人才中一些专业不对口，影响了他们工作的积极性。建议每年新分配人员的时候，根据墨脱县所报人才需求情况材料，针对墨脱县急需紧缺的方面增加人员。三是随着社会建设的不断加快，现有人才的水平还有待提高，需要加强培养。建议增加墨脱县公务员培训名额和培训内容，并和上级部门开展人才交流和业务指导活动，以便让现有的人才队伍能跟上时代的步伐，更好地在现有岗位上继续工作。

（七）劳动争议仲裁亟须解决。墨脱县各乡镇村，其中加热萨乡、甘登乡以及部分行政村至今还不通公路，为帮助做好墨脱县劳动争议仲裁工作，希望能与相关部门协商，帮助实现墨脱县劳动争议仲裁机构实体化，并增加相应编制，配备基础办公设备。适当调高各级仲裁员津贴补助，为出行安全和执行配备劳动仲裁专用车辆，在县一级新建专门的劳动人事争议仲裁办公用房。

（八）完善基础设施，提高生活质量。希望国家加大对边境地区基础设施建设投入力度，特别是道路、文化广播，电影电视等媒体建设和互联网建设方面的投入力度，力争早日实现乡乡通公路、乡乡通网络、户户通有线广播电视。不断改善各类人才的生活环境，为墨脱县留住人才、引进人才，提供有力的保障。

二 完善社会保障制度的建议

墨脱县作为少数民族地区贫困县，要认识到社会保障在反贫困战略中的重要性。必须结合实际，找到一条与当地经济发展相适应的社会保障道路。就墨脱县目前情况而言，社会保障发展应着重关注以下几个方面：

（一）开展社会保障法律法规宣传，提高用人单位和劳动者参保意识

利用开展“春风行动”、农民工签订劳动合同“春暖行动”、送法下乡、送法进企业和宣传《中华人民共和国社会保险法》等活动之际，积极深入乡镇、企业进行劳动保障法律法规的宣传，让用人单位和劳动者知道，依法参加社会保险是法律赋予他们的义务，提高他们的参保意识。

（二）加大劳动保障监察维权力度，促进用人单位依法用工

认真贯彻落实《中华人民共和国劳动合同法》及实施条例，以开展清理整顿人力资源市场秩序、整治非法用工、打击违法犯罪等专项行动，促使用人单位与劳动者签订劳动合同，从而提高社会保险参保率。

（三）拓宽就业渠道，以就业促进社保征缴扩面

首先，落实优惠政策，扶持就业创业。坚持把公益性岗位开发作为解决困难人员就业的重要手段。科学发放小额信贷，使小额信贷更具针对性、安全性和效率性，就业帮扶、就业制度不断完善，困难人员就业扶持力度显著增加。其次，通过灵活的培训方式，增强培训效果。牢固树立抓培训就是抓就业的理念，以培训促进就业。2012 年，墨脱共开展 9 期就业职业技能培训，共培训 499 人。当年墨脱县城镇新增就业人员 826 人，城镇失业人员再就业 134 人，困难人员就业 75 人。墨脱县城镇失业率控制在 4.1%及以下。2013 年，墨脱县人力资源和社会保障局联合定点培训机构，开设农用拖拉机驾驶员、计算机操作员、餐厅客房服务、家用电子产品维修、创业培训等培训项目，培训期数 15 期，共培训 630 人。墨脱县城镇新增就业人数为 1007 人，城镇失业人员再就业人数为 153 人，就业困难人员就业人数为 106 人，城镇登记失业率为 3.62%，比林芝市下达的 4.1%控制线低 0.48 个百分点。[①]

（四）严格基金监督管理

墨脱县以“加强控制、规范运作、防范风险”为中心，以基金征收、

① 相关数据均来源于墨脱县政府卫生局。

管理、拨付三大环节为重点，全面实行基金票据“台账化”，基金收支“无币化”，账务结算“常态化”和内部审计“常年化”四化管理。深入开展警示教育，构建“不能违、不敢违、不愿违”的基金管理长效防范机制，确保了基金的安全运行。

（五）增加人员编制

墨脱县属门巴族和珞巴族两个人口较少民族聚居的人口小县，上级编制部门按人口基数核定给墨脱县的编制相应较少。随着经济社会不断发展，墨脱县社会保障工作业务不断增加，原核定给局机关、经办机构的人员编制已不符合社保基金监管的工作要求。特别是当前开展的城乡居民社会养老保险工作的经办机构，更无一人是在职在编人员，全部是公益性岗位和政府购买服务人员。这与社会保障基金监督管理制度严重不符。建议上级部门协调解决墨脱县社会保障管理部门及经办机构人员编制问题。同时，在下达社会保险征缴任务时，充分考虑墨脱县属于小县份、人口少、经济总量小、就业人员少的实际情况，相应减少承担的任务。

第九章

扶贫开发和民政工作稳步前进

精准扶贫是粗放扶贫的对称，是指针对不同贫困区域环境、不同贫困农户状况，运用科学有效程序对扶贫对象实施精确识别、精确帮扶、精确管理的治贫方式。[①] 一般来说，精准扶贫主要是就贫困居民而言的，谁贫困就扶持谁。按照政府规定，年人均纯收入2800元以下的属于贫困人口。目前，我国有14个片区，592个贫困县，12.8万个贫困村，这些地区大多交通不便，基础设施和公共服务条件较差。

2011年《中国农村扶贫开发纲要（2011—2020年）》颁布，按照“集中连片、突出重点、全国统筹、区划完整”的原则，以2007—2009年三年的人均县域国内生产总值、人均县域财政一般预算收入、县域农民人均纯收入等与贫困程度高度相关的指标为基本依据，考虑对革命老区、民族地区、边疆地区加大扶持力度的要求，国家在全国共划分了11个集中连片特殊困难地区，共14个片区，680个县，作为新阶段扶贫攻坚的主战场。

墨脱县作为国家级重点贫困县，地处边境地区，且又是门巴族和珞巴族两个人口较少民族聚集区，其扶贫开发工作成为重中之重。受制于交通瓶颈，墨脱县解决贫困的难度明显增大。首先，贫困人口大多分布在生态环境恶劣、自然资源贫乏、地理位置偏远的地区，这是扶贫工作中难度最大的部分。同时，由于自然环境恶劣，灾害频发，因灾致贫、因病致贫、因学致贫等现象时有发生。其次，基础设施比较滞后。由于墨脱县经济发展相较周边地区有很大差距，县财政相对比较困难，农牧区基础设施主要依靠国家投资建设，贫困地区基础设施建设尤为落后，

---

① 刘乐：《习近平出席中央扶贫开发工作会议并作重要讲话》，央广网，2016年1月26日。

严重制约着经济社会的快速发展。最后，墨脱县贫困人口整体素质较低。大部分贫困人群中，“惜杀惜售”的传统思想和小农意识十分浓厚，靠天吃饭的现状没有根本扭转。同时，贫困群众的文化与生产生活技能的缺乏，自身脱贫的需求和能力欠缺，商品意识、竞争意识淡薄，部分群众还较为严重地存在着“等靠要”思想，这些因素都是制约贫困地区发展的重要原因。

第一节　精准扶贫开发事业大发展

按国家新划定的2800元贫困线标准统计测算，截至2016年年初，墨脱县有低收入群众719户3150人（原定的指标数据是3133人，后地区又摊派给墨脱县17人，故指标数为3150人），占到全县总户数的31.3%及总人数的27.05%，较2010年（按1700元以下统计），增加了238户1177人。[①] 墨脱县针对新测定的719户3150人作为扶贫对象，采用入户调查，乡镇或工作队审核的程序，核查是否错报、漏报的低收入群众，完成了公选公示，并进行了建档立卡工作，实行动态管理。

表9-1　2010年至2016年墨脱县贫困人口统计

年份	国家贫困线标准（元）	贫困户（人）	贫困人数（人）	因病致贫人数（人）
2010	1700	481	1973	
2011	2300	719	3150	
2012	2300	601	2499	
2013	2300	732	3211	
2014	2300	732	3211	
2015	2300	732	3211	
2016	2736	668	2615	290

资料来源：根据墨脱县扶贫办2016年上半年工作报告整理，墨脱县扶贫办编。贫困户是指一般贫困户、低保户、五保户。

2016年，墨脱县共有668户贫困户，2615人，健康体检参与率达100%。其中患病人口290人，占总数的11%；健康人口2325人，占总数

① 墨脱县扶贫办：《墨脱县扶贫办2011—2015工作总结》（电子版），2016年，第1页。

的89%。贫困群众健康状况存在以下问题：患病人口超过半数以上为年迈或有残疾者，主要为高血压、肺结核、风湿患者较多，偏远乡村的患病人数较多。①

2011—2015年扶贫工作成绩主要体现在以下几个方面：

一是扶贫开发项目方面。共实施扶贫开发项目102个，其中面上扶贫项目65个，整乡（村）推进项目20个，林芝市财政专项扶贫资金项目11个，农业综合开发项目4个，国家开发银行投资项目1个，劳动力转移项目1个。项目总投资10545.68万元，其中国家投资7921万元，市配套180万元，县级配套626.84万元，群众自筹或投工投劳1817.84万元，732户贫困户3202人受益。

二是农业综合开发项目方面。共实施农业综合开发项目4个，项目总投资1673.84万元，其中国家投资1270万元，群众自筹或投劳403.84万元，带动项目区423户1923人受益。项目涉及种植业、养殖业、加工业、旅游业、林业、水利、交通、互助资金等多个方面，推动了墨脱县七乡一镇扶贫开发工作的有序开展，各项扶贫工作都取得了显著成效。主要表现在：

一　政策扶贫为扶贫开发提供了重要保障

墨脱县全面落实中央、西藏自治区、林芝市和墨脱县各项财政扶贫、税收扶贫、金融扶贫、产业扶贫、土地扶贫、生态扶贫、帮扶扶贫等政策，县财政收入很大比例安排扶贫开发投资。广大农牧民群众特别是贫困群众优先受益、直接受益，政策扶贫覆盖到了墨脱县贫困地区和贫困群众。

二　专项扶贫为扶贫开发提供了重要支撑

墨脱县坚持“政府主导、社会参与、开发扶贫、自力更生”的方针，加大资金投入，加强组织领导，瞄准贫困对象，突出关键问题，实施扶贫开发。项目建设中严格防止资金“跑冒滴漏”、项目建设上“短斤少两”。全县累计组织实施扶贫开发项目106个，累计投入1.2亿余元。实施完成改造中低产田4077亩，农田草场砼水渠31.12公里，乡

① 墨脱县卫生局：《墨脱县贫困人口健康状况分析报告》（电子版），2016年，第1页。

村公路总里程 148.79 公里，蔬菜大棚温室 117 座，栽种经济林木 1102.5 亩，扶持群众犏奶牛养殖 494 头，藏猪 4378 头，藏鸡 2500 只，新建牛舍猪舍 6426 平方米，农家乐 19 家，各类加工房 790 平方米等。贫困地区基础设施明显改善，收入明显增加，贫困人口大幅减少，按照 2300 元的扶贫标准，“十二五”时期的扶贫开发任务如期完成，实现脱贫人数达到 881 户 3974 人。

三　扶贫产业开发进展顺利

墨脱县扶贫开发按照“各炒一盘菜、共办一桌席”的方式，加强部门联系，密切部门合作，发挥发改、财政、农牧、水利、林业、科技等行业部门优势，积极开展扶贫开发工作。

（一）发展特色农牧业。墨脱县着力打造茶叶为农牧特色产业主打产品，整合国家、县财政、援藏投入资金共计 3328.39 万元，新建 7 个茶园。截至 2015 年，茶树种植面积达到了 3193 亩。投资 20 万元完成了茶叶中长期发展初步规划。“十二五”期间，种植香蕉、苹果、枇杷、蜜柚等不同良种共 3048.46 亩，87219 余株，投入资金约 1000 万元。

墨脱县建成蔬菜温室大棚 32 栋（每栋 640 平方米），总计投资 522 万元，每座温室年产反季节蔬菜 7000 斤，共可产蔬菜 20.3 万斤，按 5 元/斤均价计算，可实现收入 101.5 万元。按项目区 25 户种植户 127 人计算，户均年增加收入 4.06 万元，人均年增加收入 7992 元，改变了以往亩单产蔬菜销售收入 600 元的现状。

墨脱县共计改造低产田达到 4717.17 亩，使水稻亩产由原来的 500 斤提升到 800 斤以上，项目辐射面达到 5 个乡（镇）33 个行政村、1289 户、7729 人。共计开发香蕉种植面积 2500 亩，总投资 432 万元，年香蕉生产量达 500 万斤，按批发价 2 元/斤计算，年增加效益 1000 万元，项目区受益农户 665 户 3422 人，户均可增收 15038 元，年人均增收 2922 元。投资 100 万元建成嘎兴养鸡场养殖车间 600 平方米，平均日产蛋量 800 枚供应市场，每枚鸡蛋售价 1 元，日收入 800 元，月收入 2.4 万元，年收入 28.8 万元。从根本上解决了墨脱县以往吃鸡蛋难的现状，同时为养殖户创造出经济纯收入 18 万元以上。

墨脱县完成修建沼气池 800 户，共计投资 285 万元。通过开发建设农村沼气，直接治理了农村人畜粪便污染，减少了焚烧秸秆对大气的污染和

生态破坏，有效增加了土地有机质含量，提高了土地肥力。为发展无公害农产品、绿色食品、有机食品奠定了基础，使农业沿着高效、可持续方向发展。

（二）传承门巴族和珞巴族特色文化。以“突出亮点、试点先行、以点带面”的思路，加快门珞文化的挖掘、传承和弘扬，稳步推进文化产业发展。在与墨脱本土民族文化相融合的基础上不断得到提升，在传承和保护民俗文化的同时，进一步拓宽了农牧民收入渠道。

随着德兴竹编加工厂、帮辛石锅合作社等项目的建设、投产，带动了农牧民增产增收。2014 年德兴竹编加工厂年产传统竹编成品 7000 余件，群众增收 43.2 万元。帮辛石锅合作社经过 4 年的发展，加工销售收入达 400 余万元。2012 年，帮辛乡石锅加工技艺已被列入西藏自治区级非物质文化遗产名录，目前正在积极申报国家级非物质文化遗产。已经完成藤网桥、竹编、门巴服饰、珞巴藤竹帽、门巴黄酒等县级非物质文化遗产名录申报工作。

确定《墨脱邀请你》和《锅庄》两首为县歌，目前已完成录制。门珞文化挖掘、保护、收集和传承有序进行。目前共整理文字 3 万字、照片 180 张、视频 20 个，收集到手工制作技艺 9 个、宗教法会仪式 1 个、民间体育竞技 4 个、行政村地名由来 46 个、民间谜语 10 个和神话传说 3 个。已完成 46 个行政村“农家书屋”建设工程，并已投入使用。近年来，墨脱县共搜集文物 248 件，目前正在整理文物具体资料，开展文化产业中长期规划前期准备工作。在地区新华书店的大力支持下，墨脱县新华书店于 2015 年 2 月 1 日正式开门营业。

（三）藏医药产业。墨脱县藏医院成立于 2015 年 1 月 23 日，服务地点在县卫生服务中心综合楼内，约 180 平方米，开设的科室主要有门诊、住院、外治、理疗室和藏药浴室。内设 10 张病床，常用药品有 94 种，能够推广开展放血、针灸、火灸、拔罐、药浴等 6 种适宜技术服务。同时，积极开展藏药天然资源普查工作，摸清家底，把握好天然藏药材资源的利用度，制定和采取有效的保护性开发措施。2015 年由国家中医药管理局、西藏自治区卫计委安排，西藏大学农牧学院普查队共 29 人进驻墨脱开展普查工作，历时 12 天完成采集药用植物标本 531 种，压制样本 3186 份，样地 36 个。其中重点药材和名贵药材有：多叶黄金、重楼（七叶一支花）、珠子参、榼藤、络石、黄花档雪林、五味子、商陆、西语旌节花、斛蕨等，其余带回鉴定。

四　社会扶贫为扶贫开发提供了重要动力

2011年以来，按照自治区党委、政府，林芝市委、市政府的统一安排，墨脱县扎实开展“创先争优强基础惠民生”教育实践活动，组成了46个驻村工作队180多名干部开展驻村工作。按照“建强基层组织，维护社会稳定，寻找致富门路，进行感恩教育，办实事解难事”的五项任务开展工作。坚持党员干部联户帮扶贫困户制度，领导联系、部门帮扶，“大户、能人”带动，乡镇村干部抓好落实。做到了墨脱县贫困村村村有单位“帮”，贫困户户户有人“扶”，帮扶现金共计22.7万余元，帮扶物资折算达26.7万余元，被帮扶贫困户达199户846人，实现了墨脱县贫困村定点扶贫的全覆盖。

五　援藏扶贫为扶贫开发提供了重要外力

在广东、福建两省人民的无私援助下，特别是援藏干部高度重视墨脱县扶贫开发工作，积极参与专题扶贫工作会议，加大援藏扶贫工作衔接力度，积极争取资金，支持贫困乡、村发展，援藏帮扶资金达5308.2万元。

六　项目扶贫为贫困地区发展提供了重要助力

墨脱县先后实施了“墨脱镇墨脱村砂石厂建设”“背崩乡、达木乡整乡推进”等骨干工程项目，专项扶贫资金安排实施了农、林、牧、水等106个扶贫开发项目。覆盖墨脱县7乡1镇46个贫困村，基本实现了户有增收项目、村有特色产业。学校、卫生、广播电视“三有”目标基本实现，水、电、路“三通”目标80%已经实现。项目规划、实施组织与管理，充分尊重群众意愿，让贫困农户参与其中，调动了群众自我发展的积极性。

95个项目基本解决了多年来涉及农牧民利益最大、最迫切、最想办而未能办成的大事，极大地改善了贫困地区基础设施条件，农牧业综合生产能力明显提高，贫困群众收入大幅增加，稳定持续发展能力不断提升，相当一部分贫困群众依靠项目扶贫实现了脱贫致富。

七　产业扶贫为贫困地区持续增收提供了重要活力

墨脱县按照以农牧区低收入群众为对象，以产业开发为重点，以龙头企业和合作社为依托，以科技为支撑的五大产业化发展体系，紧紧围绕“六县”发展战略，着力打造“特色农牧业、高端定制旅游业、水电能源业，门珞民俗特色文化业，藏医藏药产业”的产业发展格局。2011—2015年，墨脱县共安排产业扶贫资金5213.84万元，实施产业扶贫项目60多个，受益群众达8500多人。

八　智力扶贫为贫困群众脱贫致富提供了重要内力

墨脱县扶贫开发始终把智力扶贫摆在突出位置，把智力扶贫作为扶贫开发的一项重要内容。按照“学有所用、学以致用、用有所获”的要求，因地制宜、灵活多样地开展智力扶贫工作。墨脱县举办各类培训班20多期，培训农牧民3000多人次。贫困群众由“要我富”到“我要富”的思想发生了深刻变化，由“输血”向“造血”能力不断增强。同时，墨脱县不断深化扶贫改革，因地制宜地建立完善扶贫开发体制机制，积极探索新形势下的扶贫开发新办法，总结完善扶贫开发的新经验，为墨脱县深入推进扶贫开发奠定了基础。①

第二节　易地搬迁扶贫项目进展顺利

一　2015年扶贫续建项目进展

（一）2015年墨脱镇高标准农田建设项目：该项目于2015年12月30日正式开工建设。目前，项目农业措施部分已全部完成。水利措施部分完成总工程量的55%，水利措施部分原计划于2016年4月底全部完成，但因多雨天气导致水渠遭遇严重泥石流、塌方等灾害，导致工期延误。

（二）扶贫农家乐项目：该项目于2015年8月10日开工，目前第5层框架已经完成，预计于2016年年底完工。

（三）玛迪村蔬菜大棚项目：该项目于2015年12月8日开工建设，于5月底竣工。

二　易地扶贫搬迁进展

“十三五”时期，墨脱县的易地扶贫搬迁对象主要是居住在深山、石

---

① 相关数据均来源于墨脱县政府扶贫办。

山、高寒、荒漠化、地方病多发等生存环境差、不具备基本发展条件，以及生态环境脆弱、限制或禁止开发地区的农村建档立卡贫困人口，优先安排位于地震活跃带及受泥石流、滑坡等地质灾害威胁的建档立卡贫困人口。

按照政府主导、群众自愿，量力而行、保障基本，因地制宜、科学规划，精确瞄准、创新机制，中央统筹、省负总责的工作原则，用五年时间对“一方水土养不起一方人”地方建档立卡贫困人口实施易地扶贫搬迁，力争“十三五”期间完成1000万人口搬迁任务，与全国人民一道同步进入全面小康社会。①

2016年是“十三五”开局之年，墨脱县将全面启动所辖5个乡易地扶贫搬迁工作，并分年度、分批次逐步完成墨脱县易地扶贫搬迁任务。

（一）易地扶贫搬迁规模

“十三五”期间，拟对墨脱县270户1120人（建档立卡169户686人）实施易地扶贫搬迁，涉及墨脱县5个乡，具体如下：

格当乡为92户362人（建档立卡92户339人）；

加热萨乡为62户263人（建档立卡21户97人）；

甘登乡为29户139人（建档立卡18户97人）；

帮辛乡为30户124人（建档立卡14户60人）；

达木乡为57户232人（建档立卡22户93人）。

表9-2　林芝市墨脱县“十三五”易地扶贫搬迁摸底调查情况

	规划搬迁规模				安置方式（人）			搬迁户可腾退宅基地及附属设施用地（亩）	具备复垦条件土地（亩）	搬迁户可退出或流转耕地（亩）
			其中		集中安置					
	户数（户）	人数（人）	建档立卡贫困人口（人）	整自然村搬迁人口（人）	小计（人）	行政村内就近集中安置	新建移民村（村）			
合计	270	1120	686	1120	1120		1120	2520	2520	1680
2016年度	70	300	124	300	300		300	675	675	450
2017年度	98	398	320	398	398		398	895.5	895.5	597
2018年度	102	422	242	422	422		422	949.5	949.5	633

① 国家发展改革委：《国家发展改革委等五部门联合印发实施“十三五”时期易地扶贫搬迁工作方案》，国家发展改革委网站，2015年12月8日。

（二）分布情况

搬迁对象涉及墨脱县5个乡5个行政村和1个回迁安置点，具体如下：

1. 格当乡分布情况：从米林县、波密县、巴宜区等地方回迁过来的92户339人，计划集中安置在格当乡下那巴安置点。

2. 加热萨乡分布情况：久当卡村、龙列村62户263人，计划集中安置到墨脱镇巴日村朗杰岗安置点。

3. 甘登乡分布情况：多卡村29户139人，计划集中安置到墨脱镇仁青崩老村安置点。

4. 帮辛乡分布情况：岗玉村30户124人，计划集中安置到格当乡桑珍卡村康卓典安置点。

5. 达木乡分布情况：珠村57户232人，计划集中安置到达木乡阿珍拉果安置点。

（三）安置方式

安置方式全部为移民新村安置，总共270户1120人。

三　易地扶贫搬迁主要建设内容

（一）安置住房建设总面积3.359万平方米：下娘巴安置点住房面积1.086万平方米；康卓典0.417万平方米；阿珍拉果0.696万平方米；朗杰岗0.788万平方米；仁青崩老村0.372万平方米。

（二）基础设施建设：安置区铺设道路7.22公里，铺设饮水管道16.5公里，架设电网9.7公里，其他附属设施5.6万平方米。

1. 安置点道路：下那巴1.8公里四级砂石路面；朗杰岗2.4公里砂石路面；康卓典2公里四级砂石路面；仁青崩老村2.5公里四级砂石路面；阿珍拉果4.5公里四级混凝土路面。

2. 安置点电网：下那巴2.3公里；康卓典3.3公里；阿珍拉果1.8公里；仁青崩老村1.3公里；朗杰岗1公里。

3. 安置区饮水管道：下那巴2公里；康卓典1.5公里；阿珍拉果10.5公里；仁青崩老村1.5公里；朗杰岗1公里。

4. 其他附属设施：下那巴1.5万平方米；康卓典1.1万平方米；阿珍拉果1.1万平方米；仁青崩老村0.9万平方米；朗杰岗0.9万平方米。

（三）公共服务设施建设：新建学校及幼儿园0.04万平方米，新建卫生院所 0.06 万平方米，其他村级服务设施 0.39 万平方米。

1. 下那巴安置点建设 0.04 万平方米幼儿园一所。

2. 新建卫生院：下那巴 0.01 万平方米；康卓典 0.01 万平方米；阿珍拉果 0.01 万平方米；仁青崩老村 0.01 万平方米；朗杰岗 0.02 万平方米。其中康卓典、阿珍拉果、仁青崩老村、朗杰岗卫生院建设已列入卫生系统“十三五”规划当中。

3. 其他村级服务设施：包括村会议室，村委会用房、村活动中心等。下那巴 0.07 万平方米；康卓典 0.07 万平方米；阿珍拉果 0.08 万平方米；仁青崩老村 0.05 万平方米；朗杰岗 0.12 万平方米。

（四）土地整治工程：基本农田改造 0.1345 万亩，新增及改善灌区面积 0.1345 万亩，宅基地复垦 0.01884 万亩。

表 9-3　林芝市墨脱县“十三五”易地扶贫搬迁工程建设任务计划

	安置住房（万平方米）	配套基础设施				公共服务设施			土地整治		
		安置区道路（公里）	铺设饮水管网（公里）	电网（公里）	其他附属设施（万平方米）	学校及幼儿园（万平方米）	卫生院所（万平方米）	其他村级服务设施（万平方米）	基本农田改造（万亩）	新增及改善灌面（万亩）	宅基地复垦（万亩）
2016 年度	2.24	6.9	13	4.6	3.1	0.04	0.03	0.22	0.0896	0.0896	0.01
2017 年度	0.795	1.8	2	3.3	1.6		0.02	0.12	0.0299	0.0299	0.0054
2018 年度	0.324	4.5	1.5	1.8	0.9		0.01	0.05	0.015	0.015	0.0034

表 9-4　林芝市墨脱县“十三五”易地扶贫搬迁安置点基础数据统计

乡镇	安置方式	序号	安置点名称	安置住房（平方米）	配套基础设施				公共服务设施			土地整治			迁出区生态修复（亩）
					安置区道路（公里）	铺设饮水管网（公里）	电网（公里）	其他附属设施（平方米）	学校及幼儿园（平方米）	卫生院所（平方米）	其他村级服务设施（平方米）	基本农田改造（亩）	新增及改善灌面（亩）	宅基地复垦（亩）	
格当乡	新建移民村	1	下那巴	10860	1.8	2	2.3	15000	400	100	700	434.4	434.4	35	
帮辛乡		2	康卓典	4170	2	1.5	3.3	11000		100	700	166.8	166.8	13.2	
达木乡		3	阿珍拉果	6960	4.5	10.5	1.8	11000		100	800	278.4	278.4	31	
甘登乡		4	仁青崩	3720	2.5	1.5	1.3	9000		100	500	150	150	80	
加热萨乡		5	朗杰岗	7880	2.4	1	1	9000		200	1200	315.6	315.6	29.2	

四　易地扶贫搬迁资金需求

墨脱县“十三五”易地扶贫搬迁规划估算总投资 27246.19 万元，其中安置区民房建设 5969.2 万元，安置区配套设施建设 18946.99 万元，其他费用（项目前期工作经费）1800 万元。

（1）总投资 27246.19 万元，其中包括 6720 万元国家易地搬迁投资（人均补助 6 万元）；

（2）安置区民房修建 5969.2 万元，其中包括 4590 万元国家补助；

（3）安置区配套设施建设 18946.99 万元，其中包括 2130 万元国家补助；

（4）国家易地搬迁投资 6720 万元=安置区住房建设 4590 万元+安置区配套设施建设 2130 万元。

表 9-5　林芝市墨脱县“十三五”易地扶贫搬迁规划资金需求（单位：万元）

	规划投资							
	总投资	安置住房	安置区配套设施建设投资				迁出区生态修复（含宅基地复垦）	其他（项目前期费用）
			小计	配套基础设施	公共服务设施	土地整治		
合计	27246.19	5969.2	18946.99	13213.19	3233.8	2500		1800
2016 年度	18303.99	3921.7	12532.29	9448.49	1583.8	1500		900
2017 年度	5942.2	1391.2	4231	2751	980	500		450
2018 年度	3000	656.3	2183.7	1013.7	670	500		450

根据 2016 年 5 月 1 日脱贫攻坚电视电话会议精神，墨脱县目前正加紧修改《墨脱县“十三五”脱贫攻坚规划》和编制《墨脱县“十三五”易地扶贫搬迁规划》，以上两个规划在 2016 年 5 月 12 日报送林芝市发展改革委。

目前正在实施的三个易地扶贫搬迁项目情况如下：

1. 格当自发易地搬迁项目：总户数为 90 户 368 人，其中：自愿回迁至格当乡桑珍卡村下那巴安置点的有 64 户 295 人，项目计划总投资 4498.35 万元。2015 年年初在县政府财力紧缺情况下，预算安排资金 2072 万元，通过上级部门争取建设资金 1612 万元。

自 2015 年 12 月全面开工建设以来完成的建设内容有：①概算投资

499.31万元（本级财政）的挡土墙工程完成8088.84立方米；②概算投资499.72万元、493.62万元的（本级财政）场地回填一期、二期工程完成填方93858.9立方米，平整场地面积98亩，于2016年5月29日竣工，并于6月1日通过县级自验；③概算投资267万元的下那巴回迁点二组道路硬化工程完成4米宽道路硬化173.2米及道路两边排水沟基础开挖工作，完成工程量的45%；④概算投资410.58万元（本级财政）的下那巴新建给排水及附属工程完成7米宽的道路硬化204.9米及卫生间、垃圾池修建工作，完成工程量的50%；⑤概算投资67.49万元的下那巴供水工程完成蓄水池建设及安装供水主管，待群众房屋建成后安装进户引水管道；⑥概算投资395.01万元的下那巴至尼木登道路桥梁工程完成桥梁两端桥台建设，完成工程量的90%，预计7月底全部建设完工。该道路桥梁修通后将开工建设概算投资499.52万元的格当乡下那巴土地整治工程和概算投资300.03万元的尼木登农田基础设施工程。按照县委、县政府制定的农牧民群众安居工程补助标准，总投资739.07万元的64户295人回迁群众安居工程正处于备工备料中，预计于7月中旬将全面开工建设。

2. 达木乡珠村地质灾害搬迁：该项目计划投资5800万元，正在建设帮辛公路至搬迁点（阿珍拉果）的道路，饮水工程处于施工前准备阶段。截至2016年年初，累计完成投资约20万元。

3. 加热萨乡久当卡村易地扶贫搬迁：该项目计划投资5728.8万元，截至2016年年初，完成巴日村至搬迁点2.5公里的道路建设，居民点和长耕地开发点共计300亩左右场地的附着物清理，大型机械已进入场地。截至2016年年初，累计完成投资50万元左右。

五　2016年项目申报和资金到位及工作进展情况

2016年以来，墨脱县先后申报了产业扶贫项目、微型基建项目、易地扶贫搬迁项目、易地扶贫商住楼、高标准农田建设项目等大小扶贫（农发）项目60余个，计划总投资约18728万元。已累计到位资金4744万元，分别是易地扶贫搬迁资金744万元，产业扶贫第一批项目资金4000万元。同时，国家投资1000万元的2016年高标准农田建设项目已通过市级项目评审，并已下达投资批复，7月底进行招投标；2014年度全区扶贫开发工作先进县（区）绩效建立资金1000万元已下达资金计划通知，预计7月底可到位县财政。相应的扶贫开发各项工作正在有序展开。

（一）继续做大做强茶产业

牢固茶产业主导地位，引进茶叶新品种，大力发展茶产业。加强茶园管理，2016 年上半年种植茶树 648 亩，制定落实《墨脱县茶叶基地后期管理实施方案》。同西藏旅游文化（集团）有限公司签订了墨脱县茶叶加工厂建设及产品加工销售协议，依托企业技术优势，人才优势，打造墨脱茶品牌。

（二）2016 年建档立卡情况

2016 年 3 月，墨脱县已完成墨脱县 668 户贫困户 2615 人建档立卡信息录入工作，并定期跟踪更新贫困户信息。同时，根据自治区最新要求，于 5 月 6 日完成由原来的 5 类贫困户属性向 3 类贫困户属性调整工作。

（三）社会帮扶及转移就业对接情况

根据林芝市脱贫攻坚指挥部关于与企业帮扶对接的相关文件精神，墨脱县积极开展企业帮扶工作。一是墨脱县于 2016 年 4 月与林芝市尼洋河风光带旅游开发有限公司沟通衔接。鉴于该公司的墨脱茶叶基地 2016 年 4 月刚开工建设，目前无法提供就业岗位，墨脱县将于 2016 年 8 月向该公司提供符合招聘要求的贫困户名单。二是 2016 年 5 月初与华能公司墨脱分公司沟通衔接。该公司目前吸纳 2 名贫困户，后续将帮扶更多贫困户实现就业。三是目前通过当选村干部、安排村兽医、科技特派员、地质灾害联络员、地质监测员等方式在墨脱县范围内解决了 55 名贫困群众的就业问题。四是通过林业渠道，安排湿地管护员、湿地监管员、自然保护区管护员、自然保护区监管员的岗位，拟解决就业 111 人，该项工作目前正积极与上级部门沟通衔接中。

（四）贫困户贴息贷款情况

墨脱县新系统录入工作于 2016 年 3 月底完成，从 2016 年 4 月开始执行贫困户贴息贷款政策。截至 5 月底，墨脱县共完成 17 户贫困户贴息贷款 126 万元。墨脱县将进一步完善贫困户身份审核确定流程，确保建档立卡范围的贫困户能及时享受贴息贷款政策。

（五）脱贫攻坚指挥部工作情况

1. 墨脱县于 2016 年 3 月成立墨脱县扶贫开发工作领导小组，设立了墨脱县脱贫攻坚指挥部，已动员各职能部门，使精准扶贫和脱贫攻坚工作有序开展。因县、乡两级换届及干部调整的原因，扶贫开发工作领导小组及脱贫攻坚指挥部成员变动较大，墨脱县扶贫办将在换届工作结束后，及时对扶贫开发工作领导小组及脱贫攻坚指挥部进行人员调整及补充，并报请县委、县政府批准。

2. 墨脱县扶贫办于2016年6月3日，将藏脱贫指办〔2016〕33号文件《关于实行脱贫攻坚工作周报告制度的通知》发送到县脱贫攻坚指挥部其余10个专项小组，并汇总11个专项组的负责人名单和每周工作重点报告表，上报至林芝市脱贫攻坚指挥部。日后各专项小组将实行周报告制度，明确各专项组责任，由县到市，由市到自治区，层层汇报脱贫工作。

3. 墨脱县扶贫办与县发展改革委、住建局、国土局，积极交流易地搬迁的相关事项，将整合部门资源，做好易地搬迁工作。

4. 2016年5月25日，墨脱县扶贫办向县人社局贫困户转移就业培训工作，提供贫困户名单。县人社局申报120个名额，实际参加就业培训的贫困户为40名，分别是汽车维修工培训2人、民族歌舞培训3人、中式烹饪厨师培训10人、装载挖掘机培训25人。①

第三节 扶贫工作存在的困难和建议

一 扶贫工作存在的困难

（一）欠账较大，基础设施发展滞后。墨脱县基础设施落后，严重制约当地经济发展。尤其墨脱县尚有2个乡镇和16个行政村不通公路，公路通乡率、通村率远低于全市平均水平；除扎墨公路外，境内多数路段为农村公路，抗灾能力弱、通行能力等都低。加之墨脱县自然灾害频发，经常发生交通中断。交通基础设施滞后是墨脱县在2018年脱贫摘帽的最大瓶颈。

（二）科技发展缓慢，产业化水平低。受交通制约影响，长期以来经济落后、信息闭塞，严重制约墨脱县的科技发展。墨脱县科技对农牧业贡献率不足20%，农业机械化率不足10%。产业发展落后、失衡，产业规模小、链条短、优势不优、特色不特，集聚效应差。缺少龙头企业对经济社会的拉动，缺少自主核心品牌，市场竞争力不强；缺乏产业发展示范

① 相关数据均来源于墨脱县政府扶贫办。

点、示范户，带头引领作用不强。

（三）群众增收渠道狭窄。截至2016年，墨脱县2736元标准以下的一般贫困户、低保户、五保户共有668户2615人，占总人口的19%。农牧民收入来源单一，从收入结构来看，19%来自农业收入，24%来自工资性收入，57%来自政府补贴；农业收入中包含很大一部分政府惠农补贴，实际农牧民收入中超过三分之二来自政府的转移性收入，到2018年如期全部完成脱贫任务十分繁重。

（四）自然灾害频发，制约经济发展。墨脱县山体滑坡、泥石流等自然灾害频繁发生。现有的基础设施抵制自然灾害的能力较弱，基础设施受到不同程度的毁坏，对有限的财力造成较大压力。因此，就墨脱县而言，实现2018年同林芝市一道率先全面建成小康社会目标的任务艰巨。

（五）贫困群众受教育水平低，缺少致富带头人。贫困人口教育水平低，观念落后，社会事业服务滞后。墨脱县贫困人口中，文盲和小学文化群体比例高，大专及以上文化水平基本没有。部分村级党组织软弱，村干部思想观念保守，市场信息不灵，缺乏带领群众致富的本领和主观能动性。缺少引领推进传统农业向现代农业转变的经营组织或带头人。

（六）贫困群众脱贫动力不足。贫困群众存在"等靠要"思想，脱贫致富的内生动力不强。因贫困群众政策优势越来越明显，大多数贫困户希望一直享受各种扶持政策，不愿意主动脱贫。

（七）单位性质限制，制约扶贫干部工作积极性。墨脱县扶贫办目前仍是纯事业单位，现实有干部8人，3名科级领导（正职领导为行政编制、副职领导为事业编制）和5名专业技术人员。由于受单位性质的限制，墨脱县扶贫办人员调配、晋升（职级）渠道狭窄，一定程度上打击了干部的工作积极性，不利于墨脱县扶贫开发工作有序推进。

二 意见及建议

（一）组织各种类型的脱贫攻坚专题培训。组织各县党政负责同志、分管扶贫工作领导及部门负责人，进行提升扶贫攻坚能力的专题培训班。深入学习贯彻中央扶贫开发工作会议精神和习近平总书记扶贫开发战略思想，深化认识，凝聚共识，交流经验，研讨问题，研究贯彻落实中央和市委市政府战略部署、深入推进全市脱贫攻坚工作的途径和方式。

（二）开通政策解答热线。在基层开展扶贫工作的时候，经常出现因对政策理解掌握不准确，导致工作出现偏差的情况。但目前上级指挥部各专项组之间的解释相互冲突，尚没有较为权威、准确的解答途径。因此，有必要在西藏自治区指挥部开通政策解答热线，方便基层扶贫工作者对政策的理解掌握。

（三）制定每月例会制。建议指挥部各职能组每月召开会议，集中交流经验、问题和建议，确保经验及时被借鉴，问题和纠纷及时被解决，意见及时被采纳，形成联动高效的运转系统。

（四）及时宣传表彰脱贫攻坚先进典型。通过各类媒体、扶贫信息网站，集中宣传脱贫攻坚工作的典型做法和先进经验。结合“10·17”扶贫日纪念动，对脱贫攻坚以来各条战线涌现出的先进典型进行表彰，切实营造脱贫攻坚浓厚氛围、凝聚正能量。

（五）强化精准脱贫政策落地的督查。自2015年以来，从中央到自治区、地（市）、各区县和乡镇，都围绕脱贫攻坚出台了一系列精准扶贫、精准脱贫的政策措施。但这些政策是否真正落地到贫困村、贫困户手中，还需要各级进一步加大政策落实的督导力度，随时随地对执行文件精神情况进行“回头看”，确保精准扶贫政策，尤其是产业、搬迁、教育、医疗等政策到户到人。

2018年11月3日，林芝市脱贫攻坚指挥部经综合考察决定，墨脱县累计减贫660户2695人，退出贫困村43个，贫困发生率由2016年年初的24.47%降至2018年年底的0.44%，达到脱贫摘帽标准。截至2019年12月底，墨脱县累计实现687户2737人脱贫，46个行政村全部脱贫。

第四节　民政工作成绩显著

一　民政工作开展情况

（一）五保户集中供养和孤儿集中供养

为推进墨脱县“双集中”供养工作，2012年2月墨脱县动工建设了墨脱县社会福利院。该项工程于2013年1月建设完成，工程总投资200万元，资金由国家投资。工程建设总面积682.5平方米，增设床位30张，目前已有墨脱镇、德兴乡等多个乡镇的30名五保户老人入住至福利院。

为进一步加强墨脱县“双集中”工作，墨脱县动工建设五保户集中供养服务中心项目。该项目核定建筑总面积3353.73平方米，新增床位87张，充分满足了墨脱县81个五保户集中供养的硬件要求，为有意愿五保户入住率达到100%的要求提供了充分的硬件保障。目前该项工程主体项目已完工，正在积极争取附属设施建设资金，即将完成建设并投入使用。

孤儿集中收养工作由市民政局统一负责。县民政局按照市民政局要求，及时对县域内有意愿集中收养孤儿人数进行了统计，并将相关情况报送至市民政局，下一步仍将继续积极配合市民政局做好孤儿集中收养的相关工作。

目前墨脱县“双集中”供养工作主要存在以下困难：一是随着五保户集中供养服务中心主体工程的建设完成，附属工程急需及时动工。附属工程初步预算200万元，希望上级部门能予以解决。二是福利院工作人员工作量较大，且由于墨脱是门巴族和珞巴族这两个人口较少民族的聚集地，要求工作人员掌握相关语言，以便更好地开展工作。但目前福利院公益性岗位人员和临时工工资较低，每人每月仅1200元，希望上级部门能适当提高敬老院工作人员的工资待遇，以提高工作积极性。

（二）2015年对城乡低保三大节日的生活补助发放情况

2月的“三大节日”期间，为使墨脱县城乡低保、五保户、优抚对象等社会弱势群体能够度过一个欢乐祥和的节日，墨脱县民政局对以上人员组织开展了相关慰问工作，其中为915名农村低保人员每人发放慰问金300元，共计274500元。为3名城镇优抚对象每人发放慰问金900元，共计2700元。为81名五保户每人发放300元慰问金，共计24300元。为1名农村优抚对象发放慰问金300元。为45名城镇低保人员每人发放慰问金900元，共计40500元。

（三）2015年城乡最低、五保、孤儿生活保障资金的发放情况

1. 2015年下拨低保资金情况：共计为城镇低保30户47人发放资金245622元；对农村最低生活保障有252户953人，发放低保资金1165612.2元。

2. 完成了低保档案建立及低保信息系统录入工作。

3. 完成2015年度五保金发放工作，为78名五保户老人下拨五保金343200元。

4. 完成 2015 年度孤儿保障金发放工作，为 27 名孤儿下拨保障资金 233280 元。

（四）城乡居民医疗救助

2015 年发放农牧区特困群众医疗救助金额 304248.16 元，救助人次 86 人次；发放城镇居民医疗救助金额 77164.38 元，救助人次 8 人，共计发放 381412.54 元。

（五）救灾救济工作情况

1. 自然灾害救助

为保障墨脱县受灾群众日常生产生活，墨脱县民政局对部分受灾乡镇发放了自然灾害救助资金，用以保障受灾群众日常口粮及其他生活用品购置，共计发放了 130000 元救助资金。

墨脱县民政局根据各乡镇上报缺粮户情况，在 11 月发放 2015 年冬令救济粮 30 吨。其中，墨脱县七乡一镇冬令春荒救济粮 60000 斤（60000 斤×2.8 元/斤=168000 元），运费 19000 元，共计 187000 元。

2. 各类临时、生活救助

2015 年，墨脱县民政局对各乡镇上报的有关困难群众生活救助的报告进行了认真审核，并对墨脱县 14 名困难群众发放了 100400 元救助资金。此外根据帮辛乡人民政府有关救助资金申请的请示，县民政局拨付帮辛乡 50000 元资金，用于救助该乡生活困难的低保家庭。

3. 流浪乞讨人员救助

2015 年，墨脱县民政局救助流浪乞讨人员 9 名，发放救助资金 3000 元。

4. 贫困学生救助

为保障墨脱县困难学生能够顺利完成学业，避免因家庭贫困出现子女中途辍学等问题的出现，一至三季度墨脱县民政局对达木乡 6 名困难学生每人发放了 1000 元救助资金，共计 6000 元。

为保障墨脱县在校孤儿能够顺利完成学业，墨脱县民政局对德兴乡在校孤儿发放 3000 元生活救助资金。

（六）加强乡镇救灾物资储备力度

1. 加强救灾物资储备力度

在自治区民政厅、林芝市民政局的关怀下，在县委、县政府的大力支持下，墨脱县救灾物资储备力度不断加大，截至2015年墨脱县各类救灾物资代储情况如下：

（1）县城总储备救灾物资：帐篷2085顶；棉被6350床；单衣裤500套；雨衣2095件；雨鞋2375双；胶鞋3270双；太阳能手电筒730只；防护服40件；防护面罩40只；防护手套40双；救生衣80件；口罩800只；蜡烛3200根；篷布23平方米；彩条布923米；铁丝120公斤；绳索750米；铁锹700把；钉子80千克；千斤顶8个；担架130副；十字镐160把；餐具23套；绒衣裤1800件；大衣500件；铁炉50个；棉褥3000床；折叠床550个；发电机8台；急救包100个；迷彩服300件；毛毯1850床；棉衣裤300件；绒手套1000双。

（2）墨脱县民政局按照乡镇总人口15%的比例，对各乡（镇）第5次调拨了代储救灾物资，并要求乡镇政府按照下辖各村总人口15%的比例，下拨代储救灾物资。同时积极与各乡镇签订了救灾物资代储协议书，明确了物资代储责任和其他各项事宜。

2. 加强乡镇救灾物资储备库的管理与修缮

一是由于墨脱县属喜马拉雅山东侧亚热带湿润气候，雨量较大的实际情况，造成墨脱县多个乡镇的救灾物资储备库出现受潮腐蚀现象。为解决该问题，民政局为受影响的6个乡拨付了专项资金158308元，用以防潮相关设施的建设。

二是因帮辛乡、加热萨乡、甘登乡等上三乡路途较远，乡政府代储的救灾物资需要以人背马驮的方式运入，在运输过程中产生了较为昂贵的费用。因此为上三乡解决了186800元（其中103800元由县政府支出，剩余83000元由民政局支出）用以专项解决救灾物资所产生的运输费用。

三是配备配齐了海事卫星电话。目前墨脱县共配备海事卫星电话12部，其中除上级民政部门配备6部外，由县政府配齐6部海事卫星电话。所有卫星电话通信资费3万元话费已纳入财政预算内。同时，民政局经常性与各乡镇试通海事卫星电话，强化海事卫星电话的使用管理工作，确保电话随时处于畅通状态，保证卫星电话有专人负责，保障灾害发生后的通信畅通。

（七）其他社会事务

民政法律法规宣传力度持续加大。充分利用综治宣传日等机会，向广大农牧民群众宣传《中华人民共和国婚姻法》《中华人民共和国妇女儿童权益保障法》《中华人民共和国老年人权益保障法》等民政法律法规。

婚管工作稳步推进：今年在墨脱县登记结婚的有170对、登记离婚的有11对。

（八）双拥工作开展情况

1. 2015年年初，墨脱县民政局对墨脱县3名城镇优抚对象及1名农村优抚对象，发放了“三大节日”慰问资金3000元。

2. 在“清明节”以及9月30日全国烈士纪念日期间，墨脱县民政局组织背崩乡干部群众、驻军部队于背崩乡烈士陵园举行了烈士公祭活动，缅怀革命先烈。

3. 八一建军节期间，为感谢驻军部队、武警官兵支持地方建设，让他们感受到县委、县人大、县政府、县政协的关心，继续发扬军民鱼水深情，进一步开展好“军民共建”工作，在节日期间组织县委、县政府、县人大、县政协的相关领导，对驻军部队、消防支队、边防支队、武警内卫展开了慰问工作，共计发放了慰问资金31000元。

4. 2015年9月共有7名武警内卫官兵退伍，为感谢他们在墨脱服役期间对墨脱维稳工作做出的贡献，同时让他们感受到县委、县政府的关心，墨脱县民政局对7名退伍战士发放了慰问资金2100元。

5. 积极协调县人武部夏季征兵工作，共计为部队输送新兵8人。

（九）基层组织和社区建设情况

村民委员会换届选举的基层组织工作于2014年交由县委组织部负责，民政局全力配合各项工作稳步开展。

社区建设方面，因墨脱县未成立社区居委会，社区工作由县民政局兼职办理。

（十）“十二五”项目执行情况及“十三五”民政项目完成情况

1. “十二五”项目执行情况

五个乡镇救灾储备库建设执行情况：因甘登乡仍未通公路，经请示县政府领导后，同意该项目待该乡通路后实施。另外4个救灾储备库已建设完成。

墨脱县敬老院项目执行情况：项目投资1422.24万元，目前已完成主体工程建设项目，正在开工建设附属工程，2016年年初可完成建设并投入使用。

墨脱县福利中心项目执行情况：项目投资150万元，因投资不足，已向市民政局申请缩小建设规模。

背崩乡烈士陵园修缮项目执行情况：项目投资20万元，目前已完成总工程量的30%。

2. “十三五”规划编制情况

“十三五”规划编制中民政项目共4个，总投资6140万元，具体如下：

一是墨脱县背崩乡烈士陵园保护工程：项目投资3000万元，占地面积1000平方米，项目内容包括墓地修复、陈列室、纪念碑等。

二是乡村救灾物资储备库建设项目：项目投资1828万元，项目内容为米日村、亚让村、多卡村等27个村建设救灾物资储备库；德兴乡、背崩乡、达木乡、格当乡、帮辛乡各新建储备库200平方米及附属配套设施。

三是民政综合服务站建设项目：项目投资1010万元，项目内容为建设面积1440平方米及配套设施。

四是各乡镇灾害应急避难场所：项目投资600万元，建设内容为新建避难场所600平方米及设备购置。

二　2016年工作进展

（1）加大社会救助力度，保障和改善困难群体基本生活。建立以城乡低保、农村五保、城乡医疗救助、城乡临时救助为主要内容的社会救助信息动态管理系统，并进一步更新。做好2016年城乡最低生活保障资金、五保户生活保障资金等各项资金发放工作，预计2016年度将发放城乡最低生活保障资金1420087.2元、五保户保障资金295650元、孤儿生活保障金233280元。

（2）继续加强防震减灾工作，进一步完善防灾救灾体系建设。争取尽快完成总投资93万元的甘登乡救灾物资储备库建设项目，使墨脱县自然灾害的应急能力强化到每个乡镇。

（3）巩固和提升“双拥”创建水平，推动优抚安置工作发展，积极争创“双拥模范县”，做好优抚对象各项慰问资金等及时落到实处。

（4）加强对社会组织的监督管理，增强发展活力。进一步加强维稳工作力度，在敏感时期力争做到“三不出”。

（5）积极争取村级救灾物资储备库建设项目，力争在2016年完成8个村救灾物资储备库建设，提高村级自然灾害救助能力。

（6）进一步按照上级民政部门要求，做好“双集中”供养工作，使墨脱县有意愿供养率达到100%的供养要求。[①]

① 相关数据均来源于墨脱县政府扶贫办。

第十章

教育历史沿革及发展现状

位于西藏边陲的墨脱曾是我国唯一不通公路的县，长期维持着刀耕火种式的原始生活形态，现代教育从一片空白中蹒跚起步。在党和政策不遗余力的支持下，墨脱现代教育从无到有、从小到大。在福建省、广东省的大力援助和西藏自治区各级政府的全力帮扶下，以及在墨脱县各族人民的共同努力下，墨脱教育在本地经济社会发展相对落后的背景下实现了跨越式发展。2004 年墨脱县基本完成“普六”任务，十余年来墨脱教育又有了长足进步。墨脱县教育取得阶段性成就，其背后勾连了尤为值得回溯的艰辛发展历程。与此同时，墨脱教育的持续健康发展仍有多方面工作要继续完成。

第一节　民主改革前墨脱“无教”

民主改革以前，墨脱整体处于现代教育的空白阶段，文盲率极高，可谓之“无教”。集体记忆的“无教”对现代教育进入和民众接受现代教育造成了极大障碍，一般父母对于子女的现代教育都漠不关心。自己会读书就明白读书的重要，再也不肯让自己儿女失学。① 漠不关心只是父母对现代教育态度的一种表现，根源在于未接受过教育的父母对教育的功用缺乏认知。事实上，早期墨脱民间“无教”，对现代教育发展深远影响，至 21 世纪仍余波未息。一些父母传统观念根深蒂固，加大了“控辍保学”工作的难度。墨脱民间“无教”有着深刻的历史根源和结构性因素。

---

① 徐明聪：《陶行知普及教育思想》，合肥工业大学出版社 2013 年版，第 5 页。

一　旧式教育为寺庙所垄断

门巴族和珞巴族械斗前，墨脱是珞巴族世居之地，此阶段珞巴族过着“不耕不织，穴处巢居，冬衣兽皮，夏衣木叶”的原始生活，毫无建立制度性教育的社会环境。同时，珞巴族信仰敬巫重鬼的原始宗教，原始宗教没有寺庙，因此也不存在寺庙教育。门巴族虽也信仰原始宗教，但在藏族统治下深受藏传佛教影响。门巴族东迁至墨脱，为八世达赖时期藏族喇嘛干布巴修建喇嘛寺奠定了群众基础，随后仁钦崩建寺等佛教寺庙建立，寺庙教育逐渐兴盛。墨脱宗时期有仁钦崩寺、罗邦寺、巴尔滚寺、格林寺、德尔贡寺、马尔崩寺6座寺庙，主要是以师徒传承的方式教授新入寺的僧尼学习藏族文化和藏传佛教经典。尽管寺庙教育不断发展壮大，但如同西藏其他地区的旧式教育一样，受教育权利为僧贵阶层所垄断，因此墨脱只有部分僧人掌握藏文，墨脱宗政府和民间没有学校。

二　“无教”的经济社会基础

“无教”符合落后的生产方式和有限的社会交往。马克思认为，生产和交往是推动社会发展的两个不可或缺的基本动力。教育是社会的子系统，不能脱离社会发展水平而存在。一方面落后的生产生活方式挤占了教育空间。教育在阶级社会是为阶级社会统治服务的，专属于“有闲阶级”。劳苦大众被剥夺受教育权利，同时也没有受教育的闲暇和空间。民主改革前门巴族和珞巴族维持刀耕火种的原始生产方式，生产工具落后，生产力低，广大民众被束缚在土地上。当地有谚语：“干不完的活，受不完得罪。”与此同时，特殊的民俗文化进一步剥夺了有闲空间。例如，在门巴人看来，灶神最讲卫生，如果灶神不悦，则饭不香、菜不熟。[①] 因此，清晨家中父亲必须反复用草木灰洗脸、洗手、洗牙、洗舌头。另一方面有限的社会交往削弱了受教育的必要性。文字诞生的最初功能在于结绳记事，在跨地区交往中其作用在于缩小甚至消除交往双方的认知误差。墨脱县三面大雪封山，一面邻近印度占领区，一年中与世隔绝长达8个月，由此塑造出墨脱地理和社会交往上的封闭形态。中华人民共和国成立前，墨脱对外交往主要囿于僧侣阶层和地方政府，民间对外交往很少，对教育

① 罗洪忠：《边陲墨脱》，学林出版社2012年版，第119页。

的诉求亦不迫切，因此教育发展缺乏内生动力。

三　墨脱现代教育起步晚

西藏现代教育最早可追溯到民国时期国民政府在西藏设立的国立小学，但是此轮教育发展浪潮却未惠泽墨脱县。首先是因为墨脱的区位劣势。西藏现代教育萌芽源于特殊时期的国家凝聚力提升的需要，抗战时期国民政府迁都重庆，国防战略收缩，西南边疆民族地区作为抗日的战略腹地而备受重视，现代教育作为培养民众国民意识而得以在边疆诞生。[①] 然而，墨脱处于西藏边境地区，长期不通路，现代教育之风难以吹及墨脱。其次是新中国成立初期政治环境复杂，教育在两种社会制度并存的社会背景下举步维艰，例如，1956 年 12 月，墨脱宗办事处成立，设立文教科，负责文化教育工作。1957 年 7 月宗办事处撤销，文教科也随之撤销。与此同时，我国国民经济处于恢复时期，又遭受三年自然灾害、“大跃进”等影响，国力不足，中央财政转移支付有限，因此中华人民共和国成立后十余年间，墨脱现代意义上的教育尚未真正起步。

第二节　民主改革后现代教育起步

西藏和平解放至民主改革前，墨脱与西藏其他地区一样延续着封建农奴制度，农奴主阶级支配的庄园经济严重影响农奴阶层的生产生活质量，与此同时，传统寺庙教育的主体地位仍得以延续。民主改革后，社会主义制度确立主导地位，现代教育作为社会主义事业的重要组成部分开始起步。自此，墨脱县教育资源要素的配置主体和配置内容开始转变。具体而言，主要包括现代教育管理机构建立、现代学校布局初设和师资人才队伍的建设三个方面。

一　建立现代教育管理机构

民主改革后，墨脱县现代教育发展面临内生驱动力不足和内生条件缺位的双重困境，起步需要自上而下的教育资源供给。为此，建立教育管理机构成为首要工作。1968—1979 年县革命委员会下设政工组负责管理文

---

① 黄万庭：《李安宅的边疆社会工作思想》，《中国社会工作》2012 年第 16 期。

化教育工作，6 区 18 乡各设一名副职区（乡）长管理教育工作，财务工作由县政府计划农业财政办公室管理。各区（乡）小学的财务工作由各区（乡）政府负责管理。

1978 年 9 月 15 日县革委会下设文化卫生教育科，1981 年 2 月文化卫生教育科更名为文化卫生教育办公室，主管文化、教育、医药卫生工作。1983 年文化卫生教育办公室更名为文化教育卫生局，管理全县文化、医药卫生、教育事业，并负责全县教育财务工作，各区（乡）小学的财务工作仍由各区（乡）政府负责管理。1985 年县文教卫生局成立后，设有会计室，为二级会计室，财务单列。区乡小学分散，交通不便，报账等存在很多困难，为统一报销范围及标准，于 1987 年撤区并乡后在乡政府设立财粮干事，定期向县财政局结算。

1987 年撤区并乡后，全县 8 个乡各设一名副职乡长管理教育工作，调研了解各校的教学情况、学生入学情况等，并向县教育主管部门汇报。在此过程中，教育管理机构逐渐从革命委员会中分立，走上专门化道路，其管理职能趋于细化，内部构架走向合理。逐渐充实的教育管理机构为对接和传递教育资源、推动墨脱教育发展奠定了坚实的组织基础。

二　成立扫盲夜校奠基现代教育

扫盲夜校的成立，为推进基础教育创造了社会环境，为后续脱盲教育奠定了空间格局。由于墨脱县现代教育起步晚，广大人民对教育功用缺少认知和理解，要在此前提下推进现代教育发展，必须开展扫盲教育，转变少数民族成员传统观念，正如晏阳初所言，“平民教育是义务教育的先锋”。[①] 1965 年 1 月，地东、班固、哈井 3 个村办起全县第一所毛主席著作青年夜校。1966 年 9 月，全县 3 个工作组在驻地办起 3 个业余文化学习班，授课内容以藏文和汉文为主。扫盲夜校授课形式和授课内容深受群众欢迎，为小学新立奠定了良好的思想基础。

跟随扫盲教育的步伐，1967 年 3 月，墨脱县第一所小学地东乡小学成立，招收 47 名学生。1973 年 10 月 3 日，县第一所公办小学在墨脱区成立。1989 年，全县有公办小学 7 所，民办小学 5 所，在校学生 400 多名，基本实现乡乡有小学的教学布局。因其办学形式灵活，契合本地居民人口

① 晏阳初：《平民教育与乡村建设运动》，商务印书馆 2014 年版，第 65 页。

密度低、居住分散的特点，成为如今成人脱盲教育和学习文化知识的重要形式。① 学校是教育的空间载体，通过这一载体，社会习俗得以净化甚至理想化，民众得以拓宽比当地社会更宽阔的视野，② 可以说学校是一方民众观察经验世界之外的社会之眼。因此，对传统上封闭隔绝的墨脱而言，学校的建立和教学布局的确立对墨脱的长远发展有着深远意义。

三　建立政府主导的多渠道师资配置机制

民主改革前墨脱县的现代教育空白，造成教师资源总量短缺和结构性短缺，教育发展之初师资供给严重依赖军政府。具体而言表现在以下几方面：一是军政权力直接配置教师资源。1965 年全县第一所毛主席著作青年夜校的教师是由军队工作组的人员兼任。1966 年全县 3 个工作组在驻地办起 3 个业余文化学习班，教师也是由工作组的工作人员兼任。1973 年 10 月，新成立的公办小学有 6 名教师，均是从县外调剂过来任教的专职教师。

二是积极培养本地民族教师。门巴族和珞巴族有自己的语言，尽管有军政府配置教师，但 1978 年以前教育管理机构工作人员和教师皆以藏族和汉族为主。因此，门巴族和珞巴族学生课程学习不可避免地面临语言困难，迫切需要建设门珞民族教师队伍以突破教学语言障碍。同时，从长远发展看，培养本地民族教师是县域教育持续稳定发展的长久之计。为此，军政府注重配合本地民众培养民族教师。

然而，这一时期墨脱本地教师队伍建设仍处在发轫毫末阶段，师资来源主要依赖政府的调配。1980 年，拉萨市委从拉萨市师范学校分配 27 名学生前来墨脱任教。1984 年，全县选派 18 名教师到拉萨市师范学校及内地学习进修。1989 年教师 41 人，教师队伍大中专学历的 24 人，其中大专 4 名，中专 20 名。教师都是从拉萨师范学校、西藏大学、西藏民族学院师范教育类专业毕业的大中专毕业生由组织分配到墨脱工作的。

采用“情境指导”教师培养模式，进一步补充农村教师。避免学历教师培养周期长而无法满足教育发展短期内对师资数量的需求。1976 年 9 月，拉萨师范学校墨脱分校在墨脱县成立，教师 2 名，学生 35 名，主要

① 陈立明：《从墨脱的教育现状看西藏边疆民族地区的教育发展》，《西藏大学学报》2015 年第 1 期。

② ［美］约翰·杜威：《民主与教育》，薛绚译，译林出版社 2012 年版，第 102 页。

是为墨脱培养小学教师。1991 年 11 月，墨脱县举办首次教师短期培训，共有 22 名教师参加，作为村级教学点的代课教师。墨脱县常年不通公路，且一年中数月大雪封山，教师到异地培训进一步加剧了当地教师结构失调，基于学校现场对教师进行培训具有较强的适切性。地方化培训帮助本地教师降低因山高路远、交通不便产生的时间成本，减轻顶岗教师工作压力。同时情境依存性特点为教师解决现实教学遇到的困难提供针对性处方，尽可能避免“去农村化”和“去示范性”隐患。

四 第一代民族教师求学经历

（一）翻山生病。1972 年年底，墨脱还没有中小学，上级政府部门给墨脱 5 个乡每个乡青少年分配一个名额，到拉萨去学习。12 月底包括刀姆在内的五位被选中的青少年在部队战士、医务人员、民工护送下开始翻山。当时墨脱交通极为不便，全靠步行，山路崎岖陡峭，时上时下。寒冬季节，大山为积雪所覆盖，翻山之路雪齐腰深，第一次翻越大山未果，第二次终于翻山成功到达山顶。但年底正值流行感冒高发期，到达山顶时刀姆等人生病，浑身不适，无食欲。其中两人步行困难，便停留于山顶，仅剩加热萨、背崩、帮辛的三名学生在部队战士、民工、医护人员的护送下下山。到达派区，三名学生全部病倒，据刀姆所说，“发烧、难受，感觉从来没得过这么严重的病”。后林芝地区政府派小车和医务人员给刀姆一行三人治疗感冒，并护送他们至林芝八一镇。

（二）林芝寻车。刀姆一行三人到达八一镇后，由于语言不通，且不懂如何找寻前往拉萨的车，在八一镇耽误近一个月，白天在路上等车，晚上住宾馆，几经周折才搭上前往拉萨的车。然而林芝到拉萨的路亦不甚通畅，刀姆等人于 1973 年 1 月才到达拉萨。

（三）诚心求学。时值学校放假期间，刀姆等人因语言障碍无处可去。拉萨市师训班一位教师给初到的刀姆三人进行测验，让他们阅读一份报纸的题目。老师对测验结果不满意，便告知三人，“封山期间的这半年，你们可以在这里好好玩，好好吃，半年后，我就把你们送回去”。上过夜校的刀姆略懂几句汉话，便告诉老师：“我们是冒着生命危险来求学，差一点到不了这里，在中间就没了，我们好不容易从山沟里出来了，既然出来了，我们就不轻易回去，你们想什么办法也得把我们留住。”老师见其心诚志坚，便将三人送至如今的拉萨实验小学。然而，与刀姆年龄相仿的学生均已小学四年级毕业，1973 年 3 月，刀姆等人只能进实验小学一年级、学前班听课，从拼音学起。

（四）出类拔萃。开学时有位中央民院的高姓老师，鉴于刀姆求学的艰苦历程，建议刀姆向学校申请，假期和周末到高老师处补习拼音，后征得同意。露天操场，大雪纷飞，刀姆三人单衣薄靴，学习中被冻得发抖。但经过努力他们基本学会了简单拼音，并能跟上一年级的教学进度。刀姆等人学习认真，记忆力好，并坚定了“学成回家乡任教”的信念，仅一个月便完成一年级课程。班主任老师认为刀姆等人学习成绩好，具备跳级资格，便直接送他们升至三年级。至四年级结束，刀姆三人已完成小学所有课程学习。

（五）学成归来。1975 年，刀姆完成四年级学习时，恰逢拉萨市成立师范学校。三人原打算报名拉萨师范学校继续学习，但学校领导看重三人，建议三人留校担任生活教师。此时，三人已做好回墨脱的打算。一来饮食不习惯。在墨脱长大的刀姆等人以玉米饭为主食，不习惯糌粑、酥油茶。二来急于回家建设墨脱。尽管当年（1975 年）教师工资都发了（28 元），刀姆等人在多次婉拒校领导留校任教的建议后，毅然踏上了返回墨脱的征程。

墨脱第一代本地教师诞生。刀姆等人回墨脱后被分配到县完全小学（1973 年成立），接替从拉萨到墨脱支教两年的两位老师。刀姆语文好，就担任语文老师，另一位同行数学好，就教数学。至此，墨脱县诞生了第一代本地教师。

从刀姆老师的求学经历中，可管窥墨脱县教育起步的艰难历程。刀姆等人经历扫盲夜校的学习，习得简单的几句汉语，但就是这关键的几句汉语帮助他们在与拉萨实验小学老师进行交流中表达自己的意愿和想法，使他们获得一定的自主性，为培养本地第一代民族教师奠定了基础性条件。部队战士、民工、医务人员的护送，体现了政府和广大民众战胜重重困难，坚定地支持现代教育的决心，成为推动现代教育发展的关键性力量。刀姆等第一代民族教师在求学过程中形成了强烈的本民族认同，在拒绝相对优越的工作条件之后，回归墨脱建设乡土。与此同时，民主改革初期，墨脱县经济社会建设百废待兴，社会结构相对开放，具备有效配置第一代民族教师的条件。

五 教育要素配置的结构性作用

这一阶段现代教育要素的配置得益于民主改革和计划经济体制的双重制度环境。就前者而言，一方面，民主改革使广大农奴获得了人身自由，继而获得接受现代教育的可能。民主改革前，三大领主统治下的农奴阶层肩负繁重的乌拉差役，生存尚不能保障，更无暇顾及教育。在宝贵的农耕季节，农奴也被徭役所困，庄稼地沦为野兽家。在喜马拉雅山积雪封冻后，农奴主仍强迫农奴支差，翻山到工布和波密背运，许多农奴命丧雪山之巅。① 民主改革结束了墨脱近200年的封建农奴制度，农奴阶层“人背人”这一被压迫之路走到尽头，广大民众从繁重的徭役中解放出来，有接受现代教育的条件可能。

另一方面，民主改革从政治上赋予民众接受现代教育的权利。1949年后的民族教育，成为民族解放和民族平等的重要日程。接受现代教育既是民众获得解放的重要标志，也是实现民族平等的必要途径，教育不再是维护阶级统治的工具。少数民族成员只有通过接受现代教育，才有能力平等地参与国家建设。而此时中华人民共和国各项事业百废待兴，基层政权需要巩固，人民经济需要恢复发展，因此，急需有能力、合格的建设者参与到国家建设中，由此从政治上确认民众的受教育权利。

此外，民主改革为墨脱现代教育发展奠定了良好的组织基础。民族教育的有序发展有赖于和谐的民族关系和安定的政治环境。然而，历史上由于阶级因素的深刻作用，赵尔丰部进攻白马岗曾对墨脱汉门、汉珞关系留下不良的历史记忆②，新政权在墨脱初建时曾遭到质疑。但是随着民主改革广泛开展，使墨脱广大民众摆脱受剥削的身份；现代社会制度深入，汉族干部与少数民族成员往来频繁，民族互信增加，并形成较强的组织信任和制度认同。因此，现代教育管理机构和学校得以有序建立，现代教育工作得以有效开展。

在计划经济体制下，墨脱县教师队伍得以逐渐充实和巩固。具体而言，一是计划经济体制下的用人制度促进教师身份建构。在传统社会的寺庙教育中，“喇嘛”独有“师者”的形象和身份。在计划经济体制中，教师的建构主体发生了根本性变化，教师归属于单位，服从单位调配。1968

① 冀文正：《“孤岛”十六年（五）》，《中国民族》1992年第7期。

② 同上。

年墨脱县内教师统一由政府调配任用，定为国家干部，政治和社会待遇逐步提高，并吸收优秀教师入党。计划经济塑造的教师身份既澄清了“为谁培养人”这一教育的根本问题，又保障了教师队伍的稳定性。计划经济体制下，个人身份和职业与单位高度挂钩，单位与单位之间呈板块分割之态，职业流动空间小，“单位留人”机制避免了教师人才流失，有效地巩固了教师队伍的稳定。二是计划经济体制保障了师资待遇。墨脱民主改革后，教师待遇大幅度提高。公办教师工资待遇按国家干部评定级别。民办代课教师工资待遇由生产队按中等劳力记工分，参与集体分配，每月补贴现金 30—35 元。从学生交纳的学费中支出，如不够时，在教育事业费中补贴，以保证教师的生活待遇。

1971 年和 1973 年，对小学行政级别 23 级以下，工龄长、工资低的教师作调整。1977 年再次调整工资，凡 1971 年年底以前参加工作的按 40%升级面增资。1978 年和 1979 年第三次调整工资，升级面为 40%。1981 年，教育系统工资实行普调，1968 年年底以前参加工作的中青年骨干教师月增资两级。民办教师以 1980 年 7 月起，补贴工资每月 35 元改为由国家负担，民办代课教师口粮由社队解决。相对优厚的师资待遇是以计划经济体制为强大后盾，有助于满足教师的基本生活需求，有力地支撑了教师队伍建设。

六 现代教育初始阶段存在的问题

民主改革后，墨脱教育在政府的领导下快速起步，教育管理机构初具专业化、体系化，教学布局初步建立并趋于合理，教师补充机制平稳运行，为 20 世纪末墨脱教育事业振兴创造了条件。然而，受生产力落后、区位偏远、交通不便、教育资源供给乏力等因素制约，20 世纪 90 年代以前的墨脱教育发展仍然存在诸多问题。

一是教学结构不合理。教学结构不合理表现为多个方面，一方面教育内容结构不合理。1949 年后的一段时间，墨脱县各项工作皆为无产阶级政治服务，教育亦不例外。在特殊的国内外政治环境和落后的经济条件下，教育与生产劳动相结合，并服务于政治具有一定合理性，但却出现课堂教育与劳动教育的失衡。例如，1977 年每周教学仅占 4 天，劳动占 2 天，主要是搞学校校园建设和为学校学习生活解决一些困难。另一方面课程结构不合理。“文化大革命”时期墨脱小学教授政治、语文、算术、体育、音乐、美术等科目，但实际上由于算术、音乐、美术、体育等科目的师资不足，常常出现隐性缺课问题。

二是教材单一，难以满足民众精神文化需求。这一时期以教授毛主席语录、报纸杂志和马克思主义著作的一些摘要为主。一些教师甚至以本地的人名、地名、山名、农活名、农具名自编一些有关政治和切合实际的教材，实行评教评学，来提高学生的学习水平和教师的教学质量。尽管教材配置有利于增强民众政治认同和组织忠诚，也有助于传承本民族文化，服务传统生产方式，但却也使得受教育者志趣受限，削弱了教育使个人自觉生活趋于广深化的功能。此外，学校基础设施不完善，亦未能满足基本学习条件。学校的设备和用具都不齐全，以至卫生纸代作学习纸使用。

三是学制不完善。部分乡没有完整的公办小学，初建的公办小学仅有初小（1—4 年级），如若学生继续读高小，需要到派区公办小学。至 1985 年墨脱建立了完整的六年级学制，学生入学一年半之内学完全日制课本 1 册、2 两册的全部课程。三年之内学完 3 册、4 册的全部课程。4 年级、5 年级、6 年级分别学完 5 册、6 册，7 册、8 册，9 册、10 册的全部课程。但是，由于全县人口数量不足，此阶段尚不具备办中学的条件，县内学制衔接不畅，制约了教育事业发展的脚步。

四是存在教育“臃肿”现象。根据图 10-1 可知，1981 年以前民办学校存在数量虚高问题，之后教学秩序恢复正常。而实际上在此前后墨脱县教师数量和学生数量皆无明显波动。受“文化大革命”的深刻影响和错误路线的引导，教育遭遇“停课”“教师接受劳动改造”“重数量不重质量”等重创，脱离现实发展条件扩建校舍，实际上却使教育处于停滞状态。

教学结构不合理、教材单一、学制单一和教育“臃肿”等问题严重影响到学生学习质量和学习进程，1985 年前，部分乡 20 岁左右的青年只能读到 4 年级，一年的课程分两至三年才能读完。但是，以上教育问题产生，既源于久远的历史欠账，也受时代发展条件所限。随着改革开放和市场经济发展，我国整体经济实力不断增强，分税制改革也增强了中央财政转移支付能力。与此同时，墨脱县自身经济社会也在缓慢变迁，阻碍教育发展步伐的历史影响开始消解。自上而下不断增加的教育资源供给，与墨脱县乡土性的缓慢变迁，共同迎来了 20 世纪末教育事业振兴。

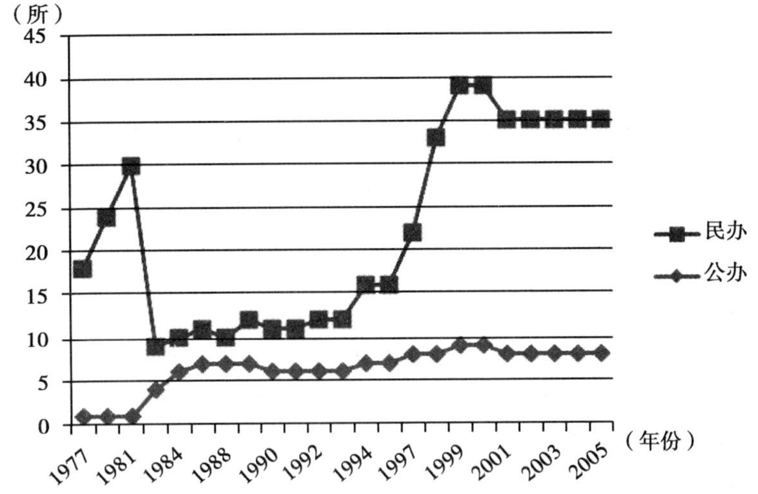

图 10-1　1977 年至 2005 年墨脱县学校（公办、民办）数量变化情况

第三节　墨脱教育事业的振兴

在经历现代教育艰难起步后，墨脱县借力 1986 年《中华人民共和国义务教育法》颁布后的全国普及义务教育浪潮，借助市场经济初建和分税制改革促进的中央财政转移支付，着力扩建校舍，完善中小学校布局，健全政策配套机制，充实教师队伍。认真贯彻落实“三包”政策，助推适龄儿童入学，师资队伍广泛开展“劝学”工作，加速完成“普六”任务进程，实现墨脱教育事业振兴。

一　增设扩建校舍，完善中小学校布局

墨脱县建立中学，完善小学基础设施有着现实的必要性。从社会长远发展来看，学校是现代文化的高地，也是打破封闭，摆脱愚昧的思想阵地。学校不是封闭的堡垒或浪漫的园地，而是一种能够将个人生活和社会生活联结起来的具有真正社会意义的中介组织。[①] 通过学校，一个地区的个人得以成长，社会生命得以汰旧换新，并整合进整体社会；从

① ［法］爱弥儿·涂尔干：《道德教育》，陈光金、沈杰、朱谐汉译，上海人民出版社 2006 年版，第 2 页。

阶段需求来看，教学布局的完善有助于缓解交通不便带来的上学难问题。1998 年以前，墨脱县没有中学，适龄青少年如若上初中，必须到数百公里外的林芝地区中学求学。由于墨脱县三面环山，且不通公路，学生往返于学校和家庭之间，必须翻雪山涉险路，威胁学生的生命安全。据本县老教师介绍，曾有一位特别优秀的学生冬天放寒假翻山回家，却命丧雪山，实为可惜。因此，教学布局的完善可促进当地人生存和发展的平衡。

形成干群合力，克服重重困难，兴建县级中学。随着“普六”和“普九”工作在西藏自治区的广泛开展，西藏自治区各级政府高度重视发展相对滞后的墨脱教育，为墨脱教学布局建设完善提供了重要契机。1998 年 11 月 16 日，时任西藏自治区党委副书记、区政府常务副主席杨传堂召集自治区有关部门，听取自治区党委、人大、政府、政协赴墨脱工作组的汇报，会议形成纪要。纪要对墨脱的教育工作做出立足区内办学的决定，由自治区教委统一核定事业费用，在此基础之上，每年给墨脱县“戴帽中学”下拨 30 万元，用于教育经费。各级政府部门的政策倾斜和财政支持是墨脱县中学发展建立的必要条件。但县中学的建设除建设资金和教育经费外，依然有诸多问题需要解决。首先是缺少建设用地。墨脱县县城占地面积小，被称为“中国袖珍县城”，且县城临崖临江。县中学成立时间较晚，县城用地几乎被占用殆尽。对此，县政府和有关教育负责人采用“削山填崖”的策略，于江边崖上拓荒建校。其次是缺少专业施工队。在艰险的地形条件上修建中学可谓风险大、回报少，俗话说“吃力不讨好”，对此，县政府发动全县人民，以乡村为单位，通过义务劳动组织建设施工队。① 如此，县级中学才得以屹立于江边山崖之上。

在全国唯一不通公路的县，县级中学的成立保障了适龄儿童青少年接受义务教育的基本权利，标志着墨脱基础教育体系的确立，也意味着西藏教育“县县有中学”目标的最终实现。与此同时，各乡镇小学基础设施建设不断完善，保障了学生生命安全。2003 年墨脱县全县人口仅 1 万余人，总量不多的人口被雅鲁藏布江、高山、峡谷分割在 3.14 万平方公里的土地上，乡村主要道路多在悬崖峭壁，路边没有安全护栏。且墨脱县地

① 郭笛：《边疆度内地：白玛岗生活启示录》，硕士学位论文，中央民族大学，2013 年。

处亚热带气候区，全年降水量大，道路塌方情况频频发生，为降低学生在上学路上发生安全事故的概率，必须合理规划教学布局，确保乡乡有小学。截至2005年年底，除格当乡小学生四至六年级要统一在达木珞巴乡小学就读，加热萨、甘登乡小学生四至六年级要统一在帮辛乡小学就读外，其余5个乡（镇）均为完全小学。当年全县有各级学校36所，其中墨脱县戴帽中学1所，县完全小学1所，希望小学2所，乡小学5所，村级教学点27个。趋于合理的教学布局既是尽可能回应就近入学这一教育公平的诉求，也是保障墨脱学生生命安全的必要之举。

二　完善政策措施，充实教师队伍

（一）健全教师补充机制和退出机制

教师是地区教育事业发展中最关键的要素，倾斜政策和财政投入最终要通过教师队伍的建设和巩固才能发挥制度效果。教育振兴阶段墨脱师资补充渠道在原有基础上进一步被拓宽。一是定向培养。自1993年起，林芝地区教体委每年从墨脱籍的初中升学落选生中招收一个教师班，学制一年，结业后回原籍任民办学校教师。林芝地区教体委每年派一个讲师团到墨脱举办师资培训，每次2个月。1993年举办全县教师培训班，共培训教师31名。二是让“凤凰还巢”。1993年伊始，凡墨脱籍师范毕业生，均分回墨脱任教，进墨脱任教的教师与林芝地区教育体育委员会签订合同，一般3年至6年轮换一次。三是为提高教学质量，建立教师退出机制。1997年年底，调整和充实部分乡村教师，辞退5名不合格不称职的教师。四是进一步加强师资培训，提高教师质量。1996—1999年，先后送7个乡的小学校长到西藏民族学院校长班进行培训学习。

至2000年年底，墨脱全县共有教职工98人，其中公办学校老师51人，村办教学点教员33人，临时职工10人，共培训教师157人。中学教师17人，其中具有本科学历的有16名，大专学历的4名。墨脱教育事业在入学率持续提高的基础上，生师比最初不断升高，但随着不断健全的师资补充机制开始发挥效果，生师比逐渐下降（见表10-1）。同时，教师的合格率亦得到有效保障。2005年全县有小学专职教师81人，具有高中以下学历7人，中专学历35人，大专学历39人。墨脱县戴帽中学教职工25人，专职教师24人，大专学历8人，本科学历16人，专职教师学历合格率100%。

表 10-1　　1985 年至 2005 年墨脱县生师比变化情况

年份	1985	1988	1991	1994	1997	2000	2003	2004	2005
学生数量（人）	434	409	696	1321	1315	1409	1192	1297	1591
教师数量（人）	49	43	52	52	64	81	96	98	102
生师比（%）	8.9	9.5	13.4	25.4	20.5	15.7	12.4	13.2	15.6

（二）军民共建补充教师队伍

在墨脱县教师队伍建设的脉络中，尤为需要浓墨重彩的一笔是边防军人对教师队伍建设的支持。1994 年边防部队某首长带领工作组在背崩乡边防营过冬，在与地方共同生活的过程中，他们发现背崩乡教师数量严重短缺。于是开始安排边防营抽调战士充当背崩乡小学教师，自此，在当地形成军民共建、边防战士任教的优良传统。

1998 年，年仅 18 岁的云南省南华县彝族小伙周国仁入伍服役墨脱边防三营，成为第五任在背崩乡小学教书的战士。任教至今，并被当地居民和学生亲切地称为“兵老师”。“兵老师”既在边防营服役，又兼任教师，实际上可有两份工资收入，但其主动放弃学校工资，义务任教，十年如一日。因其奉献精神广受好评，2012 年周国仁被评为第三届西藏自治区助人为乐的道德模范，成为军人楷模、教师榜样。军民共建补充教师队伍，既缓解了师资不足问题，也有效地充实了局部地区的边防力量。自边防营战士担任教师以来，背崩乡小学便在学生中成立了“军民共进勇为班”，班级学生 30 人。“勇为班”的建立和传承，有力地强化了全校师生的国防安全责任意识，增强了地方民众的民族认同和国家认同，构建了合理有序的军防、民防关系，充实了边防力量。

（三）进一步改善师资待遇

至 2000 年年底，墨脱县教师人均住房已达到 25 平方米以上。此外，还有困难补助、正常休假、病假、产假、退职、退休、死亡抚恤、工会福利等待遇。2004 年，自治区财政设立边境教师津贴，以不同标准区别情况发放，鼓励教师到边境任教。

三　“三包”政策助力适龄儿童入学

普及的现代教育最早破土于西方工业社会时空中，也就是说工业社会时空与现代教育是壤与根的关系。社会时间和空间是社会现象的内在因素，不同社会时空对社会行动、社会生活和社会过程作用有根本差异。[①] 20 世纪的墨脱，生产力仍处于刀耕火种的发展阶段，现代教育的传播有诸多的不适应。最为突出的表现是，民主改革后的第一个 40 年墨脱县入学率持续偏低。一些村民认为，家里有土地作为生活保障，没地了可以烧片树林，孩子可以作为背夫挣钱补贴家用，到一定年龄就结婚生子，教育与生活关系并不密切相关。而“三包”政策在促进入学方面具有较强的针对性。具体而言，一方面减少上学的学费、生活费给家庭带来的经济负担，一定程度上使村民将其视为帮家长养孩子。另一方面，“三包”政策实际上是将国家补助与孩子入学建立联系，即在传统的刀耕火种的社会厚植上学的意识土壤，促进家长转变教育观念。

关于“三包”政策和入学的关系，可以依据客观数据加以分析。从前者的阶段性发展历程看，1991 年 8 月，墨脱县文教卫生局下发《关于全县公办小学试行“三包”办法的修改补充规定的通知》，对实行“三包”的公办小学学生从小学一年级开始实行“三包”，每人每月伙食费为 34 元，对一年级新生发放一次性装备费 70 元。公办学校中农牧民子女每人每年发服装费 54 元。单职工子女中具有城镇户口者每人每月生活费 15 元。民办小学学生生活补助费每人每月 15 元。

2003 年，国家拨款 355.74 万元，地方政府拨款 12 万元；县中学拨出 55.43 万元，其中“三包经费”6.4 万元；各小学拨出 283.4 万元，其中“三包经费”47.68 万元。2004 年，国家拨款 457 万元，地方政府拨款 19.5 万元；县中学拨出 50.49 万元，其中“三包经费”6.48 万元；各小学拨出 347.32 万元，其中“三包经费”42.06 万元。2005 年，国家拨款 537 万元，地方政府拨款 20 万元；县中学拨出 73.86 万元，其中“三包经费”14.98 万元；各小学拨出 419.21 万元，其中“三包经费”92.21 万元。[②] 而针对后者，可通过更为直观的图加以呈现（见图 10-2）。

通过墨脱县小学入学率变化情况可以发现，小学入学率从 1991 开始快速提升。由 1990 年的 17.3% 提升至 1991 年 34.8%，1992 年升至 60.2%。而 1991 年正是墨脱县文教局下发有关公办、民办小学“三包”政策之年。除此之外，1991 年前后并未进入“普六”阶段，且生产经营

① 严新明：《生存与发展——中国农民发展的社会时空分析》，社会科学文献出版社 2005 年版，第 2 页。

② 相关数据均来源于墨脱县政府。

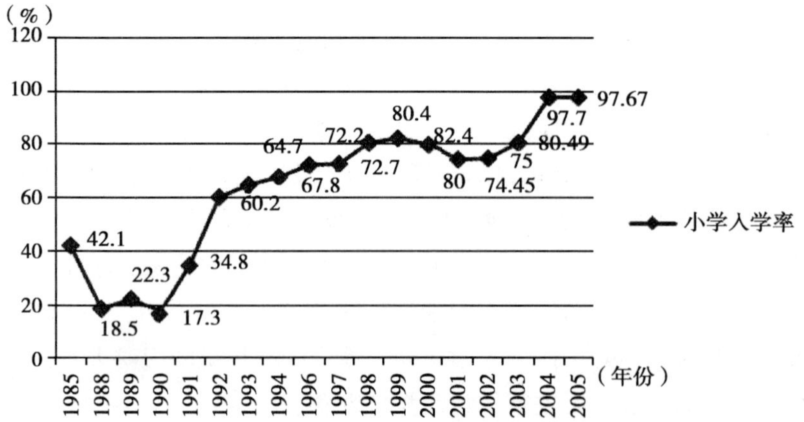

图 10-2　1985 年至 2005 年墨脱县小学入学率变化情况

模式并无重大调整。由此可知，“三包”政策与入学率有较强的正相关关系，“三包”政策的出台促进了墨脱小学入学率的提高。

四　全面开展“普六”工作，努力实现“控辍保学”

20 世纪末，普及义务教育成为世界性潮流，普及义务教育对于提高墨脱人民的整体素质具有重要意义。民国时期的晏阳初、陶行知等一批社会学家倡导“平民教育”，尽管不是义务教育，但从普及的角度来看，中国教育普及也已有近一个世纪的历程。而对墨脱而言，无论是提高本地民族素质、增强发展能力，还是延续中华民族共同的社会经验，使墨脱人民共享改革和发展的成果，“普六”均是不可或缺的系统工程。

在“三包”政策促进入学基础上，形成教师主要抓手“控辍保学”机制。贯彻落实“三包”政策是促进适龄儿童入学的必要条件，但并不能直接解决辍学问题，且“三包”政策和教学基础设施本身处于一个完善过程中。在社会条件迥异于内地主流社会和西方工业社会的墨脱，推动教育自主发展的要件还不完备。因此，在“三包”政策促进入学率提升的同时，辍学现象也非常普遍。

下面这段访谈实录，真实地再现了墨脱教育的艰难进程：

我刚去的时候赶上“普六”，工作压力蛮大的，什么都要做，但是条件就这样，能做多少做多少吧。当时不想来上学的小孩挺多的，基本上今天劝学过来，第二天早上天亮就跑回家了，跑得只剩下乡附近村里面的几个学生了，有的只剩下一两个小孩。我们现在还在讲笑话呢，隔壁老师上课声音大得很，我的班里没两个学生了，我就没心情上课了，他们老师上课声音那么大，肯定全班学生都在，我过去看也只有一个学生，他在大声地讲课。

一个班20多个学生，都是整体地逃学，那时候老师就六七个，也不多，也不可能24小时跟着，有的是睡完觉晚上跑，有的是天亮了早上跑。有时候晚上天黑了，我们守在悬崖口上，老师们轮流在那里守，然后吹哨了，学生们睡觉了，我们才回来。但是第二天，天没亮，学生整个就跑掉了，跑掉的这些学生挺危险的，压力挺大。

学生主要是不愿意上课。我刚去的时候，我们是四个教室，四间宿舍，有“三包”经费还好点，老师也住在宿舍。学生挺多，上三乡的学生都在那里，200多个，一间宿舍里住30来个学生，有的宿舍50来个学生，宿舍只有16平方米。打地铺，伙食也不行，各方面问题都有。再一个我们老师以教书为主，又要劝学，又要招生，又要管学生的饮食、干活、种菜地，围菜地，种菜给学生，给学生干活。因为学生那么小，这都会给学生造成影响。①

学生不愿上学的背后有着复杂的社会逻辑。一是惯习不同。墨脱传统家庭过着刀耕火种、山林狩猎的生活，行为习惯较少受到持续性的约束。传统生活经验的延续主要依赖家庭的耳濡目染，生存技能的获得属于自然习得。而学校教育属于正式的制度性教育，具有持续性、周期性特征，学生行为习惯有外在的纪律规范。学校作为一个物质空间，在空间内外践行着两种不同的行为规范。学生出入于空间边界，会感到强烈的不适应，对约束不明显的家庭有更强烈的规束。正如周国仁老师所言，“门巴族小孩天性好动，高年级的男孩尤其明显，你让他坐在教室，他坐不住的”。二是对教育和劳动关系的短视效应。部分学生认为上完学仍然要回家种地、打猎、背运。社会生产力落后致使家庭经济高度依赖劳动力数量，且难以直观反映接受教育与改善生活的关系，由此形成“教育无用”的观念。三是缺乏“尊师重教”社会氛围。在发展教育的动力系统上，家长的推力长期缺位，尚未形成有效的家校联合机制。家长对于子女辍学的默许，

① 最美乡村教师GSDJ访谈，2016年8月10日。

也助长辍学之风。

教师情感留人，力争“控辍保学”。教师劝学尽管有“普六”的行政压力，但更多的是出于朴素的民族情感。一方面是考虑学生将来的发展前途，另一方面顾及学生安全，既要防止学生擅自逃学，减少安全事故的发生，又要亲自涉险过绝壁、滑溜索，到学生家中劝说家长和辍学的学生。实际上，很多家长和学生是在老师劝学过程中逐渐认识到老师是为学生好。因此，教师情感留人策略有效地促进了“控辍保学”，自 1998 年“普六”工作开展以来，尽管小学入学率有所波动，但整体上处于上升趋势，2004 年小学入学率达到 97.7%。在教师的朴素情感效应的背后，是共同的精神家园和社会关系网络发生作用。由于教师队伍中既有本地的门巴族、珞巴族同乡，也有共同信仰佛教的藏族教师。家长与部分教师较为熟悉，对其成长经历也有所认知，因此能够与教师达成某种程度的共识，逐渐推动儿童入学。

第四节　21 世纪教育事业全面发展

为按时完成 2011 年“两基”迎国检目标，2005 年以后，墨脱县在完善县中学和各乡中心小学建设的基础上，开始向普及九年义务教育目标迈进。墨脱县通过县乡政府签订教育目标责任书，明确政府在劝学工作中的主要职责，加速普及九年义务教育进程。同时，通过改善学生食宿条件，帮助学生适应学校生活。此外，开展“护苗行动”，排除道路安全隐患，减少家长顾虑，推动墨脱教育事业的全面发展。

一　加强政府参与，普及九年义务教育

墨脱县人民政府与各乡镇人民政府订立目标责任书，实质是将各级政府辖区入学率纳入各级部门政绩考核机制。县人民政府将各乡镇中小学在校生人数、适龄儿童入学率、巩固率、辍学率、教育投入增长幅度、当地人民受教育水平提升情况作为考核各乡镇人民政府政绩的重要标准。完成各项指标的乡镇将得到县人民政府表彰和奖励，未按时完成指标的乡镇将接受一定数额的罚金，并限期完成整改任务。教育目标责任书的签订，使“适龄儿童入学”作为一项行政任务得以全面执行。

政府、教育部门、学校、村级组织多方消息畅通，及时做好适龄儿童

的入学劝学工作。乡镇政府对不愿送子女入学的家庭，政府采用正向激励和负向剥夺两个策略加以引导。前者是指以子女就学为条件，提供完善的“三包”政策和较高的食宿标准；后者是将子女就学与相关政策补贴挂钩，适龄儿童未就学的家庭不予发放政策补贴。政府把有关工业林的补助（几千元/人·年）发放与子女入学相挂钩，家庭如有适龄儿童没有上学，则扣掉工业林补助；学生旷课一节，扣除家庭工业林补助6元，旷课一天扣除30多元。如此建立了子女接受九年义务教育与家庭经济生活密切相关的联动机制，辍学现象得到消除。

墨脱县自2005年开始“普九”工作，《基础教育事业目标责任书》的执行以《中华人民共和国义务教育法》为权威依据，具有强制特征。政府参与到劝学工作中，承担主要职责，减轻了教师的责任和工作量，并帮助教师树立专业的教师形象。教师除负责向乡镇政府报人数外，还要安心上课，照看学生。《教育事业发展目标责任书》的签订，有效促进了各乡镇基本实现普及九年义务教育。

二　改善办学条件，帮助学生适应学校生活

墨脱县普及九年义务教育需要民众的配合与支持，并非政府自上而下的单方行动所能完成。民众对教育的诉求，聚焦于子女受教育过程中生活是否得到悉心照顾，子女接受教育后家庭生活是否得到明显改善。后者既受教学系统是否完善、教育与就业市场是否衔接等复杂的外在因素影响，也取决于子女学业成就。可以说，子女是否能通过教育实现向上的社会流动受多个责任主体作用。相较而言，子女的学校生活受到令人满意的关照，被父母视为政府与学校的当然责任。

2005年后“三包”政策开始全面发挥生活照料功能。一是“三包”标准的持续提高。在西藏，政府对学生包吃、包住、包学习费用的“三包”政策，1985年至2014年期间已经上调15次，学生人均“三包”经费由最初的210元/年提高到2014年的2900元/年。墨脱县由于地处偏远的边境，“三包”经费始终高于西藏自治区平均水平。二是逐渐提高的“三包”政策的服务效率提升。2005年以前由于与世隔绝、道路交通不畅，且商品经济发展水平极低，“三包”经费因难以购买生活物资而未能有效服务于改善学生生活。2005年以后，神秘美丽的墨脱逐渐为国内外游客所知晓，尤其是2013年墨脱县通公路以来，旅游业的发展带动了本

县整体经济水平的提高。不断增加和积存的“三包”经费用于购买学生生活用品的成本降低，快速改善了学生生活。

> 以前路不通，也买不到东西，就算教育局给我们拨了大量的“三包”经费，钱搁在那里，路垮了，都进不来。然后老校长就留了大量的经费，没花掉，现在想办法把伙食改善，然后学生就三菜一汤呀，鸡、鱼什么都买。牛奶、营养午餐，都不缺，主要是食堂里的炊事员少，给（教育）局里打报告，我们要给，但是炊事员少也没办法做，后面又增加了两个，现在是四个。现在生活还是挺好的，衣服、装备，这些都是用“三包”经费在外面订的，校服一年有两套，冬装和夏装都有。①

多方筹资，全力改善校舍条件。一是改善道路交通。2012 年墨脱县政府投资 105 万元为县中学修建市政路，道路总长 136.63 米。二是修缮中小学校。2012 年投资 989347.24 元，维修县中学、县完小、达木乡小学、背崩乡小学、格当乡小学等五校的学生食堂。三是改善卫浴条件。2012 年县政府筹资 25 万元为县中学学生宿舍楼改建了三个厕所；拨付资金 41 万元，为达木珞巴民族乡小学修建澡堂。四是修建运动场所。2013 年投资 139.4 万元为县完小配备操场塑胶跑道 1239.2 平方米；投资 87.4 万元修建县中学塑胶跑道 1769.5 平方米，投资 64.5222 万元修建县中学塑胶篮球场 595 平方米。五是配备后勤教师，分担专职教师负担。2008 年以来，墨脱县撤点并校进程加快，各村原教学点撤销，学生逐渐集中到乡完小、乡中心小学等寄宿制学校学习生活。小学低年级学生年龄小，生活自理能力较弱，有的甚至还不会穿衣服。需要教师帮助洗衣服、洗床单、洗澡以适应学校生活。但墨脱县教师数量历来相对紧缺，普及教育之初低年级学生生活照料主要由学校专职教师兼任，增加了教师的工作量，挤占了教师备课时间。为此，各乡镇向教育局申请配备生活老师。例如，帮辛乡自 2015 年以来专门聘请两名生活老师，负责学生生活照料、宿舍管理，照看学生吃饭、睡觉、洗澡、洗漱，专职教师只有在生活教师无法完成照料任务时提供部分帮助。生活教师的配备分担了专职教师的工作压

① 最美乡村教师 GSDJ 访谈，2016 年 8 月 10 日。

力，为专职教师集中精力提高教学质量提供了条件。

三　开展“护苗行动”，减少道路安全事故

如果说改善食宿条件属于满足学生群体第一层次的生理需求，那么近年来墨脱县持续开展的“护苗行动”重在保障学生群体第二层次的安全需求。墨脱县整体道路交通状况存在诸多问题。县内与县外直到2013年才通公路，而县内的上三乡至2016年未通公路。雨季来临之际，山高路滑，羊肠小道，泥泞难行，严重威胁学生的人身安全。2011年5月，帮辛乡中心小学1名学生在返校途中不幸坠崖；2012年达木珞巴民族乡一位家长骑摩托车载2名在校生送往中心小学途中发生坠崖事故；2012年帮辛乡1名学生上学途中滑溜索不慎坠入雅鲁藏布江中。

对此，县政府全面贯彻落实《西藏自治区教育厅关于中小学幼儿园安全工作预警通知》，广泛开展“护苗行动”。一方面尽可能完善道路交通设施。完善道路规划，着重在危险路段修建水泥护栏；修建跨江吊桥、搭桥，结束学生滑溜索过江上学的历史。另一方面建立中小学生往返学校交通安全工作协同的长效机制。由于客观地形障碍，墨脱县城与各乡村，乡与各村至今无条件通校车或班车。必须在乡镇、村委、学校和家长之间建立学生往返学校交通安全工作合力体系。各乡镇、村委、学校充分发挥党员与团员先锋模范作用，争做护苗使者，保障广大学生的身体健康和生命安全。加强分工合作，以乡政府、村委、学校和家长为主体，分别建立安全工作领导小组，按工作职责进行分工，健全各组织机构，并安排具体负责人，落实各岗位相关职责。

四　家校联合，构建良好的教育生态

长久以来，在墨脱县关于学生教育支持系统中，教师和家长长期未达成一致进而形成合力，而是经历了三个断裂阶段：一是疏离阶段。在“普六”工作开展以前，教师负责在校学生的日常教学，对未上学的适龄儿童没有劝学责任，而家长也缺少送子女入学的动力。二是角力阶段。即“普六”工作开展初期，教师有劝学任务，而家长尚未转变传统观念，排斥教师的劝学工作，与教师形成张力态势。三是托养阶段。即“普九”工作开展以来，学校生活条件的改善赢得家长的信任，但部分家长对学生在校生活缺少应有的关注，教师成为学生的保姆。家庭和学校作为青少年

儿童最重要的两个社会化场所，对学生就学的支持能否达成共识，直接关系到学生价值观念是否稳定。

定期召开家长会，转变家长教育观念，构建家校联合的学生支持系统。以帮辛乡中心小学为例，校长格桑德吉自2015年担任校长以来，每学期定期召集学生家长到小学开家长会，一方面帮助家长熟悉子女就学环境，切身体会到学校“爱心服务学生、技能服务社会”的办学理念，进一步获得家长信任；另一方面引导家长重视子女的学习和生活。学校向教育部门申请一定资金，为优秀学生和家长拍照，并给予奖励，提高家长关注子女教育的积极性，同时为其他家长提供参照，使其关注子女的成长、成绩，扩大教育对民众的影响力。定期召开家长会对促进家长转变观念、进入学生支持系统具有重要作用。召开家长会以后，家长一个月至少到学校看望一次孩子，帮助孩子洗衣服、洗床单被罩、整理学习生活用品。部分家长为表达尊敬给教师送菜、送小礼物。在家校联合支持学生教育的格局下，学生在学校获得的关怀不比在家少，学生也因此不再逃学，入学率和巩固率均得到有力的保障。

促进适龄儿童入学，关键在转变观念。改变民族地区教育观念相对落后的形势，不可能通过简单移植和嫁接观念就能完成，需要创造适宜的教育环境。具体而言，首先，办学条件持续改善。墨脱县中小学校舍规模、师资配备、食宿条件、运动场地等办学条件以短期可视化进程改善，家长通过家校对比、今昔对比形成对学校学习生活条件的高度认可。其次，自2010年起，墨脱县结束了刀耕火种的生产方式，并开始推进退耕还林工程。为保护生态环境，预防烧林种地带来水土流失隐患，有关规定凡坡度在25度以上的耕地均纳入退耕还林工程范围。墨脱县地形以山地河谷为主，地形陡峭，按标准许多家庭无地可种，生产结构得以调整，家庭经济不再依附于土地，家庭成员亦从土地中解放出来。父代不再种地，家庭生存逻辑开始发生变化，教育成为改善家庭经济生活的重要通道。由此从根本上推动家长教育观念的转变。最后，墨脱教育发展至“普九”以前，已有近40年的发展历程，经过四代党政干部和教育工作者的努力，经过四代人亲历现代教育，已形成较强的教育积累效应。以上三个产生于不同时段、以不同形式呈现的教育推手在近10年形成合力，推动如今墨脱县教育全面发展。

墨脱县最早的县机关幼儿园成立于1975年，仅有1名教师，1名生活老师，13 名幼儿。主要是招收机关干部和在镇居民年满 4 岁（独生子女 3 岁半）的幼儿，开设语言、常识、简单计算、品德、绘画、音乐等课程。墨脱县完全小学、背崩乡希望小学成立后，学前班也随之建立，并开设藏文、数学、语文、音乐和体育等课程。2000—2005 年，学前在校生达 282 人，教师 15 人，都具有中专学历。截至 2016 年 8 月，墨脱县建立幼儿园 6 所，在校生 323 人。2016 年小学共 9 所，学生总人数 1038 人，入学率为 99. 8%，巩固率为 100%。中学 1 所，总人数 559 人，入学率为 99. 8%，巩固率为 98. 9%。在普及九年义务教育的基础上，继续教育规模进一步扩大，2015 年墨脱县初中毕业生中升入高中（中职）的比例提高至 80. 3%，大学生升学率达到 79. 1%。

第五节　墨脱教育发展的问题和建议

半个世纪以来，墨脱县现代教育在各级政府的大力支持和领导下，在广大民众的广泛参与下，实现了跨越式发展。民主改革之后，广大农奴获得了人身自由，民众被赋予接受现代教育的权利，为墨脱现代教育发展奠定了良好的组织基础，为发展墨脱教育事业创造了良好的政治环境。民主改革之风吹绿了墨脱大地，县（军）政府克服寺庙旧式教育的长期垄断，以及生产方式落后、社会交往有限等重重困难，建立起现代教育管理机构并开展教育工作，成立扫盲夜校，创造有利于基础教育发展的社会环境，初步奠定了教育发展格局。政府主导的多渠道师资配置机制，有效地补充了教师队伍，推动了墨脱现代教育破土发芽。

进入 20 世纪 90 年代，在国家颁布《中华人民共和国义务教育法》和实施分税制改革的时代背景下，墨脱县增设扩建校舍，调整中小学校布局。进一步改善政策措施，充实教师队伍。切实贯彻“三包”政策，助力适龄儿童入学。全面开展“普六”工作，努力实现控辍保学，建立起完整的基础教育体系。2005 年至今，墨脱县加大政府参与力度，普及九年义务教育。改善办学条件，帮助学生适应学校生活。开展“护苗行动”，减少道路安全事故。健全家校联合机制，为学生构建良好的教育生态，多措并举促进墨脱现代教育事业实现全面发展。

伴随教育快速发展，教育与社会的互动关系也更为密切。一方面，广大民众通过接受教育进入党政机关及各事业单位，实现向上的社会流动，掌握了自己的命运，改善了家庭的生活，为基层社会带去了福音。另一方面，在与县外的关系中，墨脱民众获得条件和主动性，广大青少年希望通过教育通道，拓展视野，了解县外的世界。由此形成各级政府部门持续提供教育资源，民众积极争取教育资源的良好互动格局。

在这种互动格局中，墨脱民众增加了与外部社会的接触，既建立了日常生活的相互性，又增强了民族之间的文化交流。前者具有社会性的一面，县外学习生活为受教育者提供周期性接触、熟悉、融入流入地生活的机会。学成归来者或充实党政机关和各事业单位，利用先进的管理和教学经验重建墨脱县；或通过发展县内商贸，将商品经济和现代生活方式引入县城和乡村，成为沟通县内外的重要连接者。后者主要针对文化面向。受教育者的县外求学经历实际上是不同民族文化沟通交流的过程，通过文化触碰、冲击和协调实现民族文化融合。

在文化交流中，既有利于墨脱民众吸收外部文化精华，也有利于墨脱民众产生文化自觉，在此基础上深度发掘民族文化亮点。跨域的受教育者在保护本地文化方面具备情感忠诚和理性力量，是民族文化传承和保护的中坚力量。基于社会融入和文化交流，墨脱县内部与外部的社会整合得以实现，由此增强了组织认同和国家认同，充实了民防力量，为军防提供坚实的群众基础，共同巩固边防力量。但不可否认的是，在墨脱教育事业全面发展，并深刻作用于社会生活的同时，墨脱教育发展也存在诸多问题。

一 教育发展面临的困难和问题

（一）教育发展驱动力存在隐患

一方面始终未形成生产发展对教育提出的需求。西方现代教育普及的背景是工业化、社会化大生产，而墨脱县由于特殊的生态环境、地貌条件和区位劣势，至今工业发展尚未起步，因此难以从分工细密化角度产生教育需求。另一方面多年来推动民众接受教育“功名价值”存在潜在危机。墨脱县早期培养的人才直接流入党政机关及事业单位，与之伴随的向上社会流动在传统社会中产生的示范效应，由此生成以“功名价值”为核心的社会观念。实际上“功名价值”构成了民众送子女入学的主要驱动力。

然而，随着墨脱近四代受教育者及县外高校毕业生充实到机关事业单位，县域公职部门走入岗位饱和的困境。2016 年墨脱县公职单位编制合编不足 200 个，但实有编制多达 1200 个，超编数量高达 1000 个。应届毕业生难以按照惯有路径补充进政府部门和事业单位，严重冲击教育发展的驱动力——“功名价值”。而此时工业和服务业提供的细密分工格局尚未形成，受中高等教育者难以实现自身价值，部分赋闲在家，产生新一轮的“教育无用论”，严重破坏现代教育的发展成果。

（二）基础设施建设遭遇瓶颈

墨脱现代教育是在政府财政的大力支持下建立起了中小学校，改善食宿生活条件。当前在义务教育均衡化的政策目标指引下，墨脱县教育基础设施建设仍需进一步完善。然而，各乡镇小学校舍条件的改善却遭遇瓶颈。具体而言，一方面缺少建设用地，难以充分利用优惠政策和财政支持。在前义务教育均衡阶段，为普及六年小学教育，各乡镇学校基础设施建设主要集中于教室和宿舍的建设，建设标准与西藏其他县有明显差距，需要进一步扩建。同时，学校运动场所建设远未达标。然而，由于各乡镇皆山高谷深，用地极为有限。尽管近年来教育财政投入力度不断加大，但各乡建设用地紧张，难以将政府的教育优惠政策转化为教学条件的进一步改善。一位县领导曾形象地加以描述：我们有的乡小学没有超过 20 米的跑道，超过 20 米就跳雅鲁藏布江去了。

另一方面，乡内学校教育布局难以调整。最初部分乡小学校舍选址缺乏长远规划，“普六”以前在校学生少，三五间教室尚能容纳，“普六”以后在校学生持续增加，但与教育发展同步，民众生活水平也不断提高，住房条件不断改善，有限的建设用地被挤占殆尽，校舍搬迁已不可能。由此加剧校园基础设施建设困境。

（三）师资队伍建设面临挑战

一是墨脱籍高校毕业生不愿当教师。近年来，墨脱本地民众也形成了“学而优则仕”的观念，他们认为学习好的孩子都到政府当公务员了，当不了公务员的才当教师。同时，公务员可管理一县或一乡人民，而老师就管几十个孩子，不如公务员有威望。家长期望和社会观念对高校毕业生择业产生强烈暗示，尽管林芝市和墨脱县出台了有利于本地高校毕业生回流本县教师岗位的政策措施，但当前教师队伍中墨脱籍教师数量仅占一半。

二是非墨脱籍教师流动性强。对非墨脱籍教师而言，与西藏大多数地区高寒缺氧相比，墨脱县冬春季节大雪封山、夏秋蚊虫叮咬等严酷的环境条件更难适应。除此之外，非墨脱籍教师脱离原有的社会关系网络，并因语言障碍和文化差异难以融入当地社会关系网络。部分外来教师自进入墨脱工作起，便想方设法调出墨脱县。“十二五”期间墨脱县共调出59名教师。外来教师快速流动造成墨脱县大多数乡村教师的年龄结构年轻化，①教师队伍年轻化直接影响是大多数教师的教学经验不足，教师队伍质量难以提升。全县高级职称教师仅3名，教师队伍质量问题直接影响全县教学质量，降低民众对现代教育功能的预期。

（四）教育发展不协调

学前教育相对滞后。全县缺少独立的幼儿园，各乡主要依托小学完成学前教育。职业教育发展进程缓慢，职业学校办学条件较差，生源不足，课程不全，师资配备不足，教学不规范，职业教育发展缓慢。教师结构不合理造成现代知识与传统文化发展失衡。一方面，门巴族和珞巴族有语言无文字，决定了门珞民族传统文化传承必须依靠“口耳相传”，但这种传承方式具有“易逝”和“失真”的缺点。当前墨脱教育90%以上的学生享受寄宿制，阶段性地远离家庭、村落这两个门珞文化口传的固有载体；同时在职教师队伍以汉藏教师为主，客观地压缩了门珞传统文化口传的时间和空间，学校传承传统文化的功能也相对弱化。由此，放大门珞文化口传方式的缺点，可见在一定程度上门珞民族文化面临传承危机。另一方面，门珞教师比例偏低，汉藏教师不懂门珞民族语言，也造成以门珞民族为主的学生群体普遍在学习藏语上面临障碍。尽管自治区对墨脱县门珞民族小升初和中考均有特殊加分优惠政策，但所加分值远不足本县学生藏文平均分与自治区其他县的差距，使得门珞民族学生在现代考试机制中仍处于相对弱势地位。

二 墨脱县教育发展的对策建议

（一）大力发展县域经济，推动产业结构升级

基础教育普及和高等教育扩招，必然推动教育由“精英化”向“大众化”转变，由此不可避免地造成学历贬值，高校毕业生就业困难。墨脱县公职单位工作人员的饱和尤为凸显了“就业难”问题。然而，生态环境保护要求退耕还林，限制工业发展，也压缩了毕业生本地的就业空

① 笔者访问的帮辛乡、背崩乡、德兴乡小学教师的平均年龄处于27—28岁。如果按照高校毕业生平均年龄23岁计算，除去墨脱籍教师平均年龄略高，外来教师在各乡任教期限仅为三年左右，即教师聘任的一个合同期。

间。为此，必须转变传统发展思路，一方面大力改善县内外交通条件，拓宽本县与其他县经济往来，拓展本县经济发展空间；另一方面，基于本县原生态环境优势和特殊文化优势，深度挖掘本县独具特色的旅游业资源，完善旅游配套服务设施，带动相关产业发展。盘活县域经济，为吸收墨脱籍高校毕业生回乡创造工作机会。协调教育与社会的关系，为墨脱教育持续发展培育本地就业的推动力。

（二）加快集中办学进程

墨脱县各乡呈散点分布，人口、道路、教师等基本要素和配比存在较大差异。尽管全县整体生师比已达到教育部公布的相关标准，但小班额现象严重，班师比仍然不足。由此，墨脱县小学实行集中办学具有针对性意义。集中办学可整合教育资源，集中人力、物力办好寄宿制学校，进一步改善学校软件和硬件条件，使不同乡村的学生享受到相对均衡的教育资源。值得注意的是，一方面集中办学要以良好的路况车况条件为支撑。需要着重改善道路交通条件，拓宽羊肠小道，完成路面硬化，为学生和家长出行提供安全便利条件。另一方面合理调整学生周末放假时间。可采取放大周的形式，协调完善学生在学校、家庭、路途的时间规划。同时，进一步完善“护苗行动”，可参考自治区已实现小学集中办学的县（例如达孜县），为偏远乡村学生上学配备机动车接送。由于墨脱县路况条件差，不适合大中型车辆接送学生，如何选择兼顾学生安全和运输成本的适宜车型需要进一步分析论证。此外，还需进一步调动家长积极性，使家长群体更为广泛地参与到“家校联合”机制中，支持学生学业，保护子女安全。

（三）着重建立补充教师队伍的定向培养机制

尽管各级政府部门为墨脱县教师出台实施不少优惠政策，但墨脱特殊的自然人文条件，仍造成非墨脱籍教师频繁调离现象。对此，首先要提高墨脱县教师工资待遇。既要提供基于当地物价具有吸引力的工资，又要提供促进新任教师全心全意、长期稳定任教墨脱的政策激励。例如在评定职称、转业转岗方面，对任教满 8 年并取得一定教学成绩的教师优先考虑，等等。其次要加大对门珞少数民族教师定向培养力度。出台相关政策，确保门珞少数民族教师培养长期稳定进行下去，提高门珞少数民族教师教育教学质量，为门珞民族学生学习现代教育知识技能减少障碍。同时，确保门珞民族传统文化得到良好保护与传承。最后要建立县级教师培训中心。由于当前墨脱县教师年龄结构趋于年轻化，要扭转这一趋势，尚需较长时间。但青年教师培训需求相对集中，以县外培训为主的培训方式加剧了中小学校班师比过大的矛盾。为此，需要建立县级教师培训中心，建设墨脱县双语教师培训基地。建设以专家学者为主体的“教师培训团”，以暑假为主要培训期，采用“送培下乡”方式对墨脱县教师进行集中培训。以此降低全县教师培训成本，提高培训针对性，改善培训效果。

（四）完善教育分流机制

当前墨脱教育与就业的矛盾逐渐突出。随着高等教育入学率提高，墨脱县高校毕业生也随之增加，但人才培养结构与本地就业需求存在严重错位。产生了墨脱籍毕业生难回墨脱县就业，而本县教师人才队伍，尤其是学前教育、职业教育发展滞后的矛盾局面。为此，需要合理规划学前教育、职业教育未来发展规模，科学预测学前、职业教育师资缺口，加大对内地中职班学生的定向培养，规范引导中职毕业生有序回流墨脱县。建设专业的学前教师队伍和职业教师队伍，为墨脱县教育体系协调可持续发展储备充足的师资资源。

第十一章

六位墨脱人的故事

在墨脱美丽的土地上，生活着珞巴、门巴、藏、汉等多民族兄弟。珞巴族世居在墨脱境内，但绝大多数人口分布在印度实际控制区。一百多年前生活在门隅地区的门巴人，不堪忍受当地封建统治者的残酷压迫，带着对“莲花圣地”的向往，迁居到今天的墨脱一带，门、珞两族在生存斗争中结成兄弟关系。随着西藏封建农奴制度的步步深入以及各民族交往的日渐频繁，藏族同胞也开始进入墨脱。西藏和平解放以后，军政工作组和新政权陆续进入边疆墨脱，汉族“老大哥”与墨脱各族人民一起，共同建设新墨脱。随着援藏工作的深入，一批又一批对口支援墨脱的内地人，接力推动墨脱跨越式发展。在“莲花圣地”，各民族共同谱写新时代墨脱前进的篇章，他们各自的故事，正是墨脱历史文化巨变的生动写照。

第一节　顿珠卓玛的成长史

我出生在门巴族一妻多夫家庭，我有两个父亲。在我们门巴族婚姻中，其实很少会有一妻多夫的家庭，大部分人都是一夫一妻的家庭。我是一名跨世纪的“90后”门巴人，作为普通大学生的一员，过着平平凡凡的生活，却拥有无人知晓的人生故事。虽然只是短短的20多年的生活经历，但让我念念不忘的是爷爷奶奶讲过的墨脱、林芝的家庭变化。

童年的故事讲不完，只能在记忆中慢慢回味。对于我来说，那是没有电视动画片，也不会看动漫书的年代，每晚听爷爷奶奶讲着过去的故事，来度过每一个美好的夜晚。奶奶说：“我的奶奶原来生活在那个叫不丹的国家，被繁重的农奴制度所逼迫，很多人都不能完成土王（相当于西藏农奴制度时的农奴主）所提出的苛捐杂税，他们会受到挖眼等无法忍受的刑罚，当时有2000多人千方百计地了逃出来。”后来我从书上查阅得知那段历史，“大约在150多年前，不丹境内的门巴人民不聊生，族类离散，纷纷逃到墨脱，他们击退不丹追兵，浴血奋战。行至墨脱的邦部，那里的珞巴人怒目圆睁，举刀拿棒，不让其行，后因一名彪悍的门巴勇士砍开一块巨石，另一名力大的男子把一根拐棍插入土中，他们得到了珞巴人的敬佩，珞巴人借其一块鬼地，颠沛流离的门巴人砍掉鬼树，寒耕热耘”。我奶奶的奶奶一家，后来迁到了如今离老排龙乡还要徒步走3天的阿托玉泽村一带，2000年受易贡藏布大滑坡的影响，2001年在国家和政府的支持下整体搬迁至林芝市更章乡白玛店村生活。

1962年墨脱人民迎来了彻底的解放，在党和政府的领导下，结束了刀耕火种、燧石取火、骨针缝衣的原始生活方式。在2007年3月28日，我在更张门巴民族乡小学上五年级，学校请来了嘎冲爷爷给我们讲述了我们民族的祖先们的生活状况。他是更张门巴民族乡白玛店村的老村长，是当地一名能说会道的老干部。我现在还清楚地记得他说的话，当时人们过着“大树底下就是家，山洞石崖就是房，树叶竹笋充饥肠，芭蕉树皮当衣衫”的生活，他让我们珍惜现在的生活，不忘历史，感恩国家和党的关怀。当时他的这句话深深地震撼着在场的每一个人，更让我不禁联想起去世已有几年的奶奶所讲述的童年生活。

听爷爷说，在他15岁多时，他和家人一起从波密县易贡逃到了阿托玉泽村，是因为当时谣言四起，说不久之后他们那个地方会被军人所占，让比较有钱有势的家族受下地狱般的惨痛，谣言传得越来越厉害。他们就听信谣言，他的家人就选择离开易贡，一路躲躲藏藏逃到了阿托玉泽村。传说墨脱是“莲花圣地”，在那里不种青稞有糌粑，不养奶牛有酥油，不用木材有房住，四周崇山峻岭，花林修竹，居住着珞巴族的人。一家人白手起家，重新开始新生活。结合西藏解放的历史背景，我想那时应该是金珠玛米刚进藏的时期。

我爷爷他们一共有五个兄弟，他排行老二。他的母亲是一名“复活女”（复活女是一种比较罕见的现象，就比如八大藏戏中的《朗萨文崩姑娘》一样，一般复活过来后，不会再像以前一样的平常人，像是得到了嘱托一样，一心向佛，教导人们从善，会讲述人死后会在阎王那怎样受判的情形，这种人心地一般都很善良），她的灵魂离开身体但她的心脏依然在跳动，就这样过七天后，她会苏醒，会讲述人死后在地狱会受到如何的惩罚，很多说法都符合我不久前看过的一部叫《四十九天后的重生》的不丹电影，然后会像当初一样生活。

听爷爷说这样的人不能从寡妇手里要东西吃，不能喝颜色为橙色的牛的奶。不巧的是，她在生病时一名寡妇朋友来探病，给她带了牛奶，且牛奶也刚好是橙色牛的奶，她就这样一病不起，不久就离开了人世。村里的老人们说，我家人死的时候不会太苦，因为会得到爷爷母亲的恩惠。就像他们说的那样，我爷爷去世的时候，没有生太痛苦的病，非常平静地离开。家里的老大在当地（阿托玉泽村）娶老婆后，生活了几年就带着两个儿子再次回到了易贡，而老三和老四则共娶了一个老婆，长期共同生活在一起。在搬到了排龙乡之后，他们又搬到老林芝县直至现在。

在那一切像是被神造化了的阿托玉泽村，爷爷奶奶生儿育女，自力更生，一共养育了两男两女。老大是我大爸，我平时叫他阿爸，老四是我小爸，我平时叫他叔叔，他们共同娶了我阿妈。我阿妈是一名孤儿，7 岁时父亲去世，母亲改嫁后她有了一个同母异父的弟弟，她 14 岁那年母亲也弃他们而去。可怜的她有家并不想回，因为继父待她不好，很难吃上一口饱饭。她 15 岁时离家跟小姨生活直至 21 岁，快到藏历新年时她从甘德乡来到了阿托玉泽村，帮亲戚家看孩子，同母异父的弟弟则跟着爸爸，现在生活在林芝市米林县羌纳乡巴嘎村。

爷爷奶奶觉得这姑娘人不错，打算娶她作为俩儿子的共同妻子，就一边提亲一边跟她小姨联系。那时只需在乡里做个记录，不用上户口，也不用领结婚证。当时我们家情况是大姑已嫁在本村，小姑去排龙乡买茶盐，然后去易贡亲戚家待了一个月左右，就喜欢上了那里的人，也就喜欢那里的一切，不听父母劝阻，留在了易贡生活。家中只有两个儿子和两位老人。于是妈妈在 23 岁那年的藏历新年初三，嫁到我们家。当时的集体劳动是按着家庭人数来出工的，我家的户口本上没有妈妈的名字，后来分地也就没有她的份。直至 2003 年以后人们才注重户口，我们想尽办法写各种证明，都说是要按程序办事，以各种理由推脱，至今还没有解决妈妈的户口问题。

1998 年爸爸去易贡探望小妹及亲戚。他们建议搬到易贡来，说这地方只要我们肯下功夫，一年四季都会有收获。易贡属于亚热带季风气候，易贡比起阿托玉泽生活好多了，已经用上了电，看上了电视，也有汽车和小卖部，让我们满脑子都是新概念。这里会吃白面馍馍，会炒小菜，吃饭时不会直接坐在地板上，一家人围桌子一圈坐等，好多现象都与墨脱的生活方式看似相同却有着差别。比如在我们那儿用竹筒背水，吃饭用竹碗、竹勺，外出劳动戴竹帽，用竹篓、竹筐，盖房用竹竿、竹瓦，酿酒用竹器，浑身是宝的竹子在易贡却很罕见。这一次去易贡，在亲戚们的鼓动下和爸爸所看到的现象，使全家对在易贡生活充满了希望。

那一年冬天，爸爸再次去了易贡，一边托那边亲戚打通关系，一边找房子。那时的易贡茶场欠债累累，大片茶园无人照看，管理非常松散。1999 年我们一家七口，就从阿托玉泽搬到易贡茶业三队，那会儿我快到 5 岁，弟弟只有 1 岁多。我依稀记得在阿托玉泽的木楼、竹子、花椒树、甘蔗、柠檬、花生、香蕉，还有爸爸抽的土烟叶。刚搬到易贡时路上遇见爷爷奶奶就叫（ai bi mye mye），他们只是笑笑并不应答我。我以为他们不理人，原来这儿的人们听不懂门巴话，我渐渐也学会了易贡话，门巴话反而越来越陌生，现在我只能听懂门巴话，却不能流利地使用门巴话了。

我们家买的房子又小又旧，父母准备再建一个，父母和奶奶三人开始砍树准备木材，很不幸 2000 年易贡发生泥石流，大部分木材被洪水冲走了。2002 年奶奶病逝，交通不便就选择了水葬。2003 年终于盖好新房子，我也开始了学生生活。那时西藏各地已经实行九年义务教育，政府的“三包”政策惠及农民子弟，但易贡茶场小学由于要求是城镇户口，每学期每名学生要交面米各一袋，干柴一背，十斤菜油，三四斤干木瓜等。在我快要上三年级时，弟弟也到了上学的时候，由于家里的经济条件有限，就决定让我去更张乡大姑家上学，我和弟弟在茶场小学一起上了半个学期，后来我就去了林芝地区更张乡大姑家。

更张乡小学虽然有门巴族和珞巴族的同学，但大部分为贡布人，虽同为藏族，但他们和西藏其他地区的藏族有很大的区别，语言、服装都不一样，大部分人信仰苯教。再加上自己对本民族的语言已不熟悉，更张乡小学成为我的第二个陌生之地。小小的年龄寄养在大姑家，有太多的不适应，也让我养成了自立自强的好习惯，学会在生活上和学习上自我管理。当时非常想念远在易贡的家人和平时打打闹闹的小伙伴，太多时候会产生莫名的孤独的心境。现在想想这一切，像是老天故意考验我一样，成了我人生路上不可缺少的一部分。

小学毕业考试差了几分，我失去上内地中学的机会（在西藏小学毕业考试如果上线，就会被内地各大城市的西藏中学录取，中学要读 4 年，大多数学生的英语和数学都比在西藏上学学得好，但同时在内地上学的好多学生，母语都生疏了），我自己有一些失落，但并没有影响我继续上学的念头。还有我这一生最大的动力之源是“父母”的鼓励，在2008年我满怀喜悦的心情进入了林芝中学，遇到了特别好的同学和我最敬佩的藏文老师旺杰和政治老师夏勇明。后来我弟弟考上了波密县中学，家里人想姐弟俩彼此有个照料，在初二时我从林芝县中学转学到波密县中学，在那里我学会了“在家做个好孩子，在学校做个好学生，不能让在乎自己的人失望，更不能让自己在乎的人失望”。

在波密中学，我不仅要照顾好自己，还要照管弟弟的学习和生活。因为学生们的父母大多不在身边，班主任很难顾及每一个学生，只有一些自制力很强的学生会听从父母和老师的教导，有些学生从初中就养成了抽烟等不良习惯。我每天要监督弟弟的学习，虽然他极度不情愿，但基本会听我的话。我对他的中考、高考抱了很大的希望，他的表现也每每让我感到满意。这些考试对于我们这样的农家学生而言，是一件特别重要的事，我们不能靠开后门或交个钱（自费）就升学，一切都须拼自己所能。话虽好说，但一定要用实际来证明，必须付出比别人多一倍的努力。初中学习让我无悔。

2011年我初中毕业后，顺利地被林芝市一中录取。林芝市一中是一所很不错的高中，是林芝市的重点高中，每年都会有很多学生从这里考上自己理想的大学。高一新生军训10天，更加锻炼了我们的毅力，一中的教学楼、宿舍、食堂，每一处的角落都成为美好的记忆。我积极参与班干部评选，在校运动会上参与各项活动，在宿舍和班级里我都严格要求自己，认真学习，友好对待他人。高中阶段对我而言特别重要，高考是我人生的一个重要的转折点，更是我对父母的一个交代，我怎么可能不去好好地把握呢！高中三年我真的长大了，懂事了，知道父母供我上学不容易，知道想实现理想就必须付出代价！早上白开水和自家带的糌粑便成了我的早饭（因为吃早饭要排队需要等好长时间），加上随随便便的午饭，还有可有可无的晚饭。我的同桌和朋友都劝了我几次，好在我的身体一直没有垮，2014我顺利地高中毕业了。

一切来之不易。2014年6月24日，高考分数可以查询了，很高兴自己取得了挺满意的成绩。26日报考志愿，高中的语文老师平时就告诉我们：“学得好，不如考得好；考得好，不如报得好；报得好，不如选得好。”那天我清楚地记得老师的话，但父母希望我不要去很远的地方上大学，一是担心我，二是弟弟也要马上高中毕业，这对家庭而言是一件担忧的事情。我也不能太自私，是时候为父母着想了。这一天心情很复杂，这几年一边是父母的努力，一边是我的努力。本科一批第一志愿，我只选了西藏大学的法学专业，法学是我从看电视起最仰慕的一个职业，但它并不是我的最爱。28 日重本的录取情况出来了，可我被刷下来了，但我并不伤心。

第二志愿也是西藏大学的藏语师范专业，藏语是我的第二母语，藏文也是我最爱学的一门科目。但其实在我心中最理想的大学是中央民族大学，专业是藏语言文学。在藏文教科书上的很多作者都毕业于中央民族大学的这个专业。我清楚地记得学校高考动员大会上，我在那鲜红的横幅上，重重地写下了“中央民族大学”六个字。28 日下午 5 时许，我接到西藏教育考试院的电话，感谢西藏教育考试院的这位好心人，告诉我中央民族大学有两个名额，很多人在争取补录，你要参加补录吗？还说这是一所不错的学校，学费可以贷款之类的话，我就把身份证和准考证上的信息都告诉他，请他帮我填写。老天真的不负有心人，感谢在那么多人当中老天眷顾了我的心声，感谢那位好心人的帮忙。29 日 1 时多我再一次接到了好心人的电话，他告诉我已被中央民族大学录取，等一周之后录取通知书会寄到。我把这件好事告诉了我的家人和很要好的朋友，他们既高兴又挺担忧，觉得事情太顺利了。8 月 6 日我拿到了录取通知书，所有的烦恼都被那张通知书消除了。

2014 年的 9 月我拿着入学通知书，拖着一个紫色的行李箱，离开了熟悉的西藏林芝的老家，踏上了长达 46 个小时的遥远旅途。从小我出过门，却没有出过如此远的门。还好有个同乡的姐姐在中国人民大学念书，从火车站到学校及一些琐碎的事，都是她帮我解决。直到现在我也特别感激她，没有她的帮忙，我的开学第一天将会是另一个场景。这一切那么顺利，我再次觉得，这是上天在保佑着我，眷顾着我。在中央民族大学藏学院学习的这两年里，我一直在努力适应北京的生活，虽然很多事情会出乎自己的意料。我丢过身份证、银行卡、学生证，因为忘记拉书包拉链，东西不翼而飞。我真不太相信这一现实，可事情就这样摆在眼前，不得不接受。我时时告诉自己：“可以迷茫、麻木，但绝不能就此停步。”中央民族大学虽小，但它容得下 56 个民族，每次遇到困难，我都很幸运地得到中央民族大学老师和同学的帮助。

2016 年弟弟顺利高中毕业，被成都一所师范大学录取，父母们松了一口气，说我们家的两个孩子终于上大学了。但又在偷偷地担心，我家属于城镇低保户，父母都到了退休年龄，却由于当年搬迁错过时机，到现在也没有退休。我的大爸爸今年已经 56 岁了，他从小体弱多病，不能干重活，在家里主要承担田里的活。妈妈到现在也没有一个正式的户口，她的户口原件还在墨脱的甘德乡，也从没出过远门。我想着等我工作后的第一件事，就是要帮妈妈落实户口问题。我家的顶梁柱是“小爸”，不管是家里家外的大小事都是由他来决定和承担。我和弟弟都跟家里人说要申请助学贷款，可他坚决不同意。如今他 48 岁，仍旧努力奋斗，时光正无声地无时无刻不在消磨着他。我和弟弟却爱莫能助，只能眼睁睁看着他们劳累，我们只有努力完成学业。我们让家庭付出了那么久，就让我们再自私几年吧！放心，孩儿们一定不会辜负你们的心血！

进入中央民族大学学习之后，使我对民族概念有了更加深刻的了解。2016 年 3 月 10 日，来自林芝市墨脱县德兴乡的门巴族代表白玛曲珍，在十二届全国人大四次会议西藏代表团全体会议上发言，提出了保护传承民族语言的建议。她说：“父母简简单单的一句‘门巴语都不会讲，还是我们家的女儿吗？’”看似开玩笑却使她心里五味杂陈。我很有幸见过她本人，因为人大会期间她来过一次中央民族大学考察，藏学院安排我们 2014 级藏语言文学班参加座谈，她再一次强调了“传承民族文化的重要性及重拾乡音的建议”。我坐在教室的角落认真地听着她的话，想想自己的情况，告诉自己一定要把母语这一最美好的话讲给更多的人听。在 15 年前被我不经意间遗忘的乡音，不管再用多长的时间，我也要把它追回来。作为一名门巴族人，我深深地感到惭愧，我没能好好传承门巴族祖先留下的最宝贵的“语言”。

世界越来越小，墨脱的名声却越来越大。自从 2013 年墨脱公路贯通，与外界的交流越来越多。很多年轻人为了追求更好的生活或是为了满足内心的好奇，不断走出墨脱。迁出墨脱的人数在逐年增加，但是使用和传承本民族语言的人在减少。我们门巴族没有文字，只有语言，所以在传承本民族文化时就很难。门巴族的孩儿们，不管我们身在何方，都要严格要求自己，保留一份乡土情怀，留住最初的乡音。①

第二节 门巴人布琼的故事

我出生在墨脱县帮辛乡宗荣村一个普通的家庭里，虽说家庭普通但背后却充满故事。我的家庭成员有爷爷（父亲和母亲的父亲，门巴族都称之为爷爷，这里是指我母亲的父亲）、母亲，还有三个姐姐、一个哥哥和两个弟弟，加上我总共是九口人。我出生在20世纪80年代末，那时人们认为人多力量大，还受宗教观念的影响，怀孕了就必须生下来。也由于当时医疗条件差，人的寿命短，婴儿死亡率高，所以在村庄里一对夫妻有12个孩子人们也不觉得是一件奇怪的事情。

爷爷是村里很受尊重的一位老人。他阅历丰富，据说他以前是一个贵族家的家奴，性格暴躁、胆子大，四处逃跑。他曾去过拉萨、印度和不丹，最后遇到了奶奶，于是安心扎根在宗荣村里。他善于讲故事，在没有电器的时代，人们最好的娱乐就是听老人们讲故事。加上门巴族没有文字，要了解门巴族的历史，只能通过老人们口述，一代传一代。我的爷爷是一个老酒鬼，每一次喝酒就要喝到醉为止，他喝醉后就要唱歌，唱完就要哭。小时候经常看到老人们喝醉就哭，我不懂老人们为什么喝醉酒就哭，还跑到爷爷身边去嘲笑他。可今天我终于明白门巴族老人们为什么醉了以后就哭。

我爷爷是颇有名气的小活佛，属于宁玛派，同奶奶结婚后有了我父亲和姑姑。爷爷受旧社会观念影响，家中长子必须去当僧人，他要求我父亲当僧人，于是送他到墨脱宁玛派最有影响的曲尼“仁波其”家中学经。我父亲天性爱狩猎，具有很高的狩猎天赋，最后爷爷对他很无奈，只好让父亲放弃学经，回家耕种，农闲时去狩猎。后来解放军进藏，在很多骚乱分子的鼓动下，很多村民举家往外逃跑。当时我爷爷跟父亲说，我年龄大了跑不动，也放不下这片土地，我们就不逃了。后来发现爷爷的选择完全正确，解放军进藏，再开进墨脱，从此家乡有了前所未有的改变。

我父亲开始作为解放军的向导，不久正式参军。但由于后来家中爷爷

---

① 顿珠卓玛：中央民族大学藏学院本科生，现在西藏昌都丁青县民宗局工作。

和奶奶年老，姑姑又年幼，家中缺乏劳力，最终父亲选择退伍，回家耕种当农民。父亲每次谈到毛主席接见过他，都会无比自豪，具体时间他忘记了。当时是作为门巴族代表随团前往北京，受到过毛主席的接见，这是他一生的骄傲。墨脱虽说是交通不便，与世隔绝，但是在“文化大革命”时期，政治上也受到影响。我父亲一家曾受到严酷的批斗，家中所有值钱的东西都被没收，日子也不得安宁。

父亲最后被迫离开帮辛村，到宗荣村母亲家入赘，奶奶随着姑姑去了林芝。在我的记忆里，父亲是全村最好的猎手，每次出去打猎都带着一群年轻人，回来时总会带着一大堆猎物回来。回到村里就分给村里的人，村里的人会提着酒到家中迎接，全村聚到一起吃肉喝酒，爸爸就会自豪地讲述打猎过程中遇到的事情。从小父亲就对我们严格要求，但他又是一个重男轻女的男人。母亲说，父亲一直想要儿子，是想让一个儿子当喇嘛，没想到老大、老二、老三都是女孩。父亲为了让母亲生个男孩，每天早晨都要祈祷念经，母亲怀孕时父亲就带她去求子，后面生下的果然都是男孩。

父亲一直愧疚于爷爷，因为爷爷是颇有名气的喇嘛，按传统父亲是要继承爷爷去当一名喇嘛的。但父亲没有做到，随着年龄的增长，父亲总希望后代能圆自己的梦。我们家中的长子，也就是我的大哥老四，父亲从小开始就培养他，从远方请喇嘛来家中为大哥授课。大哥的童年几乎没有自由，每天很早就要起来在家里念经，也很少出去玩。我是半放生半圈养的小孩，早起晚归地四处晃荡，我经常和表哥一起偷邻居家的鸡蛋，也喜欢黏着父母，父亲也会带我上山去采药。有时父亲怕有危险不带我，我就偷偷地跟在后面，等半路上他发现我，只好很无奈地带我一起去。村里的人都说我很敏锐，将来一定是一个好猎手。

那时我的梦想也是当一个好猎手。如今我戴上一副近视眼镜，不可能再成为猎人了，政府也出台法规禁止捕猎，时代完全变了。母亲是一个贤惠的人，父亲经常出远门，家里的所有事都是母亲一人单干。我也喜欢跟在母亲后面到处跑，听村里的老人们说：“我们家中最调皮的就是我，我能走路了，还要让母亲背，总是让母亲吃不好睡不好。”墨脱交通不便，教育滞后，门巴族孩子上学一直面临很大的困难。特别是我们村，离县城很远，走路要 3 天，而且道路危险，经常有人在路上遇难。孩子外出上学，让家长十分担心。

在我的记忆中，我是全村第一个去外地求学的人。长辈们不太赞同小孩上学，上学就意味着要离开家乡离开家人，孩子会在外面受苦，出去就是好几年，加上村里医疗条件落后，一个小病也许就会要命。所以长辈们都希望孩子就待在村子里，平平安安地长大，长大后在村里成家，亲人守在一起，世代相传。在父亲的支持下，1996 年我带着梦想离开了我的家乡。我永远也忘不了，母子分别的那一刻，每次回忆起，我总是会情不自禁地流下眼泪。那一天的离别，成了我和母亲永恒的告别。

那天早上母亲起得很早，准备着路上的食物和衣物。今天母亲要送走她的两个儿子，一个去更好的寺庙学习念经，将来要成为喇嘛；一个就是还不到 5 岁的我，要去求学成为有文化的人。母亲和父亲觉得脸上又光彩又伤心，光彩是因为两个孩子都要出远门去学习，伤心是因为不知道何时能再见到我们。那天早上母亲不敢面对我，怕我会哭。我还高兴地说："我要走了。"我当时还以为过几天就回来，没想到一走就是 6 年。那天早上全村的老老少少都带着酒和一起凑的钱，集中到我们家里，母亲和父亲忙着招待他们，这时我的伙伴们都跑到我身边用羡慕的眼光看着我。忽然母亲跑过来抱着我就哭了，那时我不懂母亲在哭什么？现在我懂了，可母亲已经不在了。

父亲冷静地说："该出发了。"村里的长老走到炉灶边，用大拇指从炉灶里粘一点炭，涂在我和哥哥的额头中央，嘴里念着经，祈祷我们一路平安。长老端着一碗酒，让我和哥哥喝一口，然后走到父亲面前，父亲把酒喝干了，背上行李准备出发。这时我发现母亲不在，我就哭了起来，我在人群中寻找母亲，在人群中传来的是母亲的哭声，我朝着母亲的方向跑去，紧紧地搂住母亲不放手。父亲走过来把我们拉开，他抱着我不让我过去；母亲也在挣扎着，五六个妇女拉着母亲，母亲绝望地失声痛哭。回想当时母亲的表情和心情，我不知道用什么词去形容她。父亲"狠心地"把我背着，一步一步地离开母亲的视线，我和母亲的距离越来越远，我在挣扎，母亲也在挣扎。就这样我离开了我的故土，离开了我的母亲。

走了 3 天，终于翻过了大雪山。我几乎是父亲和其他年轻人一路背出来的。哥哥还好，他自己能走。年轻人是去往波密购买物品，我们是去往八一镇，我们在排龙乡分别。叔叔们嘱咐我们到了那里，要好好学习，他们说："明年开山时，再来看你们。"父亲则嘱咐他们先回到村里后，要帮我母亲干活。我第一次乘坐汽车，发生严重晕车，在车上不停地呕吐；

第一次看到城市，见到什么都是那么新鲜。晚上躺在床上，我就会想起母亲，以前睡觉时她总是会抱着我入睡。父亲在林芝住了十几天，终于要离开我回家了，他把哥哥送到波密的寺庙里。

我清楚地记得，父亲在离开我的前一天晚上，他眼睛湿润着对我说："儿子，全家人都会想你，有一天你会明白爸爸妈妈的用心。到了这个地方不要乱跑，要听姑姑和奶奶的话。你要记住，好不容易出来，一定要好好学习，要有责任心，全家人全村人都会等着你成功回来，将来还要建设我们的家乡。"这几句话，始终是我最大的动力。那晚我怕睡着以后，父亲就消失了，我紧紧抱着他，可是我醒来时，他还是不见了。我哭着要父亲，姑姑和奶奶说："晚上会回来。"我在门口等了很久很久，最终父亲还是没有再出现。

我开始了我的上学生涯。一个不满6岁的孩子，离开了家，离开了故土，总会遇到重重困难。学校的伙伴们都用藏语，我只会门巴语，首先遇到了语言障碍，我和他们无法交流，老师也听不懂我在说什么。我开始喜欢哭，只要老师一批评我，我就会哭个不停。每每下课放学时，看到伙伴们牵着父母的手回家的场景，我真的很羡慕他们，心里就会想着那遥远家乡的父母家人。小学毕业时，我以优异的成绩考入内地西藏班，得知消息时，我非常激动，我付出了太多太多的努力，终于有了收获。父亲也终于来接我回家了，对我来说更是喜上加喜，我可以见到亲爱的母亲了！

走了3天，终于看到了那熟悉的村落，我爱你——我的故乡，等我等了很久吧！我的伙伴们你们还记得我吗？有很多很多事我要和你们分享。我笑着对父亲说："分别6年了，我很想母亲。"以前父亲出远门，回来时母亲总会在村口等待，今天她依然会等待着我，还有姐姐、哥哥，我好幸福啊！我也可以牵着父母的手，一起走进自己的家。突然间我看到父亲在流泪，我不停地问怎么了？父亲最后才告诉我，我离开家不到3年，母亲生了一场大病，由于村子的医疗条件太差无法治疗，父亲也没有见到母亲最后一面，她离开了。我仿佛做了一个噩梦，眼睛在流泪，脑子是一片空白，我不敢相信这一切，也许是我听错了。我没有勇气去面对，此时我心跳加速了，似乎这个世界，这个村子，这个家庭都抛弃了我。在村口，哥哥、姐姐和姐夫，还有我的侄子来迎接我和父亲，姐姐跑上来，拥抱着我哭。我的心很乱，也充满了失望。

为庆祝我回来，晚上全村的人都聚到了家里。无意中老人们总是提起母亲，但很多门巴话我已经听不太懂了，反而减少了些痛苦，除了流泪我没有其他方法。曾经家里是那么热闹，如今是那么冷清。我和自己的姐姐、哥哥聊天，都是那么难。难道这就是我要为学业而付出的代价吗？此时我也明白长辈们为什么不支持孩子上学，不是他们愚昧，而是现实所迫！从那天开始，我和父亲的话少了很多，在家里住了一个月，最大的感受就是物是人非。也许是我淡忘了这里，也许是这里抛弃了我。我离开那天，村里也是同样的热情为我送行，可是我已经没有那么多的感情，因为在人群里再也找不到母亲的影子。我走的时候，拥抱了我姐姐和我的邻居奶奶。奶奶哭得很伤心，说："以后再也看不到你了。"

我准备离开西藏去广东上学的那一天，姑姑对我说："不要恨你父亲，他一直隐瞒都是为了你好，为了不影响你对生活的态度，希望你好好学习！我们劝你父亲找一个后妈，他就是不同意，他怕后妈对你们不好，他只希望你们平平安安地长大，他愿意当爹当妈，自己受多大的累也想着把你好好培养，宁愿你恨他一辈子，也要让你上学，让你掌握更多的知识，让你做一个对家乡有用的人。"

我在广东读了4年的内地初中班，在那里学到了很多的知识，也在慢慢地长大。我参加中考后，考到了湖南省岳阳市一中，在那里度过了我的高中时代。2009年考上大学，我在中央民族大学度过了4年的大学时光，在老师们孜孜不倦的教导下顺利毕业。2013年毕业后，我主动申请回墨脱工作，以一名国家公职人员的身份，为墨脱经济社会建设和社会稳定出一份力。2014年我又在职攻读中央民族大学硕士研究生，我要用我所学的知识努力为我的家乡做贡献！①

第三节　门珞联姻的曲珠家

我叫曲珠，1994年3月12日出生在西藏林芝地区墨脱县加拉萨乡龙列村。我的家庭不大也不小，但构成比较复杂，可谓是麻雀虽小，五脏俱全。家族成员既有门巴族，也有珞巴族，是一个和谐幸福的大家庭。

我爸爸是门巴族。我问过爸爸关于爷爷和曾祖父的事，但是我爸爸并不是很知情，因为爸爸十几岁就成了孤儿，是爸爸的姑姑将他抚养成人，

① 布琼：中央民族大学民族学与社会学学院硕士，现任西藏墨脱县县委办秘书、县档案局局长。

再往上追溯，一切都是空白。那我就从我爸爸说起：爸爸是一位朴实、勤劳、善良的门巴人，他有一个弟弟。爸爸不甘心贫穷，在 20 世纪 70 年代，背井离乡出去求学。当时姑姑不是很赞同爸爸上学，多次阻挠过。那时他们上学，路途遥远，需要自带干粮，为了打消掉我爸爸外出上学的念头，安心地干农活，姑姑不肯为他准备干粮。

我爸爸小学毕业后就没能继续读书，因为家里经济条件不允许，只能早点出来打拼养活自己。1986 年 8 月至 1990 年 7 月，他先在米林县派曲镇小学当炊事员，月薪 80 元。1990 年 3 月至 1991 年 7 月，他又到林芝八一镇第二小学当炊事员，月薪涨到 120 元。1991 年 8 月至 1992 年 8 月，被选送到拉萨师范学校进修一年。1992 年 10 月至 1997 年 3 月，被分配到墨脱县甘登乡公办小学，当一名代课老师，月薪为 270 元。

1999 年 4 月至 5 月，爸爸在墨脱县兽防站接受兽医培训。1999 年 6 月至 2004 年 7 月，爸爸担任起墨脱县甘登乡乡级动物防疫员，月薪 480 元。2005 年 7 月至 2009 年 8 月，爸爸在墨脱县加拉萨乡打工，老板承包了 40 万元的油菜籽基地项目。结果项目老板亏本违约，爸爸也失去了工作机会。2009 年 10 月，爸爸到墨脱县的兽防站工作，属于公益性岗位，一直干到现在。

我的妈妈是珞巴族。那是爸爸去甘登乡当代课老师时，路过加拉萨乡龙列村，结识了我的妈妈，两人一见钟情。我妈妈家有 8 个兄弟姐妹，她在家排行老三。我妈妈上到小学二年级之后，就早早地回家干农活了，因为妈妈家里负担很重。父母成家后，记忆里我们家先后搬迁过三次。先在甘登乡生活了 9 年，后来爸爸的兽医工作解聘后，为了生活我们就搬迁到了加拉萨乡，在那里生活了 4 年。再后来我们全家又从加拉萨乡搬迁到了县城附近的亚东村。

我有一个弟弟，今年 12 岁，在墨脱上小学五年级。我弟弟是在甘登乡出生的。甘登乡和加拉萨乡因为地形险峻、施工难度大的原因，虽几经努力，也拖了很长时间，至今没能够修通公路。我记得当时都是背夫运东西，交通十分困难。后来粗通的骡马道稍好一点，可以用马运输东西了。不久的将来，我相信这两个乡很快也会有公路。我们家现在生活在墨脱县城边的亚东村，国家扶持下给我们修好了楼房，总投入将近 30 万元的房子，自家仅掏 3 万元，其余的都是国家补贴。

珞巴族传统的住房修得都较大，房子建筑分为两层，一般一楼放些杂物，二楼则是人住的。房屋多由木头修建，一楼和二楼上下地板通气，这样就保证了屋内清凉度。房屋间的密集程度极高，家家相连，互相熟识，就如生活在同一个舞台，各家情况完全呈现无遗。做饭洗衣，夫妻吵架，小孩哭闹，全都听得一清二楚。某家早上发生的事，下午全村就家喻户晓了。各家的喜怒哀乐、酸甜苦辣、柴米油盐都是人们在饭桌上聚餐和喝酒时的闲谈。珞巴人生活简单快乐，这里的孩子最简单也是唯一的玩具就是泥巴。偶尔有家庭比较富裕的人，从外地给孩子买回玩具。即使是城里孩子最普通的玩具，也会让这里的孩子欣喜好久。

这里的人文和自然密切相关，邻里亲戚会经常相互走动，会拿出最新鲜的食物送给亲戚邻居。如刚从房门口菜园里摘下的辣椒和蔬菜，果园里摘下的无花果、橘子等新鲜水果，就连刚宰杀的鸡鸭肉都要相互分享。个人生活在亲密的群体和自然环境中，一旦与熟悉的群体和环境隔离，便会感觉到躁动不安、孤独寂寞。这里真正展现了人与自然的和谐相处。人与人之间亲密无间，人们经常互相串门，互送食物。全村人会一家接一家地热热闹闹聚餐喝酒，吃饭聊天，谈论饭菜的咸淡甜辣。人们一起转塔转寺祈福，祈祷一年四季风调雨顺、庄稼五谷丰登以及全家健康平安。在一起载歌载舞，毫无顾忌地尽情表达自己的真情实感。

最隆重的时候就是全村人一起做庙会和举行婚礼的时候。在我的记忆中，我们珞巴族婚庆特别热闹喜庆。珞巴族传统婚姻不鼓励自由恋爱，而是由父母决定儿女的终身大事。珞巴族婚姻多由父母包办，订婚大多在孩子七八岁时就进行。一般是男方家向女方家提亲，可以由男方的父母直接去，也可以委托媒人去，双方谈妥后即可订婚。订婚时男方家要给女方家送猪、米、酥油、酒等礼物。由于珞巴族过去是一个以狩猎为主的民族，因此婚礼上也会打上一些狩猎的特殊烙印，因而婚礼显得有些奇特。不过，现在的珞巴族很多年轻人已是自由恋爱了。而门巴族的求婚，是由男方父母亲自带上一桶酒、若干哈达到女方家去，首先要献哈达，然后一边喝酒，一边提出求婚要求。对方若同意，姑娘也愿意，便可得到明确而满意的答复；即使是不同意，也不会当面谢绝，而是借故推托。这是门巴族和珞巴族求婚的明显区别。

服装是区分不同民族的重要标志，也最能突出一个民族的文化特色。门巴族和珞巴族服装经过长期的历史变化，在原料、色彩、式样、图案、文化内涵等方面，都形成各自鲜明的个性。门巴族女子穿的内衣叫“埃努普冬”，以柞蚕丝为原料，有白、红、花等颜色；外衣则用棉线织成的土布做成。门巴族男子的衣服原料，大多也是用棉线织成。比较富裕的家庭，是去工布地区购买羊毛线作为衣服原料，一般颜色为白色，寺庙的喇嘛和扎巴穿的衣服是红色和黑色。而珞巴族人则利用野生植物纤维、棉花和羊毛作为衣服的原料。各个部落由于地域气候因素的差异，衣服的原料也有所不同。珞渝东南部的妇女上衣是自织红、蓝色条纹的土布，男女都不穿裤子，鞋子都是用草编制的。有些老人还光着脚丫上山打猎，踩着凹凸不平粗糙的地面，好像脚都不会有丝毫疼痛。到现在村里都还能看到光着脚丫，满山追逐打闹和游戏的孩子。

曾经有人问过我："你们珞巴族和门巴族心地善良吗？"我当时不知如何回答，只好将我们崇拜自然的信仰一一讲给他们听。在门巴族和珞巴族的眼中，大自然的日月星辰、风雨雷电、山川树木都有灵魂存在，"万物有灵观"是信仰和崇拜的思想基础。一个崇尚自然、敬畏自然的民族，将万物都视为有生命的民族，当然是善良纯朴的。由于各氏族部落生产环境不尽相同，价值取向也有区别，因而各部落间对于宗教的信仰也是复杂多样。珞巴族与门巴族都有自己的祭祀系统以及文化诉求。珞巴族祭祀活动繁多，在祈求、招魂等巫术活动中具有相当复杂的仪式，音乐、舞蹈、雕塑等文化内容，都会渗透其间。门巴族每逢新年的正月下旬，要举行祭祀地神的仪式，对于本族人来说，意义非凡。

门巴族和珞巴族的狩猎文化也非常具有特色。比如猎人出发狩猎前，会在家门口"插青"，以示外人不得入内，寓意是不得破坏主人外出时神灵的佑护。有时候，行猎前还要祭祀山神、灶神。门、珞民族的占卜文化，源远流长。门巴族与珞巴族都有各自独特的占卜习俗，比如珞巴族会通过五彩绳线来进行凶吉兆的猜测。门巴族则有着更为古老的巫术，无论是出门远行、进山狩猎都要进行占卜。在门、珞文化中里使用最多的是敬语，尤其是普通人面对大师和有头衔的喇嘛，一定要使用非常有讲究的敬语体系。同样，门珞两族都强调晚辈对长辈的尊重，说话也要使用敬语。人们从一个人的言谈举止，来判断一个家庭的家教和家风，这是门珞优良传统文化的重要组成部分。

我的小学一年级到三年级是在甘登乡上的，因为教学条件的限制，四年级以后就要去别的学校。我 8 岁离开家乡，开始到帮辛乡小学读书。路途需要徒步两天，吃的干粮要自己背上，晚上借宿在途中的村庄。第一次出远门上学，是妈妈送我去的，后来都是和小伙伴一起去。记得第一次去帮辛乡上学，我没有丝毫的伤感，只有对新生活的兴奋。妈妈送我到校后返家分别时，我也没有哭。后来妈妈告诉我，她在回家路上哭了一路，对我独自生活很不放心。

帮辛乡小学住校的3年时间里，生活极其艰难。学校的伙食有点差，早上是玉米和大米混在一起煮的粥，午饭和晚饭也是大米和玉米混在一起做的二米饭，菜只有炒白菜，很少有肉食。就这样我吃了3年，衣服也是自己洗。学习上老师教学的方式多样，有的用当地门、珞语教学，也有的用汉语授课。可惜当时我们没英语老师，没开过英语课。小学我记忆最深的就是挨饿，星期六和星期天没有午饭，那时最讨厌过周末。有时家里寄一点钱，就买方便面，四五人一起吃一包。但这期间，我的学习一直保持年级第一。

初中毕业我没考上内地班，就去县中学上初中。县中学的条件比乡村小学好得多。教学是用汉语，因为老师没几个是当地人。我的学习一直很不错，名次基本就是第一或第二。初中毕业时，我和一个同学考上了内地高中班，但我在体检时没通过，就上了拉萨中学。刚开始我在宏志班（家庭条件差但学习优秀的学生组成的班），后来因为我的藏语水平比较低，转到汉文班学习。高考选择了理科，我最好的成绩就是排到过班级的前十。3年高中生活，让我学会了藏语，也结交不少的好朋友。

2013年我考上了中央民族大学信息工程学院，学习计算机专业，和9个西藏的同学组成了一个特殊的西藏班。上大学是第一次走出西藏，第一次坐火车，我好兴奋，晚上都睡不着觉。好在是和一个朋友同行，他在内地上的初高中，经验比较丰富。后来在火车上，又认识一位在北京上班的姐姐，她带着我到学校报到。一转眼我就要大学毕业了，我想找个稳定一点的工作，陪在爸妈身边尽孝。这也是我从小的梦想，一家四口人一起幸福生活，等有钱了再带他们外出旅行，看一看外面的世界。

在不知不觉之中，珞巴族和门巴族的生活已悄悄发生变化，他们在努力跟上时代的脚步。墨脱已不再是那个中国唯一不通公路的县，一切都今非昔比，发生了翻天覆地的变化。这里的新楼鳞次栉比，街道上也变得热闹起来，越来越繁华漂亮。墨脱的交通方便了，信号站建起来了，网络信息通畅，电视、电脑使用日益普及。学校就办在家门前，孩子们再也不用冒着生命危险徒步走几天去上学了。许多年轻人都随身携带着手机，随时与外界保持着联系。就连网购，在墨脱都不算稀奇的事了。农业耕作都用上了现代的技术，城乡老百姓都过上了越来越幸福的生活。走在大街上，人们的笑容更加灿烂了。①

第四节　墨脱创客“多多仙森”

我 5 岁那年，弟弟还是个 4 岁的娃娃。一天傍晚，哥哥姐姐又在悄悄地讨论撇下我和弟弟跑去看露天电影的“阴谋”，是的，被我发现了。小时候的我，脑瓜子还是挺好使的，我知道我怎么叫喊哭泣，他们都不会带上我这个累赘去看电影。因为露天电影在乡政府的草坝子上，要蹚过两条小溪，翻越三个小坡。可是我还是很想去看电影。于是我和弟弟撕心裂肺地哭叫，最终，他们还是无情地把我们两个撇下跑了。

看着他们跑远的背影，我特别伤心，哭个不停。这时候，阿妈把我和弟弟叫回屋里，从他们卧室取出最珍贵的红糖，给我和弟弟一人一小块。我们一把鼻涕一把泪地舔食着手中的小红糖，弟弟舔着红糖再也没有刚才的伤心和去看电影的欲望，可我还是耿耿于怀，心生报复哥哥姐姐的坏心眼。于是我不知道从哪里弄来一颗五厘米长的钉子，尖头朝上埋伏在门口的泥巴路里，希望他们回来的时候每个人都扎上一脚，以解我看不到电影和不带我玩的仇恨。当晚，他们回来没有一个人被扎到，可是第二天一早，听见二姐在哇哇地哭，原来早上二姐去牵小牛时出门就中招了，当时，我的心里还是很内疚。

后来，不知是因为我长大了些，还是他们拿我没办法，终于带上我一起去，留下我毕生不能忘怀的童年记忆。在草坝子上，村里的男女老少齐聚一堂，看着宽敞庞大的银幕，大家有说有笑，又吃又喝，快乐地观看电影带来的新世界。我总会悄悄回头看看那个奇妙的放映机，陷入无尽的好奇与幻想，奇特的光线能变幻出无穷的影像，幻想自己也进入那光芒四射的电影世界。每次快看到结尾的时候，我们都会讨论电影里的那个英雄会不会死去，还会努力地问看过此电影的大人们，如果没有死去，我们会很高兴，如果英雄死了，会伤心难过好几天，甚至当场就泪流满面。每次演

① 曲珠：中央民族大学信息工程学院本科生，现在西藏墨脱县网信办工作。

完电影，人们都是依依不舍地离开现场，有的抱着小孩，有的拄着拐杖，有的点着蜡烛，有的打着火把，一路上回味电影的精彩，叹息英雄的过世，又会期待下一场电影时刻的到来。

大学4年是我人生最美的时光，无忧无虑，自由自在。可我最怀念的还是有充分的时间看电影，我无数次翻开了百度搜索引擎，搜出世界经典电影，看了一场又一场。直到我看了那场叫《天堂电影院》的电影后，我被一种莫名的震撼拨动心弦，眼泪毫不客气地夺眶而出。是的，电影里的主角小多多，让我不由得忆起了墨脱深山里的童趣，感触特别深，一发不可收，深深地爱上了这部毕生最爱的电影。影片里的那句话：你走吧，走出去吧，你要是一直生活在这里，你会误以为这里就是世界的中心，这里就是你人生的全部。

是的，我顿时联想到了墨脱，联想到了自己。假如，我从未走出墨脱，我会是怎么样的？永远是个坐井观天的农夫。谢天谢地，我能像电影里的多多似的，从西西里岛远到罗马求艺一样，从墨脱深山穿越大江南北到东北求学。从此以后，我的微博、微信、QQ，都起名叫多多先森，可惜微博已有人将多多先森占为己有，我曾给他发私信求网名，可恶的家伙是个僵尸户，只有6个僵尸粉，从不冒泡，于是我把仙字替代先字，依然不减我对多多的信仰。

大学毕业了，我毅然决然地辞职放弃了铁饭碗，选择自主创业。我坐在饭桌前，第一次感受当演讲员，宣讲我仁青多杰的志向和未来，听众就是可爱的家人，包括我的父亲。我说，我名字里有多字，我爱那电影里的多多，我们兄弟姐妹多多，我要自由多多，朋友多多，生意多多，我要你们幸福多多。

2011年，我从长春理工大学信息工程专业毕业，和其他大学毕业生一样参加了西藏自治区公务员考试，考上了林芝市公安局人民警察职位。在收到录用通知书的那几天，我心里七上八下的。毕业前回故乡创业的心思一直缠绕着我，家人也支持我回乡创业。思来想去，我毅然放弃了当一名人民警察的机会，回到家乡墨脱县。我想，创业能帮助更多乡亲，让他们过上更富裕的生活。

我从学校回到墨脱，先在父亲在吉都创办的林芝市白玛岗建筑建材有限公司工作。从操作机械开始学起，逐步掌握了建筑经营、购销环节和生产流程的管理，积累起了企业管理经验，接手了父亲创办的“家族企业”。2013年，扎墨公路通车后，墨脱县的建设型工程越来越多，而自己经营的企业规模小、生产技术落后，商品混凝土、水泥构件、预制产品出现了供不应求的状况。于是我计划大展手脚，先购进大型先进设备，引进先进技术和人才，扩大生产规模，带动更多乡亲们往好日子里奔。我的想法得到了亲朋好友的赞同、帮助和银行的大力支持。短短两年时间，公司规模扩大了一倍，现在公司这些大型混凝土机器，有一半以上都是我后来购进的。我还专门从四川、重庆、湖南等地引进了一批专业技术人才，到这里来进行机械操作、技术指导和机械维修，手把手地向乡亲们传授技术。

公司规模扩大之后，需要更多的人力、物力来支撑大型机械的运转，仅水泥每年就需要6000多吨。2016年，墨脱县白玛岗商品混凝土有限公司在与云南某水泥厂签订购销协议时，销售方主动提出将6000多吨水泥直接运到墨脱的商品混凝土有限公司，这样既可以减少中间环节，降低运输成本，又可以省掉仓储费、转运费等一大笔费用，一年下来要节约几十万甚至上百万元。身为墨脱本地民营企业，如何为当地群众提供更多的就业机会和收入渠道，如何为精准脱贫发挥作用，如何为地方经济发展贡献力量，是我始终如一的愿望。因而我婉言谢绝了云南水泥销售方的好意，在协议书中明确规定：“经销方只负责将水泥运输到波密县城，从波密县城运往墨脱由白玛岗商品混凝土有限公司自行安排运输。”

为此，我组织起墨脱县20位开货运汽车的驾驶员与白玛岗商品混凝土有限公司合作，为公司跑运输、拉水泥，增加收入，解决当地驾驶员四处寻找货源的困难。现在，白玛岗商品混凝土有限公司已有每月拿工资的本地固定员工40名，并间接带动了100多户门巴族、珞巴族、藏族和汉族群众增收致富。光是水泥运输这一项，一年就给当地驾驶员创造120多万元的收入，就是普通工人工作一天也能拿到220元的工资。以前，墨脱司机成天为找货源发愁，现在好了，不愁找不到运输货源，工作还越来越稳定，挣的钱也越来越多。以驾驶员桑杰次仁为例，他一年的纯收入大约就有9万元。

除了创业增收、带动百姓致富外，我还关注偏远乡村小学贫困学生和困难家庭的疾苦。甘登乡是距墨脱县城最远最偏最贫困的一个乡，不通公路，山高路险，崎岖难行，我和我的朋友带着慰问物资徒步4天来到了这所乡小学。当了解到珞巴族学生扎西顿珠一家七口人，母亲长期生病，只有父亲一个劳动力，家庭十分困难，品学兼优的扎西顿珠面临辍学时，我当即对扎西顿珠一家承诺："只要不放弃读书，除了国家的'三包'政策外，我仁青多杰愿意每年拿出 2000 元钱资助你上学，直到扎西大学毕业。"

2014 年 7 月，建设墨脱县中国石油加油站施工进度已经接近尾声。就在前不久的酒会上有哥们儿对我说："嘿！你邀请来的中石油马上建好运营了。"我立马回复："欧 No，不能说是我邀请来的，应该说是墨脱人民邀请来的。"无论如何，中国石油的油产品即将在墨脱投产运营，届时，一能保证较高的油质，二能保障实惠的油价，三能保计量，四能满足需求量，五能出示正规发票。那时候不仅仅是你们或我们能受益，而是全县人民共同受益。我知道我这么豪言壮语很多人都会一头雾水，那些人会反驳我们没车没飞机的受什么益，我就不妨用"蝴蝶效应"来辨析这个问题。

能源是一切生产生活的基础和筹码，21 世纪人民的生活和生存更是离不开能源，不然也不会爆发海湾战争，更不会有伊拉克被美国打的历史。能源牵连着我们的衣食住行，有车族是直接影响者，无车族是间接影响者。中石油进驻墨脱本该是墨脱全县人民欢欣鼓舞的时刻，它的存在将改写墨脱高消费的历史，直接影响全县物价的标准。食堂里饭菜价、街道上的出租车费、宾馆酒店住宿费、物资运输费、工地建材价，无一不跟成品油价有关系。

一晃几年过去了，墨脱发生了日新月异的变化，我的公司也在发展壮大。蝴蝶效应初见成效。我美丽的家乡墨脱，还在不断地蝶变。一切只是刚刚开始，墨脱正掀开她那神秘的面纱，就让我们拭目以待。作为门巴族的第一代创客，我会不忘初心，继续努力奋斗。①

第五节　莲花孤岛"一把刀"邓声敏

初识邓院长，是因为我们在墨脱调研时发生的一场意外事故。调研组领队徐老师早上下楼时，在湿滑的走廊上不慎摔倒，顿时不能动弹。团队非常慌乱，在这个偏远的县城有没有救护车可以转运伤员到医院？有没有

① 仁青多杰：现在西藏林芝市白玛岗建筑建材有限公司工作。刘颖：北京理工大学人文学院教师、博士。

医务人员可以处理这种紧急情况？不到半个小时，县委办小周马上派车把徐老师送到县医院，我提前联系墨脱县人民医院邓声敏院长，他在急诊室等候。

邓院长 42 岁，汉族，中共党员，云南省镇雄县人，毕业于陕西咸阳的西藏民族学院。1998 年 7 月，他毕业被分配到墨脱县德兴乡卫生院从事临床工作。第一次从米林县派镇出发到墨脱，路上徒步了 5 天。不但要翻越 4400 米高的多雄拉山，还要跨越数不胜数的塌方、泥石流区和悬崖，更要经受蚊虫和蚂蟥的叮咬。每一位进过墨脱的人都会说，“进墨脱就是在玩命”，历来就有“墨脱归来不言路”的说法，形象地表明了那时墨脱路途的艰险。

邓院长查询完徐老师摔伤的情况，建议先做 X 拍片检查。设在一楼的 X 拍片室宽敞明亮，一名帅气的藏族小伙子熟练地给徐老师拍摄了腰部、脊椎不同体位的片子。还好，诊断结果表明骨骼没有断损。邓院长提议再做一下 B 超，确定内脏有没有损伤。二楼做 B 超的则是一位门巴族女医生，经过她精心的检查，确定内脏也无大碍。考虑到徐老师仍有持续疼痛，邓院长建议到同一栋楼的藏医理疗室做藏医治疗。一位藏族女医生格桑卓玛询问病情后，建议做针灸，左右手分别扎 3 根银针，还交代用奇正膏药辅助，连续 3 天做藏医治疗。

通过和邓院长聊天，了解到墨脱这些卫生系统的医生都是服从分配，翻山越岭走进墨脱。医生中夫妻档不少，格桑卓玛的先生就是 X 拍片室的小伙子，邓院长的夫人也在县医院工作。这样夫妻同心，安居乐业。他们普遍的困难是孩子不在身边，格桑卓玛的孩子 4 岁，放在拉萨自己妈妈家。邓院长的孩子在西安老家，再过两年中考。特别是邓院长，他从医 19 年，始终保持对墨脱农牧民群众满腔的挚爱，坚持在墨脱基层一线工作。当时一同分配到墨脱工作的同学，有的甚至宁愿不要工作，也不到墨脱这样的艰苦环境来。但他认为条件越艰苦的地方越需要人才，更需要有医务工作者到那里去奋斗、去创业。

1999 年 7 月，上级安排邓声敏到地区人民医院内科进修半年。2001 年 3 月，他从乡卫生院上调到墨脱县人民医院工作，当时墨脱县人民医院没有外科医生，就连阑尾炎手术都不能做。为了医院的发展，更好地保障人民群众的健康，同年 7 月组织上安排邓声敏到安徽省宿州市立医院普外科进修一年。他十分珍惜外出学习的机会，立志做一名好医生：“我在墨脱所遇到的每一个‘第一次’，都对我的心灵产生一次震撼，更是一种鞭策，既然选择了墨脱，就不能让自己白来，一定要有所作为。”

2002 年 8 月他返回墨脱县人民医院工作，当时医生少，不管是内科、外科、妇产科、儿科病人，邓声敏都要参与抢救治疗。自工作以来，每周二、周五坚持在住院部查房，诊治每位住院病人，不分昼夜参加抢救重危病人，从未向组织提出补休。抢救重危病人 6000 余人次，做中小手术 800 余人次。自 2002 年 8 月开展了首例阑尾切除手术后，先后开展了首例腹股沟左右斜疝修补手术、首例肠梗阻手术、首例下肢大隐静脉曲张高位结扎加分端结扎手术、首例肝破裂修补手术、首例腹白线疝手术修补、首例腋臭切除手术、首例胫腓骨骨折切开复位钢板内固定手术、脂肪瘤、皮脂腺囊肿等手术，还破例做过妇产科的剖腹产、宫外孕、卵巢囊肿等手术。从未出现过医疗事故，也从未收过病人“红包”。视病人如亲人，急病人之所急，解病人之所痛，不分昼夜时刻为病人服务，给病人减少经济损失和痛苦，得到广大农牧民群众和干部职工的一致好评。

回想刚进修回来后，邓声敏接诊一位腹痛患者，是德兴村央金措姆，经检查诊断为急性阑尾炎。当时医院不能查血、尿、便三大常规项目，没有氧气，手术室没有消毒器具，只有一张简易手术床。患者病情急重，全院只有邓声敏是外科医生，“我心里忐忑不安，做还是不做，在我心里盘旋。病人痛得难以忍受，此条件下做手术，既担心术中病人出现意外，也怕术后出现感染。想了很久，给病人家属及病人交代了情况，决定给病人做手术”。准备做手术时，全身麻醉未能打上，咋办呢？只有“死马当活马医”了。进行局麻后，终于成功地将阑尾顺利切除，这让他高兴万分。病人得救了，一年的进修成效也得到了检验。“我没有让墨脱人民失望！”通过医护人员的共同努力，病人住院 7 天后就出院了。如今想起当时的情形，他还有些后怕。此例阑尾切除手术，是墨脱县人民医院 20 世纪 80 年代末至 2002 年本院医生做的首例手术，从此结束了墨脱县医院不能做手术的历史。邓声敏被墨脱人赞誉为“墨脱第一刀”。他谦虚地说：“这个称誉给了我很大的褒奖。”

2004 年 4 月 18 日（星期日），邓声敏正在门诊值班，来了一位腹痛患者，是墨脱镇亚东村的巴珠。她腹痛已两天，当时医生考虑是附件炎，经治疗不见好转，再次来院就诊，经过邓声敏进一步检查，确诊为宫外孕。妇产科医生没做过此类手术，连见都没见过，做手术的重担自然就落在他的肩上。“我当时想了很多，医院有没有血源，万一病人在术中不行咋办？不做的话，病人只有等死，征求得病人家属同意后，立即组织医护人员对该患者进行手术，术中见腹腔内有约2000毫升新鲜血液，右侧输卵管妊娠破裂出血，给予结缝扎处理。手术很成功，成功挽救了一条生命，也开创了本院医生首例做宫外孕手术的历史。我一个普外科医生，如果是在外面的医疗机构的话，则违反了有关规定，恐怕还要受处罚，只有在当时全国唯一不通公路的墨脱县，才会发生这样的奇事。能为墨脱人民解除病痛，挽救生命，改写历史，我感到无比高兴和自豪。”

2005年的一天，医院收住一位来自墨脱镇巴日村的索朗措姆，是一位36岁的孕妇。邓声敏询问病史，该产妇是第一胎，标准的高龄初产妇，住院待产已两天还生不下来。他建议做剖宫产手术，刚开始给患者家人交谈，家里的父亲不同意，就多次给家属做工作，如果不做手术的话，大人小孩都有生命危险，再三劝导下，他们终于同意做手术。“墨脱县人民医院妇产科医生没有一位做过剖宫产的，我只是进修时见过，没有做过，医院没有血库，如果病人出现大出血的话，病人就有危险，子宫收缩不好，就有可能出现切除子宫等问题。经过再三考虑，如果不做手术的话，大人小孩都有生命危险，搞外科的我再次鼓足勇气，向做剖宫产冲刺。术中打开子宫取小孩时，小孩头大已入盆，取出十分困难，差点将子宫动脉撕断，十分危险。通过反复细致的操作，顺利取出小孩。当时我的双手累得一点劲都没有，一直忙个不停，处理子宫、结扎血管等，通过近两个小时抢救，母子平安了。这样，我又开创了墨脱县20世纪80年代末至2002年首例剖宫产手术的历史。手术做完后，看到病人一家三口的幸福样，我心里暗暗高兴，又做了一件有意义的事！”

2005年的一天晚上12点，县医院接到背崩乡边防三营电话，说一位战士得了急性阑尾炎，急需手术治疗。部队卫生队没有会做手术的医生，当时又没有公路，病人无法送到县医院。为了挽救战士生命，医院立即安排由邓声敏带队，组织麻醉师、医生到背崩乡边防三营为战士做手术。从凌晨12点出发，8点走到背崩乡边防三营，一到后立即检查病人，是急性化脓性阑尾炎，必须马上手术，否则会细菌毒素吸收，会造成严重后果。连早饭都没来得及吃，邓声敏一行立刻为战士进行手术治疗，成功地挽救了年轻战士的生命。像这样紧急出诊抢救患者的事例太多，许多事邓声敏医生都记不清了。他说：“作为一名医生救死扶伤是自己的责任，特别是在墨脱县这种偏远山区，很多病人得不到及时救治，就这样不明原因去世的不少。能够及时抢救患者生命，是我们做医生的本职工作，没有什么了不起的。”公路未修通之前，邓声敏翻越嘎隆拉雪山护送领导和病人达100多次，使他终生难忘的是那次把领导送到嘎隆拉雪山后，他一个人返回52公里处，天上下着大雪，道路模糊不清，他差一点就掉入悬崖，现在回想起来还非常后怕。

2006年3月至2009年1月，邓声敏在中国药科大学业余药学专科班学习毕业；2010年3月至2013年1月在西藏大学业余临床本科班学习毕业；2001年3月至今在墨脱县卫生服务中心工作，于2014年1月被聘为墨脱县卫生服务中心外科主治医师。2009年12月老院长退休后，全院工作由邓声敏主持，他结合墨脱医院的实际情况，拟定成立了医院各科室，完善医院各项规章制度。进一步明确职能、细化分工，医护人员知道该干什么，不该干什么，大大改善医疗护理质量，提高了诊治水平，减轻了病人疾苦，减少了患者经济负担，从而为墨脱经济快速发展提供了健康保障。

邓声敏自2011年6月担任墨脱县人民医院院长以来，把业务建设作为工作的重中之重，不断提高医疗质量和技术水平。在医院的统一部署下，他经常深入科室一线指导工作，每年下乡进行调研和巡回医疗三四次，走遍了全县七乡一镇，对乡镇卫生院工作进行指导。2014年邓声敏在广东省佛山市援墨医疗队的帮助指导下，成功做了首例胆囊切除手术，填补了墨脱医疗历史的又一空白。2013年按照西藏自治区党委政府要求，为全区城乡居民暨在编僧尼开展免费健康体检工作。医院成立以邓声敏为组长的体检小组，各科室负责人为成员，走遍每个村庄的每户人家，认真细致地为农牧民进行健康体检、疾病预防知识宣传，他也被西藏自治区人民政府评为先进个人。

2016年西藏自治区卫计委要求全区县级医院创建“二级综合医院”，按照林芝市卫生局的总体部署，墨脱县医院被安排在最后一批创建。邓声敏院长主动向市卫生局争取任务，请求率先创建二级综合医院。在邓声敏院长的带领下，按照“以评促建、以评促改、评建并举、重在内涵”方针，全面、持续改进工作中存在的不足，加强医院内涵建设，全面提高医院的综合服务能力。2016年12月，墨脱县医院被西藏自治区卫计委评为“二乙综合医院”，是林芝市第一批被评为“二乙综合医院”的县级医院。

邓声敏说："只要脚踏实地，就能干成事情，方向正确，付出汗水，就会取得成功。"

经过藏医针灸和其他方式的3天治疗，徐老师的症状有明显好转。我们也因此而走近邓声敏，切身感受到墨脱医疗卫生事业的飞跃发展。墨脱今天的建设成就，正是因为有许多像邓声敏一样的各民族优秀儿女默默地奉献，他们一直在为祖国边疆的稳定和发展艰苦奋斗。我们衷心感谢这些可爱的人们！①

第六节　新墨脱人谢国高的执着与追求

"滚滚雅江水，滔滔墨脱情，巍巍群山任我行。拳拳爱国心，浓浓民族意，敢教墨脱添新姿。"这首诗的作者便是广东佛山援藏干部、广东省第八批援藏工作队墨脱县工作组组长、墨脱县委常务副书记谢国高。这是他2017年1月9日发表在微信朋友圈的诗作《走向天路181——墨脱情》。从中可以看出作者的情怀、自信、执着与追求。

他刚来的时候说过，他是带着浓浓的民族情怀、高原情怀、边疆情怀，来到这个孤悬于喜马拉雅山之南的边陲小城——墨脱。在他2017年1月11日发表在微信朋友圈的《走向天路183——开门红》中，我们读到这样一段文字："在进藏之前，我们就向在佛山的援藏前辈请教，得到悉心指导，做到心中有数；在进藏之初，我们就向自治区、林芝市、墨脱县的相关领导请教，并与广东省第七批援藏工作队墨脱县工作组做好工作交接和沟通，得到热情帮助，做到无缝对接；在进墨之后，我们就马上开展工作，7月20日进驻，21日上午召开干部见面会，会后就开始拜访调研，得到大力支持，做到时间零间隙。"他是有备而来，怀着情怀而来。

在2016年7月21日上午的墨脱县援藏干部人才见面会上，谢国高便提出了援藏的相关理念，并在日后陆续加以丰富和发展。其中包括：工作组的角色——党的治藏方略的实践者、党的民族政策的执行者、党的援藏事业的建设者；工作组的定位——学习队、宣传队、工作队、服务队、战斗队；工作组的精神——践行、融合、创新、大爱；援受关系的五个原则——尊重当地、学习当地、融入当地、依靠当地、服务当地。这些援藏

① 邓声敏，西藏墨脱县人民医院院长。刘颖，北京理工大学人文学院教师、博士。

理念的提出和完善，不仅丰富和发展了援藏文化，更成为新一批援藏工作组的理论指导和行动指南。

有了理念之后，还得有思路。在他的主持下，由邓宏照执笔，制定了《佛山市“十三五”对口支援墨脱县经济社会发展规划实施方案》。对于如何将理念和思路转化为现实，如何开展和抓好工作，他也有自己的思考和安排。他在 2017 年 1 月 11 日的《走向天路 183——开门红》中说：“我们之所以能够开门红，是通过‘三抓’来实现的，即抓早、抓准、抓好。所谓抓早，就是根据墨脱雨季时间长、施工时间短等特殊县情，将时间往前赶、速度往上提、效率往高拉。所谓抓准，就是科学谋划、顶层设计，通盘考虑、统筹兼顾，重点突破、以点带面，以期达到整体推进、各方协调的工作局面。我们重点抓了思路、团队、调研、项目、深化、团结、后方等方面。所谓抓好，就是高标准，严要求，树典范。要么不做，要做就要竭尽所能，做到最好（是自己的最好，不是横向与别人比较的最好）。”

正是通过“三抓”，工作组自 2016 年 7 月 20 日进入墨脱以来，在半年多的时间里，实现了“团队非常团结、援受非常融洽、进展非常顺利”的良好开局，得到了广东省佛山和林芝两市相关领导及墨脱县委、县政府的肯定，得到当地干部群众的认可。在 2016 年 12 月 10 日下午于佛山召开的“佛山—林芝对口支援工作座谈会”上，佛山市委书记鲁毅、市长朱伟，林芝市委书记马升昌，广东省政府副秘书长、广东省第八批援藏工作队领队、林芝市委副书记、常务副市长许典辉等相关领导，都对广东省第八批援藏工作队墨脱县工作组的出色表现给予了充分的肯定和高度的评价。认为团队角色定位准、精神状态好、团结协作实，适应环境快、进入角色快、工作推进快，得到了各级领导和干部群众的认可。墨脱县委书记旺东评价说：你们“为墨脱发展、稳定、和谐，做了大量卓有成效的工作，表示敬佩和感谢!”工作组被墨脱县委、县政府评为民族团结进步先进集体，雷震作为队员代表被评为民族团结进步先进个人；谢国高、李斌、喻晓坤、邓宏照、李展健、郭振华、赖明建、雷震八位队员在年度考核中全部被评为优秀；谢国高被县委、县政府推荐参评全国扶贫攻坚先进个人；杨泽锋、傅秋龙、刘天、何家雄、胡惠娟、谢林碧六位医疗技术人员均被县委、县政府授予“援藏优秀人才”称号。

在他的带领下，工作组时刻都在创造着平凡却不平庸的业绩，不断刷新着援藏的历史纪录，创造着一个又一个的第一：

——在历批援墨工作组中第一个当年走遍全县 8 个乡镇 46 个行政村。墨脱境内山高谷深，坡陡崖峭，林密草茂，虫多兽猛，水急流湍。道路沿江临崖，翻山越岭，崎岖曲折，弯多狭窄。雨季时间长，达 7 个月之久，连绵不断的降雨十分碍事。夏季多塌方、泥石流、滚石等地质灾害，冬春多雪崩等自然灾害，全年地震频发。因此，历史上也只有一批在 3 年内实现了这个目标，更别说半年。可是，在谢国高的带领下，工作组硬生生地吃下了这个“螃蟹”。

——在广东省第八批援藏工作队中第一个在政府网站中开设援藏专栏。

——在广东省第八批援藏工作队中第一个开设微信公众号。

——在广东省第八批援藏工作队中第一个编发工作简报。

——在全国第八批援藏工作队中第一个被新华社等国家级媒体正面报道。

——在全国第八批援藏工作队中第一个率先启动项目建设，于离进墨脱两个月还差一个星期的 2016 年 9 月 13 日，创造了全国投资类援藏项目最早动工的纪录。

——在全国率先探索实施地区之间全面对口支援，由佛山市直相关部门与墨脱县直相关部门结对帮扶，佛山市的 5 个区与墨脱的 8 个乡镇结对帮扶。

……

这些成绩的背后，是谢国高所带领团队的积极探索、大胆创新和艰苦付出。为了夯实基础，构筑平台，他开展了一系列的深入调研。首先是召集所有县直部门和驻墨单位进行座谈调研。他在《走向天路 185——抓调研》中说：“我们在进驻墨脱的第二天下午便开始拟定县直部门和驻墨单位的调研安排，第三天便开始分系统、分部门先后组织了 35 个县直部门和驻墨单位召开座谈会，了解各单位及其所属系统的情况，并收集意见建议 110 多条，使我们对墨脱有了一个基本的了解。”其次是下乡进村入户调研。他在前述文章中说：“基于墨脱的特殊情况和我们的工作安排，我们在去年 9 月 3 日正式启动了下乡进村入户调研。其间由于众多工作穿插其中，直到 12 月 27 日才告结束。全程历时 4 个月，用时共 21 天。其中，徒步往返 17 个村，用时共 13 天，徒步 200 多公里。我们分别听取了各乡镇党委政府及村两委、驻村工作队、寺管会（驻寺工作队）等基层单位的工作汇报，全面了解各乡镇及村、寺的基本情况、工作情况、困难问题、意见建议等，收集意见建议250多条。在下乡进村入户调研时，我们实地考察了几乎每一个基层单位、每一个经济组织、每一块集中连片的种养基地，以及100多户贫困户和农牧民家庭。”最后是对拟建项目进行实地考察。他在《走向天路179——实地考察》中记述：“为了项目，我们曾经用9个多小时徒步30公里翻越嘎隆拉雪山，多次穿越密林深入喜荣沟和嘎隆拉沟。我们上至嘎隆拉雪山垭口，下至雅鲁藏布江边，北至甘登乡多卡村，南至背崩乡西让村，东至格当乡布龙村，西至德兴乡易贡白村，足迹遍及全县的每一个乡镇和村，县城的每一个角落，能通车的扎墨公路及其他乡村道路的每一个路段，县城前往各乡镇村以及各村前往连片耕地的每一条徒步路线，拟建项目的每一块土地。”

在调研过程中，谢国高的综合和统筹能力得到了充分的发挥。他将了解情况、听取意见、收集建议、沟通交流、实地考察、指导工作、看望慰问、解决问题等综合统筹，融为一体，分别实现。他在《走向天路175——看望慰问》中说：“我们选定的看望慰问对象为解放军和武警驻墨部队；派出所、小学、卫生院；扎墨公路沿线的52K公安检查站、林业检查站和80K公安检查站、旅游门票站；县五保集中供养服务中心；村两委、驻村工作队、寺管会（驻寺工作队）；贫困户；重大灾害事故遇难者家属和受伤者；患病干部、职工、群众；干部、职工的患病家属；等等。”半年内累计看望慰问相关单位和个人超过235人次，约占全县总人口的2%，慰问金额近35万元。他特别重视收集意见建议并转化应用，想方设法给予解决。他在《走向天路185——抓调研》中说：“除了县直部门和驻墨单位座谈会收集整理的意见建议110多条和下乡进村入户收集整理的意见建议250多条外，我们为全面系统收集整理各县直部门、驻墨单位、乡镇及村的问题困难和意见建议，又通过县委办发文，让各单位以规范的格式填报，收集汇总的需求达400多条。我们已对其进行归纳整理、分类研究、逐个处理。目前已解决问题23项，拟解决问题15项。”

如果说他的工作理念、工作思路和艰苦付出让我们口服心服的话，那么他的创新思维和创新能力就更加让我们佩服了。他说：“我们已经是第八批援藏工作队，前七批的前辈们已为我们打下了坚实的基础。我们是站在巨人的肩膀上继续前进，所以不能故步自封，停滞不前，而是要以敢为人先的气魄，勇于创新的精神，不达目的不罢休的执着，不断深化援藏工作。”“我们要不断推动援藏工作实现‘五个深化’，即从政府向部门深化、从政府向社会深化、从政府向家庭深化、从市级向基层深化、从单一向全面深化。”在他的带领下，工作组开展了一系列的创新：

一是全面支援。这是他进墨脱之初就开始倾心谋划的一项创新性项目。当时，他考虑到由佛山单一对口支援墨脱县的特点和优势，率先提出由佛山全面对口支援，并安排邓宏照牵头起草相关方案。《佛山市全面对口支援墨脱县乡镇结对方案》已于 2017 年 2 月 26 日由佛山市政府印发实施。全面对口支援制度是佛山在全国范围内率先践行习近平总书记在东西部扶贫协作座谈会重要讲话精神，贯彻中央第六次西藏工作座谈会和中央扶贫开发工作会议精神，落实《中共中央办公厅国务院办公厅关于进一步加强东西部扶贫协作的意见》，探索地区之间、部门之间、乡镇（街道）之间、行政村之间结对帮扶的创举。

二是全面联系。进墨脱之后，谢国高在深入调研的基础上，创新性地提出了全面联系制度。《广东省第八批援墨工作队全面联系制度实施方案》已于 2016 年 11 月 9 日由墨脱县委印发实施。全面联系，就是要让广东省第八批援藏工作队墨脱县工作组的 8 个队员分片联系全县的相关单位，包括县直和驻墨单位、乡镇、村三个层次。目前全面联系制度已经发挥了积极作用，已为相关单位解决了一些实际问题。

三是爱心结对。进墨之初，他就开始倾力策划“寻找佛山爱心爸爸妈妈”的活动，由郭振华起草方案。工作组会同墨脱县教育局、扶贫办遴选出符合条件的墨脱县流动、留守、孤困农牧民儿童，由佛山符合相关条件的爱心家庭结对帮扶，积极帮助解决实际困难，促进他们的身心全面健康成长，促进民族交流融合与社会的和谐稳定，促进援藏工作从政府、社会向家庭深入延伸。

四是军民共建。他考虑到墨脱是边境县的实际情况，一方面工作组全面看望慰问了解放军和武警驻墨部队，并成功向佛山争取将驻墨某部列为长期双拥共建单位，每年最少给予 30 万元的支持。另一方面工作组与武警墨脱县边防大队共同起草了军民合作共建基层组织的实施方案。

在前方，我们看到他不停的脚步；在后方，我们依然看到他忙碌的身影。2016 年 7—12 月的半年中，他利用四次回广东出差或者休假的时间，先后拜访了党政机关、企事业单位和行业协会、爱心企业近 100 家，向他们介绍墨脱情况，宣传援藏工作，争取资源支持。筹集计划外援藏资金已逾 4000 万元。在 2017 年 1—2 月的年休假中，他连同陪家人外出旅游和春节放假总共才休息了 15 天。他在 2016 年 12 月 30 日的《走向天路 171——天气冷了》中这样说：“今天，我们已经顺利返回佛山，进入了一年一度的休假模式，同时也开启了另外一种工作模式。因为，对于援藏来说，休假只不过是换了个地点换了种方式工作而已。”他是这样说的，也是这样做的。

谢国高，地地道道的广东人，却有着一米八的个子，身材高大挺拔。他属虎，自己戏称是“爬山虎”，走路时喜欢疾行，健步如飞，颇有一份虎威。他黝黑的皮肤经过青藏高原的纯净阳光反复烤晒已经越发加深，短而倔强的头发尽显坚毅的个性，但是脸上总挂着温和而慈善的微笑。他从小在农村长大，艰苦的环境和长期的磨炼早已使勤劳成为习惯。他在 2017 年 3 月 8 日国际妇女节当天写了一篇挂念母亲的文章《走向天路 239——不忍看你》，这样评价他的母亲：“热爱劳动和工作的人是不需要任何激励的，而且任何事情难以阻挡她对劳动和工作的执着。”深受父母的遗传和感染，这样的评价同样适用于他。谢国高自 1997 年大学毕业以后就一直在佛山工作，长期受到“敢为人先、崇文务实、通济和谐”的佛山精神的洗礼和浸润，使他的工作非常务实高效。他就像一台“永动机”，每一天都尽可能把行程安排得很满，无论是在墨脱还是回到佛山，似乎全身有花不完的力气，使不完的精气神。有人说，谢国高不是在工作，就是在去工作的路上。他坚持每天写一篇“走向天路”的系列文章。这是从他进藏第一天开始的，发表在微信朋友圈，文体像日记，但又不按日记事，是日记和散文等多种文体的综合，所以我们把它称为散记，也戏称为《新西游记》或《新一千零一夜》。我们可以在《走向天路 99——漫话西游》中读出他的坚持与执着：

“《走向天路》从 7 月 13 日进藏的第一天开始，每天一篇，连续编号。当天没有完成任务或者因墨脱断网而发不出去的，次日补上，坚持每天一篇。以前就发觉坚持不容易，现在写这个‘走向天路’系列发觉坚持更困难。每天无论阴晴云雨雪雾冷暖，无论是否有空是否疲劳，都要坚持，确实不容易啊！好几次，都因为太困睡着了，半夜才又爬起来继续写，而晚上十二点后才写完的情况就经常出现。为什么要这样坚持这么执着呢？主要是想把这三年援藏期间的所见所闻、所作所为、所学所得、所思所想、所感所悟、所收所获比较原生态地记录下来，与大家一起分享，同时听取朋友们的意见建议，加强相互之间的良性互动。通过‘走向天路’系列，希望告诉大家一个我眼中的、心中的、相对真实的西藏、墨脱及援藏工作。”

谢国高可能天生就与青藏高原有缘，他的性格和高原上的景色一样，对比强烈而又完美融合，相互矛盾而又和谐相处。他对工作是那么严格严谨，而对生活又是那么轻松随意。工作上，我们怕他，怕他的高标准严要求，以至于有队员形容他是“私人老板”，真正是把职业当事业的那种；生活上，我们爱他，爱他的豁达开朗，幽默风趣，甚至可以成为人生的导师。其实他不是没有弱点，他天生恐高，但他敢攀悬崖，敢过吊桥，甚至敢溜索！我们问他，他总是说：“人家那么多人都过去了，为什么我们过不去呢？人家那么多人都没掉下去，如果我们掉下去了只能怪自己。”但他无意中的一句话可能道破了天机：“面对困难和危险，我们只是选择了克服。”他不是没有疾病，其实他患有痔疮，在翻越嘎隆拉雪山的时候痔疮复发，他咬着牙关一声不吭，夹着疼痛的“尾巴”走了 6 个多小时，还要照应落在后面的同事，一路讲着笑话鼓励大家。

他不是没有柔情，我们在他的《走向天路》中读到过四个人：一个是他的儿子。对儿子，他既有生日不能到场的遗憾，也有旅途不能陪伴的缺憾和牵挂，当然更多的是对孩子格外坚强和勇敢的鼓励。一个是他的妻子。他在 2016 年 10 月 24 日给妻子写了一篇散文诗《援嫂》。这篇文章在他的微信朋友圈发表以后引起了广泛的共鸣，不少援友纷纷进行了转发，也让他的妻子躲在洗手间哭了一个晚上。一个是他的奶奶。2016 年 11 月底，得知奶奶驾鹤西去，他历时两天，几经辗转，行程四千，从西藏赶回去为她送行，并含悲写下了《走向天路 143——奶奶安息》表达哀思。一个是他的母亲。他在《走向天路 239——不忍看你》中深情而又痛切地写道：“……看到她痛苦的神情，听到她痛苦的呻吟，确实不忍去看，不忍去听。”由于远在墨脱，这也许是他内心深处最大的无奈和愧痛。可见即便是这铮铮铁汉，心底也有柔软的一角，这一角他留给了他亲爱的家人，虽然满是愧疚——援藏干部远离家乡、远离亲人，工作的压力和思乡的牵挂等，使他们更容易感到孤独、寂寞和烦躁。“最渴望的是家里来电话，最害怕的是放下电话的一刹那”，谢国高虽然也有和大家一样的煎熬，但作为组长，把这些看在眼里，想在心理，时常和队员拉拉家常，讲讲笑话。他说："不因生活中的一个变动而彷徨，而因生命中的每一个经历而感动、感激、感恩！"

巴尔扎克说，一个能思想的人，才真是一个力量无边的人。有人说谢国高强大的力量来自渊博的学识、细致的观察、开阔的视野、敏捷的思维。艾青说："为什么我的眼里常含泪水，因为我对这片土地爱得深沉。"谢国高常说："我们不是援藏干部，而是西藏干部"，"我们是任职而不是挂职"，"我们是主人而不是客人"……"用心、用情、用爱"，可能是对他最好的诠释。①

① 郭振华：广东省第八批援藏工作队墨脱县工作组组员。

第十二章

墨脱调查问卷数据的统计分析

2016 年夏天，调研组在墨脱县进行了社会调查研究。墨脱县分为七乡一镇，其中，上三乡包括甘登乡、加热萨乡、帮辛乡；下三乡（镇）包括背崩乡、德兴乡、墨脱镇；金珠地区包括格当乡、达木珞巴民族乡。墨脱县的七乡一镇 46 个行政村，截至 2016 年 8 月，还有加热萨和甘登两个乡的共 21 个行政村不通公路。有些即便已经通了路的村子，道路也是开凿在悬崖边的单车道沙土路，路的两侧往往一边是泥石流常发的峭壁，一边是波涛翻滚的雅鲁藏布江，遭遇泥石流和塌方是家常便饭。我们对县委、县政府、县人大、县政协四大班子及其下属职能机构进行走访，召开十多场专题座谈会，对重点人物进行专访。也努力克服交通不便的困难和危险，尽可能多地到各乡村进行实地调查走访。

在定性研究的基础上，我们也通过问卷调查开展定量研究。但从发放问卷的工作难度来看，墨脱的条件与其他地区相比，具有人少、路险、居住分散等特点，课题组要想在短短的调研期间，亲自走遍所有的乡镇把问卷发放下去，几乎是一件不可能完成的任务。课题组经过协商，按照大调查项目发放问卷的总体要求，结合墨脱当地的具体情况，将问卷的发放途径大致分为三类，一是课题组带至乡政府，确定具体抽样原则后，由乡政府工作人员协助发放填写；二是由县委、县政府办公室协调各驻村工作组，请他们将问卷带回驻村点，协助发放填写；三是课题组在走访过程中，随机对一些城乡居民和外来人口进行访谈并填写问卷。

课题组最终共发放问卷 390 份，收回问卷 376 份，其中有效问卷 303 份，问卷的回收率为 77.69%。根据墨脱县统计局 2016 年提供的资料显示，截至 2015 年，全县总人口 13936 人，乡村人口 10684 人，城镇人口 3252 人，本次问卷调查的抽样率约为当地人口总数的 2.17%。

表 12-1　　问卷发放回收数量的统计情况　　（单位：人）

乡镇名	墨脱镇	背崩乡	德兴乡	格当乡	达木乡	帮辛乡	合计
实际发放	90	90	60	60	60	30	390
实际回收	86	88	60	59	60	23	376
无效问卷	16	30	4	2	6	15	73
有效问卷	70	58	56	57	54	8	303

注：甘登、加热萨两个乡由于尚未通公路，夏季山区泥石流多发，最终没有纳入问卷发放范畴。

第一节　人口学变量

一　年龄

样本年龄平均为 39.27 岁，最大的 75 岁，最小的 15 岁，标准差为 12.96，偏度系数 Skewness = 0.431；峰度系数 Kurtosis = -0.418；两个系数都小于 1，年龄近似于正态分布。

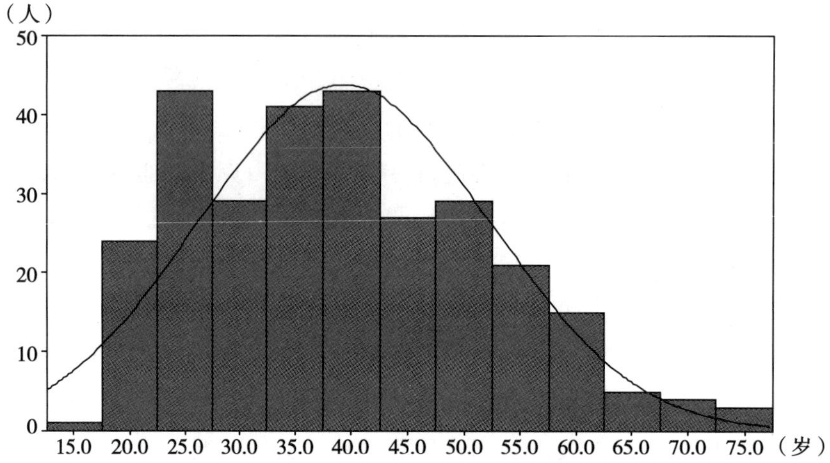

图 12-1　受访对象年龄分布

为了便于在后面的分析中进行分组比较，我们按照年龄段将受访者分为六组。

表 12-2　　受访对象年龄段分布情况

年龄	25 岁及以下	26—35 岁	36—45 岁	46—55 岁	56—65 岁	65 岁以上	不详
人数（人）	55	58	84	57	22	9	18
百分比（%）	18.2	19.1	27.7	18.8	7.3	3.0	5.9

二　性别

本次调研样本中，男性 211 名，占 69.6%；女性 87 人，占 28.7%；未填写性别 5 人，占 1.7%。由于本次调研属于入户调研，一般首先会邀请家庭地位较高、熟悉家庭整体情况的户主来回答问卷中的问题，因此男性受访者占比较高。而问卷中受到性别影响出现性别偏差的问题较少。

三　民族

墨脱最早是珞巴族聚居区，大约在 18 世纪中后期开始，门巴族逐渐从门隅地区向当时的珞瑜地区（现今的墨脱）迁徙。自此，门巴族在墨脱的人口数量慢慢发展起来，超过了世居的珞巴族。除了门巴族和珞巴族，在格当乡和甘登乡，还有部分康巴藏族。汉族在墨脱只占非常小的比例。我们的样本结构较为准确地反映了墨脱当地的民族结构。

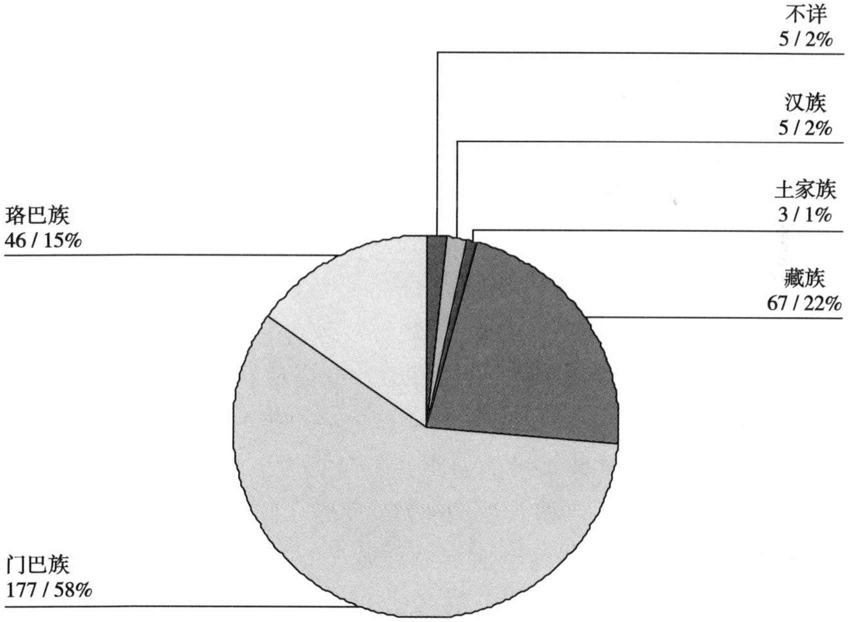

图 12-2　样本民族分布（人/百分比）

四　宗教信仰

1949年初期，西藏基本是一个全民信教的地方。公元7世纪吐蕃赞普松赞干布执政时，佛教开始从汉地和印度逐渐传入西藏。经历了“前弘期”和“后弘期”后，佛教完成了其藏化过程，全方位地渗透进了西藏社会生活的方方面面。在我们的样本中，信仰佛教的受访者也占到78.5%。在墨脱，世居的珞巴族最早信仰的是万物有灵的原始宗教，18世纪以后，信仰藏传佛教的门巴族迁徙进入后，两个民族因为佛教和传统民间宗教在教义上的冲突，产生过不少纷争，后来随着佛教的本地化才慢慢平息。目前，墨脱仍有部分群众信仰传统民间宗教。

表12-3　　样本宗教信仰分布情况

宗教信仰	藏传佛教	道教	伊斯兰教	天主教	民间信仰	无宗教信仰
人数（人）	238	8	1	1	5	47
百分比（%）	78.5	2.6	0.3	0.3	1.7	15.5

五　受教育程度

样本整体的受教育程度偏低，超过80%的人口没有接受过初中以上的教育。但是通过分析在不同文化程度中，各年龄段受访者所占百分比可以看出，未上过学的受访者绝大多数集中在45岁以上的各年龄段中。对于较为年轻的受访者，他们中绝大部分还是接受了正规的文化教育。西藏民主改革后，墨脱从刀耕火种的部落制直接跨越进入社会主义制度。对于20世纪70年代之前出生的受访者，在温饱尚需解决的时候，教育相对滞后是可以理解的。而对于20世纪70年代之后出生的受访者，他们接受基础教育的状况和全国整体水平的差距并不是很大。墨脱县于2003年完成扫盲工作，2005年完成“普六”，2007年完成“普九”，2011年通过“两基”国检验收，2013年开始全面启动县域义务教育均衡发展工作，截至2016年，根据墨脱县教育局提供的数据显示，墨脱县小学入学率为99.8%、巩固率为100%，初中入学率为99.8%、巩固率为98.9%。

六　户口、职业分布

据县统计局的统计数据显示，墨脱全县基本上是农业区，农业人口约

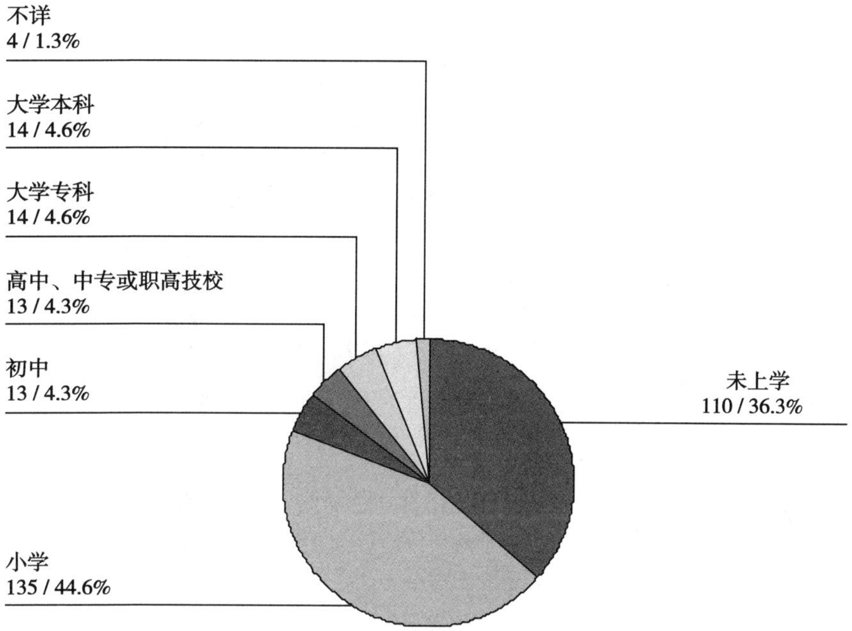

图 12-3　样本文化程度构成（人/百分比）

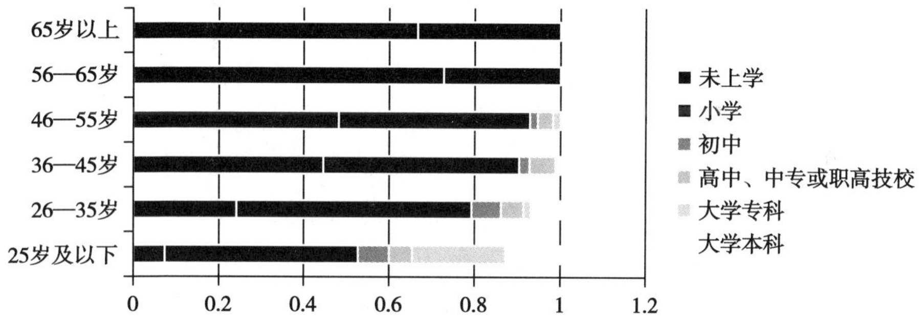

图 12-4　各年龄段在不同文化程度上占比分布

占总人口的 76.66%。样本分布趋势基本与之相符，样本职业分布也再一次呼应了户口分布。

表 12-4　　样本职业分布情况

职业	农牧民	公务员	企业职员	工人	服务业	不详	合计
人数（人）	248	21	5	2	21	6	303
百分比（%）	81.8	6.9	1.7	0.7	6.9	2.0	100

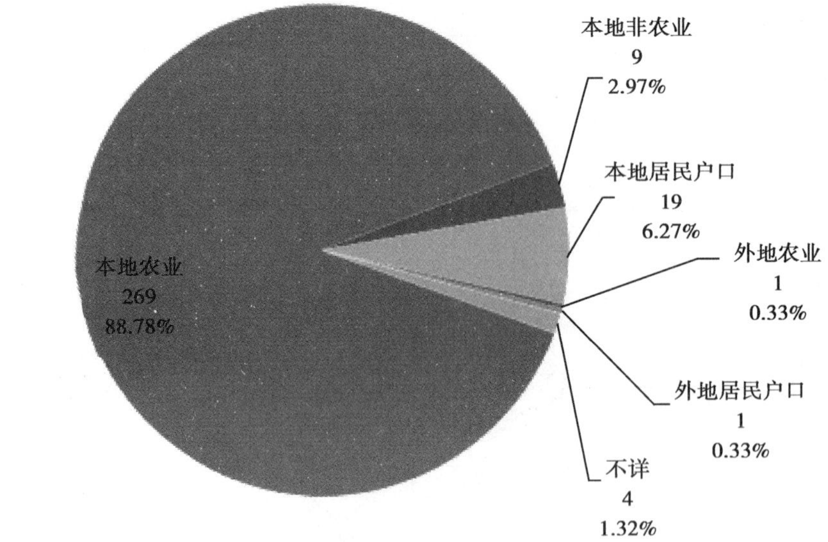

图 12-5 样本户口状况分布（人、百分比）

第二节 经济发展与资源保护

墨脱是西藏高原海拔最低、环境最好的地方，也是西藏最温和，雨量最充沛，生态保存最完好的地方。因为地势隐蔽、交通极为不便，墨脱被称为“隐藏在云雾、雪山、密林中的人间绝域”。但也因为如此，常年居住在这里的居民过着与外界隔绝的封闭生活，形成了稳定但相对落后的经济社会形态。随着国家投入力度的不断加大，2013 年扎墨公路的开通，在墨脱全体人民的共同努力下，墨脱的经济也像进出墨脱的道路一样，逐渐走上快速发展的道路。

一 经济结构

墨脱近 25 年来的经济呈现持续发展的趋势，除了三产总值不断上升，值得注意的还有以下两点：一是从 2009 年开始，墨脱出现了第二产业，主要来自建筑业；二是第一产业比值逐年下降，第二和第三产业比值逐年攀升。截至 2015 年，墨脱全县的农业产值达到 3092. 87 万元，第二产业产值 2547. 09 万元，第三产业产值 7303. 04 万元。

表 12-5　墨脱县 1990 年至 2015 年三种产业发展数据

年份	第一产业		第二产业		第三产业	
	产值（万元）	占比（%）	产值（万元）	占比（%）	产值（万元）	占比（%）
1990	400.9	86.23	—	0.00	64	13.77
1995	642.39	80.36	—	0.00	157	19.64
2000	983.47	72.37	—	0.00	375.55	27.63
2001	1023.77	65.05	—	0.00	549.96	34.95
2002	1079.33	67.17	—	0.00	527.62	32.83
2003	1021.66	62.02	—	0.00	625.66	37.98
2007	1028.96	42.96	—	0.00	1365.94	57.04
2008	1065.38	39.63	—	0.00	1623.18	60.37
2009	1236.25	35.78	301.04	8.71	1917.85	55.51
2010	2205	38.58	554	9.69	2957	51.73
2011	2567.33	41.44	725.64	11.71	2902.96	46.85
2013	2838.24	32.46	1114.33	12.74	4790.92	54.79
2014	2812.98	26.34	2410.38	22.57	5457.79	51.10
2015	3092.87	23.90	2547.09	19.68	7303.04	56.42

资料来源：相关数据均来源于墨脱县发展改革委。

墨脱县属于高山农业地带，原始森林和草地居多，过去当地百姓多以打猎和刀耕火种为生。近年来由于退耕还林和动物保护方面的政策，野生动物保护力度逐年加大，退耕还林工程面积为 5000 亩，耕地面积比过去有所缩减。2015 年，全县共计耕地面积 2.37 万亩，其中包括粮食 2.12 万亩，油料 0.029 万亩，蔬菜 0.22 万亩。

墨脱目前的工业、工人多集中在工程建设、市政维修等领域，第二产业的收入主要来自建筑业，很少一部分来自工业产品如竹编器物等的销售收入。

第三产业的发展水平关乎当地百姓的消费水平及消费方式。近年来，由于道路的改善和旅游业的兴起，第三产业产值在墨脱大幅增加。超市、旅馆、出租车、茶楼、卡拉 OK 厅、农家乐等都不止一两家，但从业人员多为外地打工人口，我们在县城中的超市、药店走访的时候，店主多来自四川、江西、陕西等多个内地省份。早先登记的出租车也多为外地牌照，本地人口更多还是集中在农业生产当中。

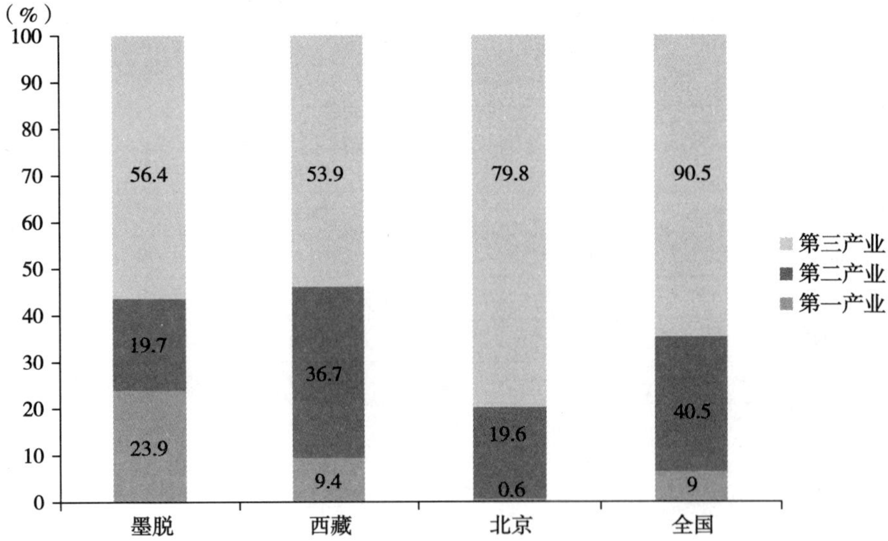

图 12-6　2015 年墨脱三种产业比值及与全国的比较

资料来源：根据《2015 年国民经济和社会发展统计公报》整理，国家统计局编。

二　经济收入水平

墨脱县居民的经济收入这些年来一直处于上升趋势。从 2006 年的农牧民人均纯收入 1361.81 元到 2015 年的人均纯收入 8593.46 元，9 年时间，增幅达 313.32%，平均每年增幅为 34.81%。从 2006 年的全国农民人均纯收入 3587 元到 2015 年全国农民人均纯收入 10772 元，9 年时间，全国农民纯收入的平均增速为 22.25%，[①] 绝对值暂时落后于全国平均水平，但增长速度远超全国平均水平。

表 12-6　墨脱县历年居民纯收入及现金收入一览

年份	纯收入（万元）	人均纯收入（元）	现金收入（万元）	人均现金收入（元）
1990	428.69	516.49	—	—
1991	545.32	654.72	—	—
1994	693.72	795.46	—	—
1995	718.02	818.80	—	—

① 国家统计局：《2015 年国家统计局官网全国年度统计公报》，中华人民共和国国家统计局网站，2016 年 2 月 29 日。

续表

年份	纯收入（万元）	人均纯收入（元）	现金收入（万元）	人均现金收入（元）
1997	938.72	1060	406.13	458.6
2000	1169.85	1282.9	—	472.1
2001	1348.43	1459.81	553.96	599.72
2002	1409.02	1517.03	—	—
2003	1487.30	1703.08	—	—
2006	1781.08	2079	1061.81	1239.42
2007	2023.59	2314	1266.82	1448.62
2008	2336.30	2682.02	1542.22	1770.43
2009	2657.34	2984.77	1766.12	1983.74
2010	3255	3455	2191	2369
2011	3971.74	4158.02	2852.14	2985.91
2013	6389.69	6412.13	4218.26	4233.08
2014	7615.70	7472.96①	5445.44	5343.38
2015	9181.28	8593.46	6564.82	6144.53

资料来源：墨脱县发展改革委，其中部分年份数据缺失。

在我们的调研样本中，有228位受访者填写了自己的2015年个人收入，平均值为20780.77元，标准差1748.49。我们对这一数据进行统计，发现呈现出较为明显的分层。

除了现金收入，房产也是一个家庭经济状况的重要指标。本次调研样本中，拥有一套住房的有256人，占比96.6%；拥有两套住房的5人，占1.9%；一套住房也没有的4人，占1.5%；还有38人未填写住房情况。在房产价值上，平均价值为16.17万元，绝大多数受访者的房产价值集中在15万—20万元之间，这一切与政府近5年来的住房保障工作密不可分。根据墨脱县国民经济报表显示，2011年，墨脱县农牧民人均住房面积还只有11.56平方米，到了2015年，人均住房面积已提升至22.37平方米，几乎翻了一番。在走访中我们随处可见安全美观、整齐划一的小康示范村，还有通过安居工程建造的白墙红瓦的民房。根据墨脱县住建局提供的数据，墨脱县从2009年开始保障性住房的建设，主要包括公租房、廉租房及棚户区

① 人均纯收入中，政策性补贴平均每人2208.70元，占29.56％。其中，人均公益林补贴1279.56元、边民补助609.58元、其他补助319.56元。

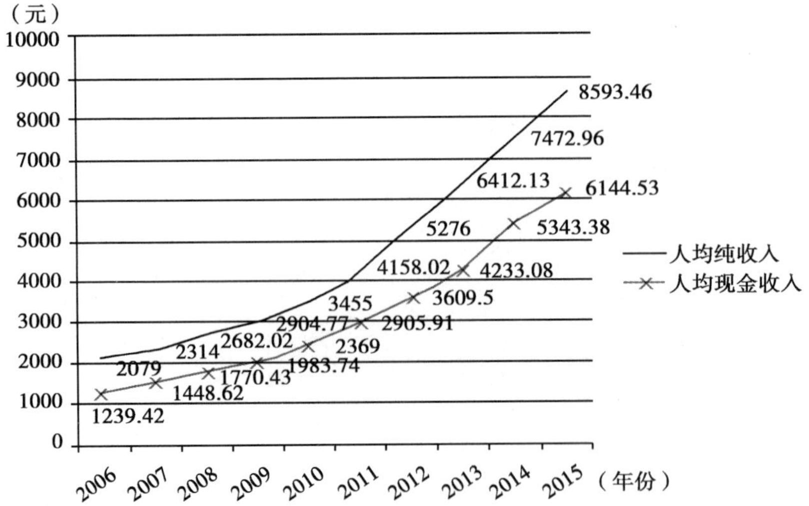

图 12-7　2006 年至 2015 年墨脱县居民纯收入及现金收入增长趋势

资料来源：墨脱县发展改革委。

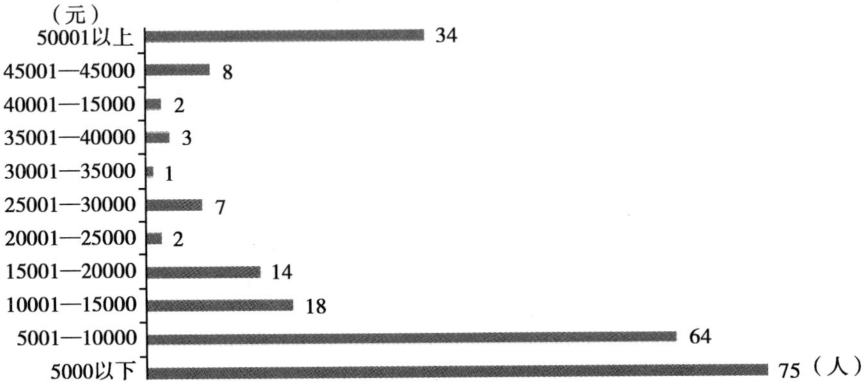

图 12-8　样本 2015 年个人年收入分布

改造。截至 2015 年，墨脱县的保障性住房已建成 615 套，10 个小康示范村总投资超过 1.3 亿元，2012 年启动的安居工程涉及 1876 户。

在对自己家经济收入水平的自评上，85%的受访者将自己家定位在“中”“中上”或“中下”；与 5 年前的收入水平相比较，40.6%的受访者认为自己的收入水平“上升很多”，46.5%的受访者认为“略有上升”，7.5%的受访者认为“没有变化”，只有 2.4%的受访者认为“略有下降”或“下降很多”；在预期 5 年后的收入时，25.7%的受访者认为会“上升很多”，53.1%的人认为会“略有上升”，11.6%的人认为没有变化，4.5%的人认为会“略有下降”或“下降很多”，我们在分析中还发现，这两种回答具有高相关，即在和过去5年对比中将自己的收入水平评价为“上升”的受访者，更容易对未来5年的收入做出“上升”的预期。

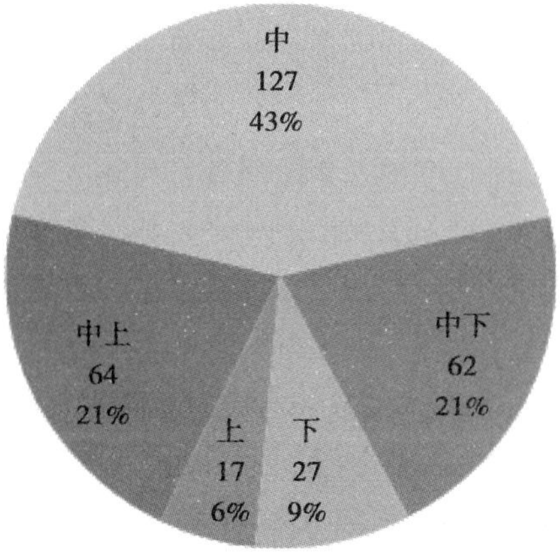

图12-9　受访者对自己家庭经济收入水平的自评（人、百分比）

三　收入结构

本调研样本中，职业为农牧民的受访者占全体样本的81.8%。作为农业就业人员，这一群体的生计来源相对单一。据统计，将务农作为自己唯一劳动收入来源的占75%，既从事农业生产，又从事非农工作的农牧民只占21%。

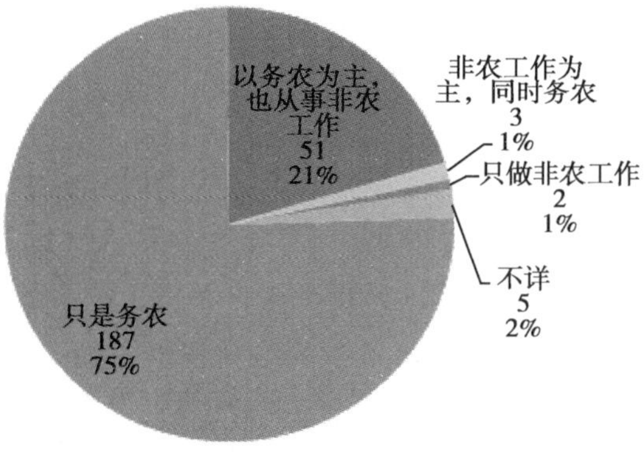

图12-10　农牧民收入来源（人、百分比）

对于农牧民来说，外出务工是增加家庭收入的重要途径。2015 年全年，墨脱县 2722 名外出务工人员总收入 3087.04 万元，人均约 1.13 万元。主要从事的行业集中在建筑业（966 人，35.49%）、服务业（757 人，27.81%）和交通运输业（431 人，15.83%）上。

虽然外出务工可以较为有效地增加家庭现金收入，但是对于外出务工，墨脱县的居民们态度相对保守。在调研中，我们问受访者“如果有机会，你愿意去哪里工作?”有 274 人回答了该问题。其中 200 人（66.0%）表示最愿意去“本地县城”工作，49 人（16.2%）表示愿意去林芝工作，21 人（6.9%）表示想去拉萨工作，4 个人（1.3%）表示愿意去内地或东部沿海的直辖市或一线城市工作。“本地县城”成为外出打工地点的首选，反映了墨脱居民对离乡的态度，他们在某种程度上是不愿意离开家乡的。墨脱县 2015 年经济年报统计数据显示，2015 年，墨脱外出务工人员共计 2722 人，占全县总人口的 19.5%，其中在林芝地区务工的 67 人，在墨脱县内务工的 2628 人，在林芝地区以外务工的只有 27 人。

在被询问“若条件许可，你愿意独自一人外出工作还是和配偶孩子一同前往时”，48.5%的受访者选择和配偶孩子一起去，21.5%的受访者选择和配偶一起但不带孩子，只有 21.1%的受访者表示要独自一人前往；而在“想要独自一人外出工作”的原因中，排在首位的是“在外面没有住房”（23.4%），其次是“家里需要人留在家中”（22.4%），排在第三位的是“为了节约在外生活成本”（21.8%）。其他还有例如“孩子上学没法解决”“外面辛苦，家里安定”等原因；在被问及外出打工就业的原因时，最主要的一个原因是“收入更高”（135 人，44.6%），排在第二位的原因是“发展机会更多”（60 人，19.8%），第三是因为“想让孩子接受更好的教育”（30 人，9.9%），第四是因为“想开阔眼界”（22 人，7.3%）。

在问及外地收入达到什么水平才会有吸引力时，绝大多数受访者的期望是在当地水平的 1.5 倍到 2.5 倍之间。

对家庭收入结余的处理方式，也可以在某一个侧面上表现出一种相对保守的氛围。愿意将家庭结余用于投资经营或理财的只有 26 人，占全部回答总数的 8.8%；有 156 人（51.5%）表示会储蓄起来，而有 112 人（37%）表示，要把家庭结余的钱放在家中。

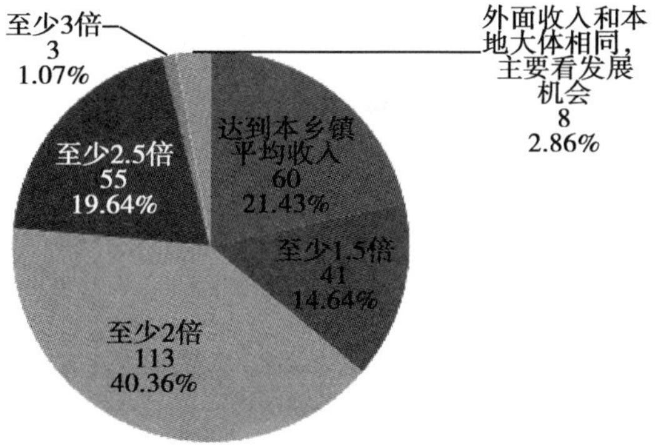

图 12-11　受访者外出打工收入期待（人、百分比）

四　环境资源保护

金山银山与绿水青山要兼得，对于处于经济发展快速上升期的墨脱来说格外重要。墨脱县目前的重点公益林面积为 603.28 万亩，退耕还林工程共 5000 亩；在野生动物保护方面，自 2010 年起，墨脱已收缴各类枪支 300 余支，这一举措，对世代以打猎为生的珞巴民族来说产生了生活方式上的变革。本次调研中，68.3%的人认为当地的生态环境与 10 年前相比变得更好了，15.5%的人认为生态环境与 10 年前相比更坏，16.2%的人认为没有变化。在受访者为珞巴族的群众中，有 28.6%的人认为生态环境比 10 年前更坏，而受访的门巴族群众中，只有 12.1%的受访者是这样认为的。

受访者认为效果最好的生态环境保护措施是退耕还林，其次是垃圾处理和污水处理这两项与日常生活息息相关的环保措施。对于近 10 年来环境变好的原因，排在前三位的是“民众环保意识的提高”（55.1%），“环保宣传深入人心”（51.8%）以及“监管力度加大”（48.8%）。我们在墨脱乡镇进行调研时，随处可见政府设立的环保宣传标牌，写着诸如“农牧民转变成为生态战士，是具有革命性意义的重大变化”等宣传语。有 74.3%的受访者表示在生态环境受损时自己会采取一些保护生态环境的举动；在监管方面，墨脱县于 2011 年起开始取缔各类私人木材加工点，2014 年取缔墨脱县木材加工厂。采取规范林地管理办法，严格过往车辆检查工作。2016 年，墨脱县环保局还出台了环境综合整治工作方案，从“生态环境就是发展生产力”“绿水青山就是金山银山”“生态环境就是墨脱最优质的发展资源”等观念出发，将生态村建设、水源地保护、绿化工程、垃圾处理、环保厕所修建等任务细化分解，交由县环保局、发展改革委、住建局、水利局等 14 个部门落实开展。对于政府的环保政策，77.9%的受访者认为是有效的，这让我们对墨脱以后的生态文明有了更美好的期待。调查中受访群众预期墨脱 10 年后的生态环境，64.0%的受访者认为会变好，11.6%认为没有变化，20.8%的人认为会变坏。

表 12-7 受访者认为最好的生态环境保护政策排序

受访者认为最好的环保措施排名	票数（人）	百分比（%）
退耕还林	144	47.52
垃圾处理	60	19.80
污水处理	55	18.15
提高环保宣传力度	16	5.28
大气治理	7	2.31
限制外来污染企业进入和外来投资	4	1.32
加强环保制度建设	4	1.32
生态移民	3	0.99
其他	2	0.66
不详	8	2.65
合计	303	100.00

第三节 公共服务建设与成效

在完成民主改革前，墨脱的社会发展受西藏农奴制的影响很大，属于封建农奴社会制度，同时残留部分原始社会部落制的生产形态。1952 年，中共波密分工委派工作队（珞渝工作队）进驻墨脱。1959 年西藏农奴主发动叛乱，墨脱地区上层门、珞头人煽动不明真相的群众，南下逃往印占区。1962 年人民解放军进入墨脱，推翻封建农奴制。1968 年墨脱县完成民主改革，从此墨脱人民进入社会主义社会。但是由于长年交通闭塞与世隔绝，墨脱社会经济发展的历史欠债太多，在 1986 年、1994 年和 2006 年三次被认定为国家级贫困县，在温饱问题初步解决之后，大力发展民生事业、加强社会公共服务建设，成为提高墨脱人民生活水平的重要着力点。

一　社保扶贫

整个“十二五”期间，墨脱县的社会保障事业发展迅速。我们在调研中对受访者是否参加一些社会保障项目及满意程度做了调查，结果如表 12-8 所示。

表 12-8　样本参加社会保障项目的比例及满意程度

项目	是否参加						是否满意					
	是		否		不详		是		否		不详	
	人数（人）	比例（%）	人数（人）	比例（%）	人数（人）	比例（%）	人数（人）	比例（%）	人数（人）	比例（%）	人数（人）	比例（%）
扶贫开发	175	57.7	75	24.8	53	17.5	179	59.1	29	9.6	95	31.4
社会保险	197	65.0	58	19.1	48	15.8	193	63.7	25	8.3	85	28.1
社会救助	151	49.8	95	31.4	57	18.8	153	50.5	42	13.9	108	35.6
社会福利	108	35.6	121	39.9	74	24.4	123	40.6	48	15.8	132	43.6
住房保障	138	45.5	89	29.4	76	25.1	139	45.9	37	12.2	127	41.9

这些社会保障项目并非每一位受访者都符合参加标准，就已参加的情况来看，满意的比例和参加的比例大致相当。说明绝大多数参加社会保障项目的受访者是满意的。

在扶贫项目和资金的投入上，国家对墨脱的帮扶力度也是逐年大幅增加。2012 年的扶贫资金总金额为 924 万元，2013 年为 1136 万元，2014 年为 2255 万元，2015 年全年达到了 4610.68 万元。习近平总书记在 2013 年 11 月于湖南湘西考察时，首次提出了“精准扶贫”：扶贫要实事求是，因地制宜。墨脱县于 2015 年开始进行扶贫建档立卡工作，截至 2015 年 12 月，精准扶贫工作调研小组通过入户调查，共登记建卡 668 户 2615 人。这一过程不仅让贫困人口的数据更加精确，同时也是一个宣传国家扶贫政策的过程。在我们的调研中，85.8%的受访者知道精准扶贫的概念，84.2%的受访者认为精准扶贫效果很好，92.7%的受访者对通过执行精准扶贫实现墨脱 2018 年全面脱贫的预期目标有信心。

二　基础设施建设

在我们的调研中，受访群众对一些公共基础设施的满意度不是很高。在对一些公共基础设施的满意度上，少有达到 50%以上的，一些受访者的居住地周围甚至没有某些公共基础设施。

表 12-9 受访群众对公共基础设施满意度

公共基础设施	满意		一般		不满意		没有该设施		未作答	
	人数（人）	比例（%）	人数（人）	比例（%）	人数（人）	比例（%）	人数（人）	比例（%）	人数（人）	比例（%）
幼儿园	145	47.9	69	22.8	6	2.0	21	10.2	52	17.2
小学	161	53.1	67	22.1	8	2.6	17	5.6	50	16.5
中学	137	45.2	54	17.8	3	1.0	43	14.2	66	21.8
医院	130	42.9	102	33.7	10	3.3	11	3.6	50	16.5
活动场所	127	41.9	64	21.1	13	4.3	33	10.9	66	21.8
车站	52	17.2	64	21.1	14	4.6	83	39.0	86	24.8
邮电所	99	32.7	66	21.8	5	1.7	48	15.8	85	28.1
银行	110	36.3	54	17.8	5	1.7	46	15.2	88	29.0

在这些公共基础设施中，受访者对车站的满意度最低，只有 17.2%，这与墨脱目前的交通状况是直接相关的。墨脱位于喜马拉雅山南麓，山林茂密，谷深山高，自古以来无论是进出墨脱还是在墨脱境内，交通都是一大难题。时至今日，墨脱的路已经逐渐由“人行道”发展至“骡马道”再到后来的季节性通车公路，和以前相比已经发生了翻天覆地的变化。但是跟外面的世界相比，墨脱的交通状况还是非常落后，迄今为止墨脱还没有一个公共汽车站。进出墨脱需要越野车，而出墨脱需要大约 800 元才能租私人越野车，经过大约 4 个小时到达波密后，才能搭到公共汽车。所以受访群众对车站的满意度低是不意外的。

近些年，墨脱县也逐渐加大对公共基础设施的建设力度。从编制规划到规划实施，一步一个脚印地向前迈进。截至 2016 年，《墨脱县城市总体规划（2014—2030 年）》已于 2015 年 11 月 16 日通过自治区评审论证。《墨脱县城控制性详细规划》《墨脱县城市设计》已于 2015 年 12 月 31 日通过县政府评审工作。同时，为了确保规划能够顺利推行，墨脱县自 2012 年开始严格按照规划核发“三证一书”[①]；2016 年 8 月，墨脱全县公路实际通乡率达 75%，通村率达 54.3%，剩余通乡、通村公路都处于施

① 乡村建设规划许可证、建设用地规划许可证、建设工程规划许可证、建设项目选址意见书，简称“三证一书”。

工阶段，政府计划在2018年实现墨脱县公路通乡率和通村率100%的目标。除此之外，墨脱目前正在兴建的大型基础设施还有：总投资2900万元、日处理垃圾10吨的县生活垃圾填埋场工程；总投资782.8万元的县城市容环境整治工程；总投资1537.38万元的县城道路，以及总投资8701.33万元的核心区建设项目。而县城道路绿化亮化项目、县城污水处理及收集系统、县城排水防涝工程等也正处于前置手续的积极办理中。这些公共基础设施工程会在很大程度上进一步改善墨脱居民的居住条件和交通条件，同时也使得政府公共服务职能得到充分的锻炼与发挥。

三　文化教育

在公共基础设施满意度调查中，唯一一个满意度超过50%的项目就是“小学”，反映了现阶段墨脱群众对县教育事业发展的认可。墨脱县1956年完成民主改革，1967年成立墨脱第一所小学地东乡小学；1973年墨脱县第一所公办小学成立；1998年成立墨脱第一所完全小学；1999年成立“戴帽中学”①，当时只有一个初中班；到了2014年，墨脱县的学校已经发展为中学1所，小学8所（县完小1所，乡小学7所），幼儿园1所。这种发展进程，是获得群众认可的基础。

教育的发展，除了教育系统的不断完善，还有一个重要表现就是群众教育理念的不断提升。众所周知，墨脱的世居民族——门巴族和珞巴族是没有文字的，长久以来个体的教化及传统文化的延续是通过一辈一辈口口相传进行的，因此，现代化的学校教育理念在墨脱的推进更显得意义重大。2014年，墨脱县小学入学率达到99.48%，巩固率100%；中学的毛入学率达到99.82%，巩固率99.2%。交通条件虽然落后，但是百姓们对于送孩子读书这件事的认识并没有落后。在我们的调研中，85.1%的受访者（258人）愿意让孩子接受比9年更长时间的义务教育；如果孩子初中毕业，76.2%的受访者（231人）愿意让孩子直接上普通高中，16.5%的人（50人）表示要让孩子上职业学校，只有4.3%的人（13人）表示不上学了。在选择继续读普通高中的理由中，“为了上大学”这一理由高居榜首；而选择继续读职业学校的理由中，“早点就业为家庭做贡献”占据了第一位。综合起来看，就业和提升社会地位是接受教育的两个重要动

① 即在小学的基础上增设初中、高中。

机，现阶段的墨脱群众已经很清楚地认识到接受教育对个体发展的重要作用。

表 12-10 初中毕业后选择读普通高中或职业学校的理由排序

初中毕业后选择读普通高中的理由		初中毕业后选择读职业学校的理由	
理由	选择人数及比例	理由	选择人数及比例
为了上大学	117 人，38.6%	早就业为家庭作贡献	96 人，31.7%
提高个人文化水平	84 人，27.7%	有一技之长好就业	68 人，22.4%
将来就业收入高	45 人，14.9%	考上大学负担不起学费	52 人，17.2%
不愿从事体力劳动	18 人，5.9%	学费相对便宜	38 人，12.5%
		考不上普通高中	27 人，8.9%

在教育的公平度上，80.5%的受访者（244 人）认为现阶段的教育制度是公平的，13.2%的人（40 人）认为不公平。绝大多数的不公平感来源于城乡教育质量差异过大。

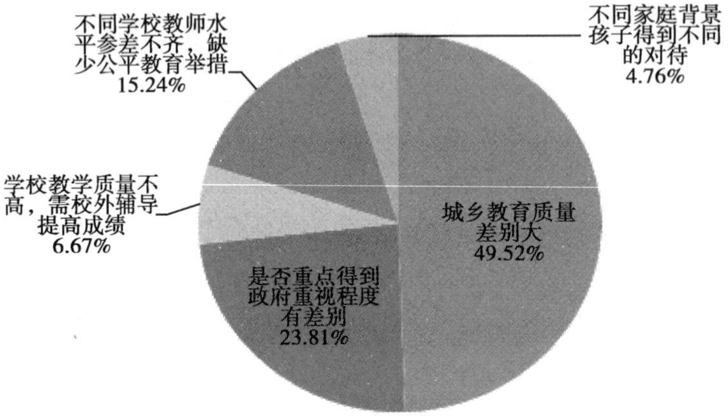

图 12-12 受访者认为现阶段教育不公平的表现所在（%）

在对基层文化设施的调研中，73.6%的受访者（223 人）表示自己所在的社区拥有农家书屋，有超过 50%的受访者表示自己平时利用较多的文化设施就是农家书屋。在最需要的读物类别选择中，农业科技类的图书提名高居榜首。

通过这一系列数据我们不难发现，墨脱群众的文化及教育理念在发展更新，同时他们对文化教育的数量与水平的需求也在不断提升。墨脱的教育事业在接下来的几年中将面临更大的机遇与挑战。

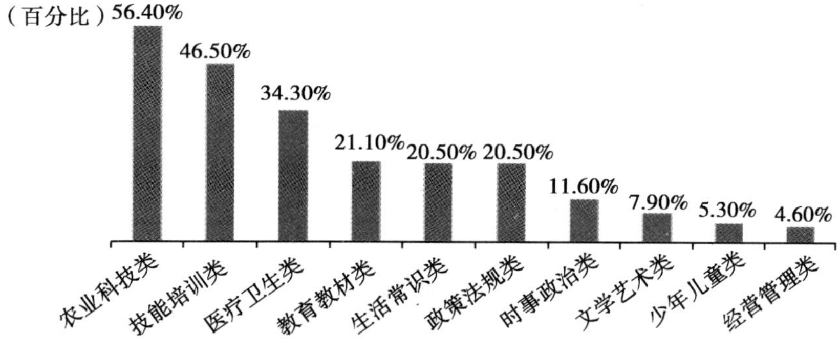

图 12-13　受访者最想要的图书种类排行

四　医疗卫生

墨脱县在 20 世纪 60 年代建县初期，只有一家面积不足 40 平方米、医疗服务人员不足 5 名的医疗机构。近年来，随着 2013 年扎墨公路的全线贯通，墨脱县医疗卫生服务体系不断完善，医疗服务水平不断提高、医疗队伍不断发展壮大。农牧民“看病难、看病贵”问题得到进一步解决，初步实现了“小病不出乡、大病不出县”的基本目标。到 2015 年年底，全县共有包括县卫生服务中心、藏医院、疾病预防控制中心在内的县直医疗机构 3 个；乡（镇）卫生院 8 所；药品零售店 1 家，个体诊所 2 家；执业医师 20 名，每千人拥有执业医师数 1.14 人，全县 46 个行政村共有村医 88 名，基本实现了一个行政村 2 名村医的目标。目前县卫生服务中心主要科室有外科、内科、儿科、妇产科、放射科、B 超室等，拥有 500 毫安数字化 X 光机 DR2800、500 毫安 X 光机、脑电图、全自动生化分析仪 AU-480、全自动生化分析仪 URIT-80 等多台先进医疗设备，门诊量也由 2000 年的 7824 人次激增到 2015 年的 24850 人次。

从上面这些数据我们可以看到，墨脱的医疗机构相比以往有了翻天覆地的变化。在被问及自己或家人如果患病，将去何处就诊，35.97%的受访者表示在县医院就诊，26.41%的人表示将去大城市医院就诊，24.09%的人表示选择乡镇医院或社区卫生中心，8.58%的人选择社区或村卫生室。以往有病问巫医的门巴、珞巴群众，正在逐渐受到现代医学的关照。

“十二五”期间，墨脱县深化医药卫生体制改革全面启动。墨脱县的医改从 2004 年起在墨脱镇试点，2005 年农牧区医疗保障制度体系在墨脱县全面建立，农牧区医疗制度体系逐步完善。至 2011 年，全县参加农牧

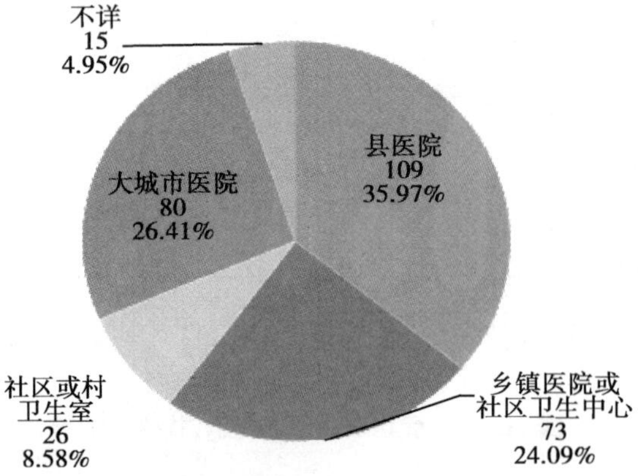

图 12-14 受访者对生病后的就医选择（人、百分比）

区医疗制度的有 9249 人，到了 2015 年增长至 10195 人，同比增长 10.2%。农牧区医疗制度财政补助标准也由 2011 年的 260 元/人，提高到了 2015 年的 420 元/人，4 年增幅 160 元/人。2011 年大病统筹报销 1309736.36 元，2015 年大病统筹报销补偿达到 353.38 万元。农牧区医疗制度的巩固和完善，有效缓解了农牧民因病返贫、因病致贫现象。在我们的调查中，发现受访者对现阶段医改的评价满意度较高，达到了 72.3%（219 人）。特别是农牧民，对医改的满意度达到了 75.4%。

第四节 国家认同与政策评价

韦伯认为，民族国家绝非只是单纯的“上层建筑”，绝非只是统治经济阶级的组织，相反，民族国家立足于根深蒂固的心理基础上，这种心理基础存在于最广大的国民中，包括经济上受压迫的组织。① 国家的维系需要建立在一种共同的心理基础之上的认同感，而对国家相关政策与举措的评价，是国家认同感的重要反映。

一 对民族地区有关政策的认同

民族区域自治制度是我国的基本政治制度之一，也是各项民族政策的源头所在。党的十八大后，习近平总书记强调指出，要坚定不移坚持党的

① ［德］马克斯·韦伯：《民族国家与经济政策》，甘阳译，生活·读书·新知三联书店 1997 年版，第 99 页。

民族政策、坚持民族区域自治制度。党的十八届三中全会明确要求，发展社会主义民主政治，必须坚持和完善包括民族区域自治制度在内的各项制度，充分发挥我国社会主义政治制度优越性。因此一个民族地区对民族区域自治制度的评价和认同感，从一个方面反映了该地区民族工作的开展情况。在墨脱的调研中，有 62.7%的受访者表示知道民族区域自治制度。在问及民族区域自治制度有哪些好处时，68.2%的受访者认为民族区域自治制度对本地区发展有好处，59.2%的人认为这一制度有利于保护少数民族的合法权利，43.6%的人认为对全国均衡发展好，40.5%的人认为对地区和国家稳定有好处，37.4%的人认为对本人和家庭好。303 份有效问卷中，有 290 位受访者选择了至少一种好处，也就是说 95.7%的受访者对民族区域自治制度从不同角度进行了肯定，这一点反映了民族区域自治制度在墨脱群众心目中的重要地位。

近年来，国家从多个角度加大了对民族地区的政策倾斜。在一些相关扶持政策的群众知晓度与效果评价上，我们在受访群众中做了调查。从数据中看到，老百姓对少数民族地区优惠政策的知晓度还是比较高的，大都超过了 60%，说明这些政策的惠及面很广，与百姓生活息息相关。从执行效果上来看，一些明明很好的政策，群众对其效果的评价却差强人意，说明在政策的宣传和执行层面还有很多可以进一步细化的地方。

例如，群众好评率为 51.5%的兴边富民政策，“十二五”期间(2011 年至 2014 年)，墨脱县共有兴边富民项目 71 个，投入资金 3750 万元，其中国家投资 3447 万元，农牧民投工投劳 303 万元。这些项目涉及全县交通、能源、文教卫生、农田水利、农业开发、民生工程、生产资料等各个方面，有效改善了农牧民群众生产、生活条件，取得了较好的社会效益和经济效益，受益人口达到 13000 人左右。在受众如此广泛的前提下，好评率刚刚过 50%，有很大一部分原因是宣传不到位，受益群众并不是很了解自己的获益具体来自哪个项目。

表 12-11　　对国家少数民族地区相关政策的了解与评价

政策	知晓度		政策执行效果评价					
	知道该政策		好		一般		不好	
	人数（人）	比例（%）	人数（人）	比例（%）	人数（人）	比例（%）	人数（人）	比例（%）
干部培养	161	53.1	147	48.5	95	31.4	11	3.6

续表

政策	知晓度		政策执行效果评价					
	知道该政策		好		一般		不好	
	人数（人）	比例（%）	人数（人）	比例（%）	人数（人）	比例（%）	人数（人）	比例（%）
经济援助	218	71.9	175	57.8	87	28.7	9	3.0
教育扶持	222	73.3	183	60.4	85	28.1	4	1.3
医疗帮助	231	76.2	175	57.8	93	30.7	2	0.7
高考加分	226	74.6	186	62.0	78	25.7	7	2.3
兴边富民	191	63.0	156	51.5	88	29.0	5	1.7
援藏	228	75.2	184	60.7	81	26.7	4	1.3

二 对全面建成小康社会的评价

实现全面建成小康社会、建成富强民主文明和谐的社会主义现代化国家的奋斗目标，实现中华民族伟大复兴的中国梦，就是要实现国家富强、民族振兴、人民幸福，既深深体现了今天中国人的理想，也深深反映了我们先人们不懈追求进步的光荣传统。① 党的十八大以来，习近平总书记多次提到“全面建成小康社会”，明确指出，全面建成小康社会重在全面。

在党的十八届五中全会的讲话中，习近平总书记对“全面小康”作了进一步深刻阐述，赋予其更高的标准。他指出：全面小康，覆盖的领域要全面，是“五位一体”全面进步；全面小康，覆盖的人口要全面，是惠及全体人民的小康；全面小康，覆盖的区域要全面，是城乡区域共同的小康，“一个民族都不能少”。② 墨脱县作为门巴族和珞巴族这两个人口较少民族聚居地，全面建成小康社会的目标既是挑战，也是机遇。根据林芝市边境小康示范村建设项目实施方案，墨脱边境小康示范村建设项目共涉及 34 个村（包括 4 个易地扶贫搬迁村），主要为村内道路硬化、给排水、亮化、美化及卫生间等基础设施建设。2016 年先行启动建设了格当乡格当村、桑珍卡村、占根卡村、布龙村和德兴乡荷扎村及背崩乡格林村等 7

① 习近平：《习近平在第十二届全国人民代表大会第一次会议上的讲话》，新华社，2013 年 3 月 17 日。

② 李斌、李自良：《习近平总书记会见贡山独龙族怒族自治县干部群众代表侧记》，《人民日报》2015 年 1 月 23 日。

个村。81.5%的受访群众（247 人）对于 2020 年墨脱全面建成小康社会有信心，认为要想加快小康社会的建成，墨脱应该采取的最有效的三项措施分别是：加大扶贫攻坚力度（231 票）、加快发展当地经济（196 票），以及加快当地基础设施建设（155 票）。

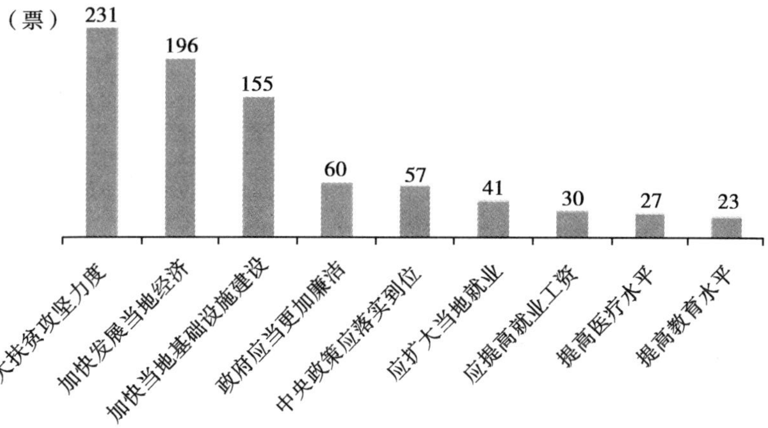

图 12-15　受访者认为全面建成小康社会应采取的有效措施

对于没有信心在 2020 年之前全面建成小康社会的理由，经过统计，排在前三位和后三位的分别为以下六点。

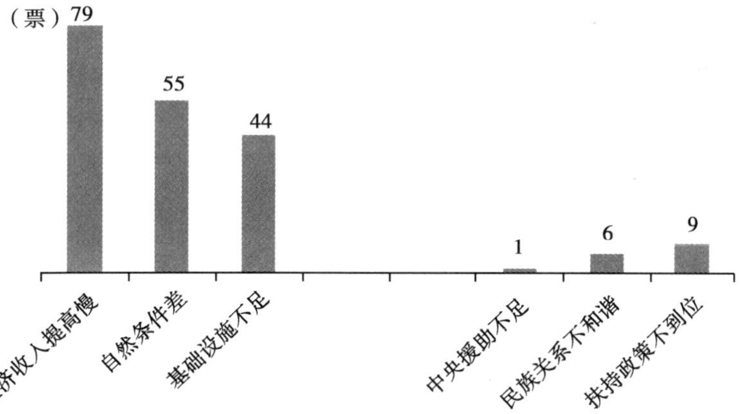

图 12-16　受访者认为 2020 年前完成全面建成小康社会目标的困难

从对困难的评估中，我们看到墨脱群众对国家的扶持和援助政策是没有疑义的，他们的顾虑主要集中在社会经济整体发展水平相对滞后的历史遗留原因上。因此我们有理由相信，在国家政策的大力扶持下，在门珞民族艰苦奋斗拼搏精神的引领下，在墨脱各族人民强烈致富意愿的促进下，2020 年墨脱全面建成小康社会绝不会是一句空谈。

第五节 社会公平感与幸福感

“正义犹如支撑整个大厦的主要支柱。如果这根柱子松动的话，那么人类社会这个雄伟而巨大的建筑必然会在顷刻之间土崩瓦解。”① 百姓的公平感和幸福感，是一个社会的稳定剂。墨脱地区由于历史和交通原因，长期经济发展相对滞后，各族群众生活贫富差距并不十分显著，广大群众的消费观念也很淳朴，很多百姓吃饱穿暖就会感到很满足。在调研中，75.6%的受访者（229 人）认为总体上自己所处的社会环境很公平，73.3%的受访者都对目前的生活感到很满意。这两组数据很好地反映了墨脱地区百姓的生活状态。

我们进一步调查了百姓对不同社会领域的公平感，结果发现医疗卫生和教育领域的公平感最强烈，干部选拔任用和就业领域的不公平感最强烈。

表 12-12 受访者在不同社会领域的社会公平性的主观体验

	很公平		比较公平		不太公平		很不公平	
	人数（人）	比例（%）	人数（人）	比例（%）	人数（人）	比例（%）	人数（人）	比例（%）
医疗卫生	92	30.4	147	48.5	22	7.3	22	7.3
教育	88	29.0	151	49.8	19	6.3	26	8.6
司法	90	29.7	148	48.8	18	5.9	20	6.6
社会保障	90	29.7	147	48.5	20	6.6	22	7.3
住房	91	30.0	145	47.9	25	8.3	20	6.6
政府办事	85	28.1	143	47.2	26	8.6	21	6.9
投资经营	65	21.5	150	49.5	32	10.6	23	7.6
干部任用	75	24.8	140	46.2	35	11.6	26	8.6
就业	68	22.4	147	48.5	28	9.2	28	9.2

马克思主义认为，根据经济基础决定上层建筑的基本原理，公平正义是一个不断发展着的历史范畴。“不同的社会，不同的生产方式下，人们

① ［英］亚当·斯密：《道德情操论》，蒋自强等译，商务印书馆 1997 年版，第 106 页。

对于公平有不同的评价和衡量标准，公平本身就是一个历史范畴。”[①] 一个社会的公平正义本身就是历史的、具体的、相对的，“需要辩证看待、务实推进，并根据实际情况来调整建设公平社会的路径和步伐”[②]。虽然受访者在干部选拔任用领域有一定的不公平感，但是 72.3%的受访者（219 人）认为当前干部的工作状态是敬业的，80.5%的受访者（244 人）相信现在的党政干部大部分是廉洁的，72.3%的受访者（218 人）认为目前党和政府的反腐败工作是有成效的。

第六节　民族认同与民族关系

在我国，民族认同是民族成员（个体）对本民族（整体）的起源、历史、文化、宗教、习俗等的主观心理活动，一旦形成，则具有很强的行为驱动力，并可依据不同情境分为对中华民族的认同和对构成中华民族统一体的中国各民族自身的认同两个层次。[③] 在第四节中我们已对墨脱地区群众的国家认同感进行了描述与分析，在这一节中，我们侧重讨论的是第二个层次的认同，即墨脱群众对自身所属民族的认同感。

一　民族文化认同

（一）语言文字

语言是民族认同的载体，门巴族和珞巴族都有自己的语言，但是没有文字。门巴族的语言属于汉藏语系藏缅语族藏语支；珞巴族的语言属于汉藏语系藏缅语族，语支未确定，历史上用刻木结绳记数记事。据文献记载，[④] 珞巴族早年间是有象形符号的，主要用于祭祀中，线条简单、画法古朴，但由于非法的“麦克马洪线”导致珞巴族大量的文化遗产散落在印控区。加之珞巴族由北向南的漫长迁徙史和人口居住分散，这些象形符号被广泛交流使用的机会很少，时间长了就没有被很好地保留下来。

目前门巴和珞巴两个民族通用藏文和汉字，这两种文字也是我们在墨

---

① 万军：《公平社会建设》，国家行政学院出版社 2013 年版，第 11 页。

② 同上。

③ 徐平、张阳阳：《民族自治区的国家认同与民族认同调查研究》，中国大百科全书出版社 2017 年版，第 39 页。

④ 赵丽明：《珞巴族象形符号》，《中国社会语言学》2014 年第 2 期。

脱地区调研时见到的官方通用文字。本次调研的样本群体中，57.8%的受访者（175人）表示自己会两种或两种以上的语言，但76.9%的受访者表示还是本族语言掌握得更好，对于汉语能熟练地听说读写的受访者只占15.8%（48人）。由于本民族没有文字，墨脱地区的门珞群众对于自己的民族语言并没有很强烈的消失焦虑。在墨脱县目前的中小学教学中，普遍使用的都是双语教学，汉语学习比重的加大，有助于提升墨脱地区青少年在未来生活中的适应度和竞争力。

（二）宗教信仰

西藏是藏传佛教兴盛的地方，有“全民信仰宗教”的说法。因此对于藏族民众，宗教是其重要的标识，对其民族的形成和社会的运转起到不可替代的作用，是民族凝聚力的重要来源，也是民族意识的组成部分。墨脱也不例外，71.9%的受访群众认为人应该有宗教信仰。从早期的宗教信仰来看，珞巴族信奉万物有灵的原始宗教，崇拜大自然精灵；门巴族则深受藏传佛教宁玛派的影响，因此在宗教信仰上，两个民族早年间有差异，并且也因此引发了一些纷争，原始宗教和藏传佛教在当时发生了激烈的冲突。但是如今这些纷争已经不复存在，早年在纷争中付出惨痛代价修建的宁玛派寺庙仁钦崩寺，现在已经成为墨脱重要的文化遗产和旅游景点。这一过程，体现了墨脱地区门巴族和珞巴族文化冲撞的过程，也是两个民族文化相互吸收和融合的过程。在最终的宗教信仰的融合中，“珞巴族对门巴族的影响，比门巴族对珞巴族的影响要广泛和深刻得多，表现在两方面：一是门巴族全面接受了珞巴族崇拜的原始神祇，二是门巴族产生了种类繁多的巫师和巫术活动”[①]。在我们的调查中，只有54.8%的人认为世界上不存在所谓的神灵鬼怪，这也反映了墨脱地区受珞巴族原始宗教的影响还是比较多的。

（三）民族文化传承

一个民族的文化，除了语言文字之外，音乐、舞蹈、节日、神话、宗教等均是民族文化的表达途径，服饰、民居、饮食等更是民族文化的外显。这些文化符号系统由民族成员们在适应环境的历史过程中创建起来，既反映了一个民族的生存环境，也表达了一个民族的价值观，因此具有不可复制的独特气质。将一个民族不同于其他民族之处标识出来，从地理上和心

---

① 陈立明：《试论门、珞文化交流》，中国民族学学会第五届学术讨论会会议论文集，1993年。

理上区分出“我群”和“他群”的范畴，赋予民族成员独一无二的身份感。从某种意义上说，认同感的建构“就是一个创造符号、解释符号、革新符号、运用符号和使符号‘物化’的过程”①。这些文化符号承载着文化内容，周而复始、潜移默化地强化着一个民族的集体记忆和情感认同。

近年来，墨脱地区对门珞文化的挖掘、保护、收集和传承工作有序展开。目前已经申报的县级非物质文化遗产保护项目 7 个，分别为藤网桥制作、珞巴藤竹帽制作、德果体育竞技、锅罗巴体育竞技、门巴服饰制作技艺、门巴黄酒酿造技艺和门巴竹编制作技艺。县级非物质文化项目传承人 1 个：墨脱石锅。2014 年背崩乡巴登村整村竹编编织技艺被申报为县级非遗保护项目。在本次的调研对象对本地最需要宣传开发的传统文化项目的提名中，排在第一位的是传统节日。

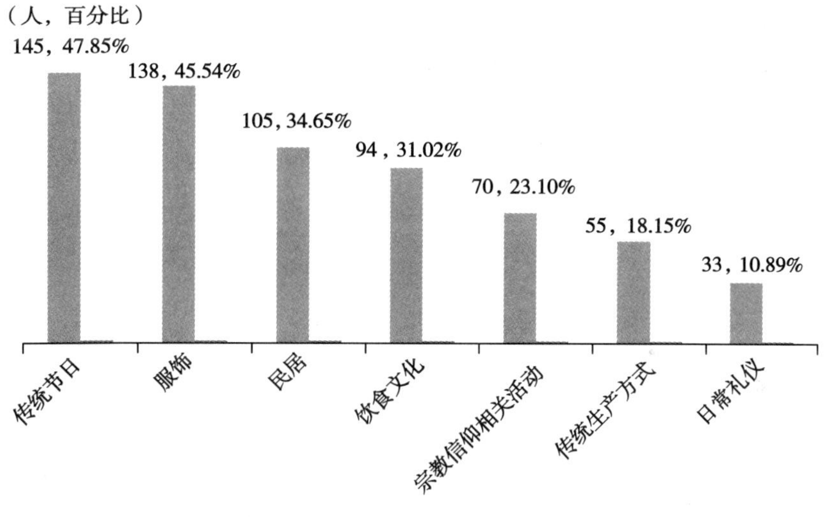

图 12-17　受访者认为最需要宣传开发的本地传统文化项目提名

受访者们对民族文化的情感毋庸置疑，从他们对子女的期待上可以看出来，受访者们对民族文化的继承与发扬是重视的。91.1%的受访者希望子女掌握本民族的语言，87.8%的受访者希望子女学习了解祖辈的生活习俗，81.2%的受访者希望子女能够学习本民族的特色手工艺，77.2%的受访者希望孩子继承本民族的宗教信仰。当被问到“开发旅游资源和保护民族文化遗产如果发生冲突，您倾向于哪边”时，70.9%的受访者选择

① 吴玉军：《符号、话语与国家认同》，《学术论坛》2010 年第 12 期。

"优先保护民族文化遗产"，28.8%的受访者选择"以发展经济、提高现代生活水平为主"。

二　民族身份认同

民族身份的认同是国家认同的一部分，费孝通先生曾说过："中华民族所有归属的成分都已具有高一层次的民族认同意识，即共休戚、共存亡、共荣辱、共命运的感情和道义。对中华民族的认同是高层次认同，对本民族的认同是低层次认同，不同层次的认同可以并存不悖。"① 在墨脱的调研中，71.3%的受访者将自己的国家身份（中国人）排在民族身份（族人）之前，42.9%的受访者认为民族身份和公民身份一样重要，还有25.1%的受访者认为公民身份比民族身份更重要。

结合费先生的观点我们认为，认同本身是具有情境性和层次性的，我们必须尊重认同的这一基本特点，兼容并蓄地面对现阶段民族与国家认同共存的事实。国家认同是民族认同发展的"保护者"，民族认同是国家认同存在的"支持者"，国家认同的基础坚实了，民族认同才能有更自由的发展环境，同时民族认同得到支持了，国家认同也才有可能得以稳固和安心。因此，一方面要继续坚持党的少数民族政策，尊重和保护墨脱地区的民族认同；另一方面则需要深化民族文化交流，特别是在农牧区的普及和交流，这对少数民族群众全面了解国家的历史和文化，增强墨脱民众的国家认同感至关重要。

三　民族关系

据墨脱县统计局对墨脱农牧民人口民族构成的统计（城镇居民未纳入），目前门巴族8045人，占总人口的75.31%；珞巴族1587人，占总人口的14.85%；藏族1008人，占总人口的9.43%；汉族44人，占总人口的0.41%。各乡镇的民族人口分布见表12-13。

表12-13　墨脱县各乡镇乡村人口数及民族分布　（单位：人）

乡镇名	墨脱镇	背崩乡	德兴乡	格当乡	达木乡	帮辛乡	加热萨乡	甘登乡
总人口	2235	2377	1668	916	1089	1376	713	310

① 费孝通主编：《中华民族多元一体格局》（修订本），中央民族大学出版社2003年版，第13页。

续表

乡镇名	墨脱镇	背崩乡	德兴乡	格当乡	达木乡	帮辛乡	加热萨乡	甘登乡
门巴族	2137	2366	1663	34	381	1355	7	102
珞巴族	27	9	2	101	660	9	698	81
藏族	54	1	1	780	30	9	6	127
汉族	17	1	2	1	18	3	2	0

从这七乡一镇的人口民族分布中，我们可以大致发现墨脱地区以门巴和珞巴两个民族为主，各民族群众采取大杂居小聚居的特点。今天，墨脱地区的民族关系非常稳定。89.8%的受访者对当前墨脱的民族关系现状满意，并且对于民族关系的变化趋势，受访群众大多认为趋好。

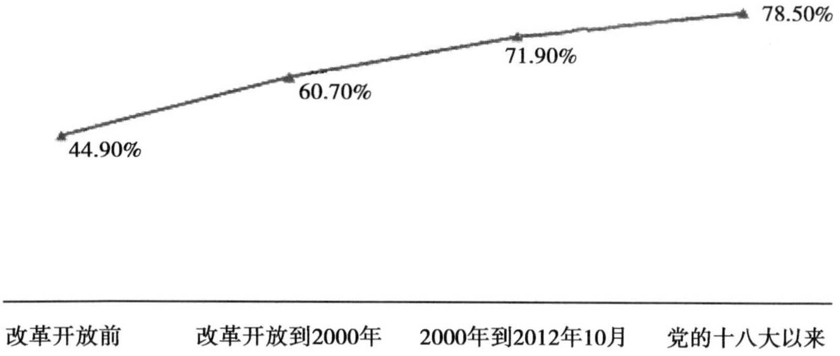

图 12-18　受访者将不同时间段的民族关系评价为好的人数百分比趋势（%）

墨脱地区的主要世居民族是门巴族和珞巴族，这两个民族的交往自古以来就是非常紧密的。在藏文古籍中，只要提到“珞”的时候，通常都要提到“门”，常常把“珞”和“门”相并列。① 18世纪前后，门巴族大量东迁珞巴族世居的墨脱，与珞巴族友好往来和睦相处，其间因宗教信仰等原因发生过激烈的冲突，这也是两个民族磨合融合不可避免的一个过程。

由于同属人口较少民族，加之民族性格和宗教信仰的影响，门珞两个民族通过历史的教训和现实的学习，开创了和平共处的发展道路。墨脱的百姓们，既继承了长期形成的淳朴民风，同时也在不断开拓走向世界的道路，相信无须太久，墨脱就会与世界架起高速联结的桥梁。

① 陈立明：《试论门、珞文化交流》，中国民族学学会第五届学术讨论会会议论文集，1993年。

第十三章

结语：在飞跃发展中跨入新时代

隐藏在喜马拉雅山南麓的墨脱，在短暂的一百多年里，其社会文化变迁经历了惊人的四级跳。最早开发这片土地的是珞巴族先民，他们主要从事原始农业和采集狩猎的自然经济。18 世纪时门巴族先民不堪天灾人祸，怀着对“莲花圣地”的美好向往，不断游耕游猎到墨脱，寻求生活的新希望。门巴族既带来铁器生产，也带来藏传佛教，门珞两个民族的先人有争斗、有妥协、有合作、有互助，共同开发了这片美丽富饶的土地。

19 世纪末西藏的封建农奴制度进入后，在外来侵略的威胁下加强对这一地区的控制，封建农奴制度逐渐完善。中华人民共和国成立后，人民解放军将红旗插上喜马拉雅山，1951 年西藏实现了和平解放，但身处边境的墨脱，直到 1962 年以后才全面建立起社会主义制度，从而带来翻天覆地的变化。墨脱的门巴族、珞巴族经历了从原始自然社会的朝不保夕到封建农奴社会的苦不堪言，再到社会主义社会的翻身做主，在人类整个文明史上，可以说独树一帜，发人深省。

改革开放以来特别是近五年的日新月异的“四级跳”。墨脱县各族人民的生活水平实现了飞跃式提高，过上了物质充裕、精神丰盛的幸福生活。尤其是 2013 年墨脱公路常年通车以后，交通条件的改善让墨脱与外界迅速连通，发展步伐明显加快。国家西部大开发战略、“兴边富民”工程、扶持少小民族、补偿退耕还林等政策力度不断加大，群众的政策性收入大大增加，基础设施更是空前改善，农村经济快速发展，农民生活水平大幅提高，最近五年增长双双超过两倍。墨脱县海拔落差超过 4000 米，县域气候跨越四季，山高谷深与世隔绝，却从刀耕火种跃进到社会主义市场经济，可谓创造了人间奇迹。

党的十八大以来的五年，墨脱和西藏其他地方一样，走上了发展的快车道。墨脱县在广东、福建两省的无私援助下，紧紧围绕率先全面建成小康社会目标要求，按照县委、县政府制定的“123456”发展思路，以经济建设为中心，狠抓发展和稳定两件大事，按照“发展为先、生态为重、创业为魂、民生为本”理念，努力把墨脱建设成为“重要的国家边疆生态保护、重要的特色精品旅游、重要的热带亚热带优质农副产品生产、重要的门巴珞巴民族文化的保护传承、林芝地区重要的西电东送接续能源基地组成县”。五年来，墨脱县委、县政府团结和依靠全县各族人民，坚持稳中求进工作总基调，主动适应经济发展新常态，抢抓机遇，趁势而上，经济社会发展取得了令人鼓舞的历史性成就。

根据墨脱县政府提供的最新数据，五年来墨脱各项经济社会发展指标实现新突破。全县生产总值从2010年的1.51亿元增长到2015年的4.71亿元，全社会固定资产投资从2010年的3.85亿元增长到2015年的16.31亿元，全社会消费品零售总额从2010年的1552万元增长到2015年的3647万元，财政收入从2010年的337万元增长到2015年的7645万元，农牧民人均可支配收入从2010年的3608元增长到2015年的8593元，农牧民人均现金收入从2010年的2369元增长到2015年6144.5元，主要经济指标均实现了大幅增长，年均增长速度保持在20%以上。

在这五年中，墨脱县大力推进“五大特色产业”大发展，墨脱的特色产业由无到有、由小到大，由粗放经营到精细管理，真正打开了一条适合墨脱的特色产业发展道路，开辟了经济社会发展新局面。墨脱县通过引进实力雄厚、经验丰富的企业，为茶叶、黄酒、香蕉等特色产品开发、品牌打造以及销售等提供了重要保障，积极稳妥地推动墨脱特色产品真正走上了规模化、产业化发展道路。按照“一个景区、一部规划、一套办法、分片建设、全面提升”的旅游发展思路，不断加强墨脱县旅游基础设施建设，全面启动旅游创4A工作，推动墨脱旅游业向市场化、规范化的实质性发展阶段迈进。针对墨脱县水电能源业、门珞文化业和藏医药业起步晚、发展程度低的实际情况，墨脱县在打牢基础、规划发展、培育资源的前期筹备阶段狠下功夫。一是水电能源业，引进了华能、三峡两大电力集团，成功建设亚让电站，使农村通电率由2010年的50%提高至2015年的100%，彻底告别用电紧张的历史。二是门珞文化业，门珞文化历史博物馆、民间文化艺术团等成为保护门珞历史文化的重要平台；正在编制的《墨脱县文化产业中长期发展规划》将为墨脱未来文化产业发展提供重要依据。三是藏医药产业，积极开展藏药天然资源普查工作，为墨脱县藏医药产业的科学发展提供依据，为下一步发展奠定基础。

五年来，墨脱县牢牢把握西藏自治区、林芝市扶持墨脱发展力度不断加大的大好机遇，积极争取国家、社会和援藏资金，完成总投资49.17亿元的重点项目，基础建设建设逐渐改善，基础设施和城乡建设扎实推进，发展环境不断优化。交通瓶颈得到有效缓解，公路通乡率和通村率分别由2010年的50%和21.7%增长到2015年的75%和46%。邮政通邮率达80%；电信信号覆盖率达100%；移动信号覆盖率达85%；广播覆盖率达87%；电视覆盖率达100%，人民群众对外交流更加方便。水利、市政基础设施逐步改善，2010年全县农田灌溉率、农村安全饮水保障率分别为35%和42%，经过五年的发展，农田灌溉水渠达111.84公里、灌溉面积增加2.06万亩，灌溉率达80%，农村安全饮水实现全覆盖。市政环城路等一批县城市政项目相继建成并投入使用，城区规划面积拓宽到9.2平方公里，城区规模扩大了两倍多。

在加快经济发展的同时，墨脱县五年来始终将改善民生作为各项事业发展的出发点和落脚点，通过落实各项惠民政策、完善社会保障体系等措施，让墨脱的农牧民群众在参与改革发展的同时能够共享改革发展的红利，社会各项事业全面进步，人民生活水平稳步提高。墨脱各项民生保障措施逐项落到实处，公益林补偿金、边民补助等惠民资金均按时、足额发放到农牧民群众手中，并成为农牧民群众维持基本生活保障的重要来源。建设完成了县卫生服务中心医技楼、门珞敬老院等基础设施，实现了全县有意愿入住的五保户及所有孤儿全部集中供养，社会保障体系逐步完善。五年来墨脱县共成立农牧民施工队、专业合作社27个，从业人数达1093人，经营收入累计实现2224.45万元。新农村建设步伐加快，第二轮安居工程从2012年正式启动，总投资3.36亿元，实际实施1876户，已完工1306户。

五年来墨脱的综治维稳工作创出特色，教育事业得到全面进步。墨脱县全面加强和创新社会治安综合治理，深入实施“六建”“九有”等一系列利寺惠僧政策，确保宗教和睦。公安干警从原来的30余人增加到140余人；消防大队、边防大队、武警中队也陆续进驻墨脱，增强了墨脱县维稳力量，提升了维稳的专业化水平。五年来，墨脱县没有发生过任何影响民族团结和社会稳定的矛盾纠纷，获得了“全国民族团结先进集体”“全国法治县创建活动先进单位”等荣誉。县中学和完小塑胶运动场、教师宿舍楼等建成并投入使用，教育基础设施逐渐完善；全县教师从2010年的163人增加到2015年的243人；通过开展“一师一优课、一课一名师”等活动教学水平显著提升；随着教职工激励机制的落实，极大地提升了教师的教学积极性；面向学生的“三包”经费和“营养改善计划”得到全面落实；幸福莲花奖学金、重视家庭教育奖学金等各类学生教育资助项目广泛开展，确保了绝大多数学生能够顺利完成义务教育。

在近五年的时间里，墨脱的生态环境保护与建设取得新进展。通过大力开展退耕还林工作，严惩非法狩猎、林木乱砍滥伐行为，扎实推动林业管护工作，确保了全县自然生态指标保持良好。通过种植各类绿化树木和经济林木，新增造林面积约2787.19亩，现有国家重点公益林总面积603.27万亩。为走好环境保护与经济发展双赢之路，墨脱县制定严格的污染防治措施，五年来共完成638个项目的环评工作，米日村等5个行政村获得自治区生态村称号。

五年来墨脱的快速发展，离不开广东、福建对口援建省市的无私援助，无论是项目援建还是智力援建都取得空前的成绩，成为墨脱经济社会长足发展和长治久安的重要动力。一是项目和资金扶持大幅增强，实施法定1‰援藏项目43个，涉及资金约2.23亿元，为墨脱经济社会的快速发展注入了强大支撑，其中广东第七批援藏工作组提出“援藏项目重民生，推动输血变造血”的援藏项目指导思想，并确定了3大类21个子项目、总投资2亿元的三年援墨项目规划。二是援助渠道不断拓宽，五年来共派遣医疗援藏队6批，开展义诊活动近百次；广东援藏工作队先后筹集计划外资金和物资3800多万元，用于解决群众生活困难；先后派出4批医疗队，为墨脱各族群众先后开展手术400多台、救助病患6000多人次；积极实施“三个百万工程”，筹资100万元实施门珞贫困家庭病患爱心医疗救助活动，使门珞贫困家庭病患得到医治，筹资100万元设立门珞贫困家庭学生升学奖金，已帮助254名贫困家庭子女顺利升学，筹资100万元对墨脱基层干部和农牧民群众进行专门培训，已将200多名干部安排到广东进行挂职锻炼和培训学习，提高了当地基层干部、专业技术人员的专业技能和素质，为墨脱未来发展留下了一支永远带不走的骨干力量。

政府自身建设也在不断加强。一是民主法制建设扎实推进。自觉接受法律监督、民主监督和司法监督，认真办理各类建议、议案、提案。五年来坚持定期不定期选派政府县级领导深入各乡（镇）开展调研，听取人大代表、政协委员、离退休老干部以及专家学者的意见和建议，认真办理人大议案、政协提案，提高决策水平，五年来，共办理人大议案640件，政协提案305件，答复率达100%，办理率达88%以上。二是勤政廉政建设不断加强。围绕建设廉洁政府的目标，加快政府职能转变，强化行政监察、审计监督和工作督查，全面落实廉政建设责任制。从严控制三公经费，大力压缩一般性支出，集中财力办民生实事。进一步健全管理机制和问责机制，政风行风建设得到加强，不断推进墨脱治理体系与治理能力的现代化。

党的十九大报告指出，中国特色社会主义进入新时代，意味着近代以来久经磨难的中华民族迎来了从站起来、富起来到强起来的伟大飞跃。我国社会主要矛盾已经转化为人民日益增长的美好生活需要和不平衡不充分的发展之间的矛盾。改革开放初我国有8亿多人生活在绝对贫困线以下，约占当时中国总人口的90%，而今天生活在贫困线以下的人口只剩下4300万。因为自然和历史原因，民族地区目前是贫困人口最集中的地区，虽然过去五年扶贫攻坚战取得了巨大的成功，贫困人口减少了九成以上，但剩下的都是最难啃的“硬骨头”。坚决打赢脱贫攻坚战是两个百年交会期的决战点，“让贫困人口和贫困地区同全国一道进入全面小康社会是我们党的庄严承诺”。这给脱贫攻坚战最前线的墨脱各民族人民以巨大的鼓舞，不断加大扶贫攻坚力度。全县2011年实施扶贫开发项目14个；2012年实施扶贫开发项目22个；2013年实施扶贫开发项目23个；2014年实施扶贫开发项目30个。2015年1月至7月，墨脱县共争取了扶贫资金1952万元和扶贫农发项目9个，合计总投资2942万元，通过民主评议选定贫困户，逐村逐户调查登记，优先为更困难的贫困户解决问题，确保“一对一”帮扶的落实和确保扶贫工作的准确性及透明度。2018年年底墨脱实现脱贫摘帽，2019年年底实现46个行政村全部脱贫。

新时代中国特色社会主义思想，明确坚持和发展中国特色社会主义，总任务是实现社会主义现代化和中华民族伟大复兴，在全面建成小康社会的基础上，分两步走在21世纪中叶建成富强民主文明和谐美丽的社会主义现代化强国。提出了新时代坚持和发展中国特色社会主义的十四条基本方略，“坚持以人民为中心的发展思想，不断促进人的全面发展、全体人民共同富裕”，许多举措与民族地区和少数民族的发展息息相关，直接关系着墨脱未来的进一步发展。实施乡村振兴战略，促进农业发展、农村繁荣、农民增收提出了系统的政策和措施，第二轮土地承包到期后再延长30年，让“三农”问题突出的民族地区更加充满信心；强化举措推进西部大开发形成新格局，加快边疆发展，确保边疆巩固、边境安全，意味着国家会继续加大对边疆民族地区发展的支持；以“一带一路”建设为重点，形成陆海内外联动、东西双向互济的开放格局，优化区域开放布局，加大西部开放力度，意味着边疆民族地区会迎来更高水平的开放创新局面；完善天然林保护制度，扩大退耕还林还草，健全耕地草原森林河流湖泊休养生息制度，建立市场化、多元化生态补偿机制，构建国土空间开发保护制度，完善主体功能区配套政策，建立以国家公园为主体的自然保护地体系，意味着边疆民族地区在美丽中国建设中责任更加重大，一些制约当地发展的体制性问题会得到更好的解决。

习近平总书记在党的十九大闭幕会上，再次庄严宣告：“全面建成小康社会，一个不能少；共同富裕路上，一个不能掉队。我们将举全党全国之力，坚决完成脱贫攻坚任务，确保兑现我们的承诺。我们要牢记人民对美好生活的向往就是我们的奋斗目标，坚持以人民为中心的发展思想，努力抓好保障和改善民生各项工作，不断增强人民的获得感、幸福感、安全感，不断推进全体人民共同富裕。”这对全国各族人民是最大的定心丸，也是最大的推动力。方位已经确定，蓝图也已绘就，在党的十九大精神的指引下，各族人民同心同德、豪情满怀地开赴新征程，中华民族将以更加昂扬的姿态屹立于世界民族之林。墨脱将迎来新一轮的大建设与大发展，墨脱各族人民必将拥有更加美好的明天。

参考文献

一 著作

《国家民委民族问题五种丛书之一：门巴族社会历史调查（一）》，西藏人民出版社1987年版。

《国家民委民族问题五种丛书之一：珞巴族社会历史调查（一）》，西藏人民出版社1987年版。

《国家民委民族问题五种丛书之一：门巴族社会历史调查（二）》，西藏人民出版社1988年版。

《国家民委民族问题五种丛书之一：珞巴族社会历史调查（二）》，西藏人民出版社1989年版。

于乃昌：《西藏审美文化》，西藏人民出版社1989年版。

李坚尚、刘芳贤：《珞巴族的社会和文化》，四川民族出版社1992年版。

关东升：《中国民族文化大观·藏族、门巴族、珞巴族》，中国大百科全书出版社1995年版。

王玉平：《珞巴族》，民族出版社1997年版。

李坚尚：《喜马拉雅寻觅》，山东画报出版社1999年版。

陈立明：《走入喜马拉雅丛林：西藏门巴族、珞巴族文化之旅》，中国藏学出版社2002年版。

吕昭义、红梅：《门巴族——西藏错那县贡日乡调查》，云南大学出版社2004年版。

龚锐、晋美主编：《珞巴族——西藏米林县琼林村调查》，云南大学出版社2004年版。

严新明：《生存与发展——中国农民发展的社会时空分析》，社会科学文献出版社 2005 年版。

［法］爱弥儿·涂尔干：《道德教育》，陈光金、沈杰、朱谐汉译，上海人民出版社 2006 年版。

张江华、揣振宇、陈景源：《雅鲁藏布江大峡谷生态环境与民族文化考察记》，中国藏学出版社 2007 年版。

中国人口较少民族发展研究丛书编委会：《中国人口较少民族经济和社会发展调查报告》，民族出版社 2007 年版。

《国家民委民族问题五种丛书之二：门巴族简史》，民族出版社 2008 年版。

《国家民委民族问题五种丛书之二：珞巴族简史》，民族出版社 2008 年版。

党秀云、周晓丽主编：《珞巴族达木村调查》，中国经济出版社 2012 年版。

［美］约翰·杜威：《民主与教育》，薛绚译，译林出版社 2012 年版。

罗洪忠：《边陲墨脱》，学林出版社 2012 年版。

徐明聪：《陶行知普及教育思想》，合肥工业大学出版社 2013 年版。

包路芳：《珞巴族》，中国人口出版社 2013 年版。

包路芳：《门巴族》，中国人口出版社 2014 年版。

晏阳初：《平民教育与乡村建设运动》，商务印书馆 2014 年版。

西藏林芝地区墨脱县志编纂委员会：《墨脱县志》（上、下），中国藏学出版社 2017 年版。

二　期刊

陈伟烈等：《西藏墨脱的植被考察》，《植物生态学与地植物学丛刊》1981 年第 3 期。

韩维栋等：《西藏墨脱的植物资源调查》，《植物资源与环境》1992 年第 1 期。

冀文正：《“孤岛”十六年（三）》，《中国民族》1992 年第 4 期。

冀文正：《“孤岛”十六年（五）》，《中国民族》1992 年第 7 期。

陈楚江、薛重生、余绍淮：《西藏墨脱公路的灾害地质遥感识别》，《工程地质学报》2004 年第 1 期。

张明华：《西藏墨脱公路工程地质灾害遥感勘察与解译方法》，《中国地质灾害与防治学报》2005年第3期。

胡江顺等：《墨脱公路地质灾害发育分布特征》，《地质灾害与环境保护》2005年第3期。

陈立明：《原西藏地方政权对墨脱及其以南地区的统辖与治理》，《西藏研究》2006年第2期。

张力凤：《从民间文学现象比较看西藏墨脱地区民族文化的渗透与融合》，《西藏民族学院学报》（哲学社会科学版）2007年第3期。

李旺旺：《门巴族“舅权”制度初探——基于对墨脱门巴族田野调查的研究》，《西藏民族学院学报》（哲学社会科学版）2008年第6期。

范志浩：《西藏墨脱县耕地开发建设与生态保护问题的探讨》，《中南林业调查规划》2009年第1期。

罗红英、刘钟泽、洛桑多吉：《西藏墨脱县小水电开发现状及前景展望》，《中国农村水利水电》2009年第12期。

黄爱玲、吕瞰：《西藏墨脱石锅饮食应用价值研究》，《福州大学学报》（自然科学版）2011年第4期。

冀文正、李跃平：《20世纪50—60年代西藏墨脱县珞巴族老照片与民风民俗》，《民族学刊》2012年第2期。

卓玛央金等：《西藏墨脱县1981—2010年疟疾流行特征分析》，《中国热带医学》2012年第3期。

赵佩燕、王忠斌：《西藏墨脱县旅游资源SWOT分析及开发建议》，《特区经济》2012年第6期。

黄万庭：《李安宅的边疆社会工作思想》，《中国社会工作》2012年第16期。

柳应华：《西藏墨脱县产业发展研究》，《中国藏学》2013年第3期。

王忠斌、杨小林、赵佩燕：《西藏墨脱县森林生态旅游业发展现状分析及对策探讨》，《西藏科技》2013年第8期。

王忠斌等：《派镇—墨脱徒步线路森林生态旅游资源评价与开发》，《干旱区资源与环境》2013年第9期。

楠楠：《墨脱的等待：圣地莲花出“深闺”——西藏墨脱公路通车》，《交通建设与管理》2013年第12期。

顿珠罗布、顿珠次仁：《墨脱县旅游产业发展研究》，《科教导刊》

（中旬刊）2014 年第 9 期。

陈立明：《从墨脱的教育现状看西藏边疆民族地区的教育发展》，《西藏大学学报》（社会科学版）2015 年第 1 期。

顿珠罗布、顿珠次仁：《西藏墨脱县农牧民增收问题研究》，《青海农林科技》2015 年第 4 期。

马成英等：《浅谈墨脱茶叶的合理发展》，《广东茶业》2016 年第 4 期。

徐慧梅等：《1986—2015 年西藏自治区墨脱县疟疾疫情流行特征分析》，《热带医学杂志》2016 年第 11 期。

王慧叶：《少数民族文化冲击路径及其保护对策研究——以墨脱地区为例》，《经济研究导刊》2016 年第 16 期。

关键词索引

后　记

西藏平均海拔超过4000米，被看作地球上最高的地方，被称为继北极南极之后的“第三极”，因其高而让人望而却步。很少有人会想到，西藏还有一个地方，最低理论海拔（因处于印控区）仅100多米、平均海拔也就1000米、完全处于热带气候的墨脱县，因其低而同样让人望而却步。到墨脱，就像走到青藏高原边缘，一下子从四五千米高空垂直掉下去，一天经四季，十里不同天。高矗云天、绵延千里的喜马拉雅山，就像一堵厚实的墙，阻挡着去路，只有每年夏秋之交的短暂时节，人们才能艰难翻越多雄拉山口，单程需徒步行走4天，匆忙进山或出山。

从20世纪六七十年代修骡马道开始，修路和穿越，就成为墨脱人奋斗的梦想。工程上马又下马，投入一次比一次更大，物资甚至生命的代价不断地付出。1994年2月，总算第一辆汽车开进了墨脱，公路立即被泥石流、塌方等自然力量根本性毁灭，这辆车在漫长的等待中，终于化为一堆废铁，墨脱也长期保持着中国唯一不通公路的县的称号。在恶劣的自然环境面前，想穿越喜马拉雅山这堵世界最厚实的墙，实在不容易。人们常说：爱一个人，就陪他到墨脱；恨一个人，就让他独自去墨脱。我本人做西藏田野调查十几年，几乎走遍了西藏各地，但去墨脱，一直是未了的心愿。

2010年喜讯飞传，全长3360米、两头高差110米的嘎隆拉隧道，历时2年打通，这才根本解决了墨脱公路建设的关键性问题。又经过近3年的奋斗，直到2013年10月31日，波密县扎木镇到墨脱的扎墨公路正式宣布通车，这距第一辆车开进墨脱，差不多又等了20年。扎墨公路也才只是四级砂石公路，许多地方是单行道，连大客车都还不能正常通行，在恶劣的大自然面前，仍旧时断时续，但起码在理论上实现了四季通车，成为墨脱对外联系的生命线。正在建设的从米林县派区到墨脱的派墨公路，也在加紧施工，将形成进出墨脱的环行线。随着墨脱交通条件的改善，这一隐秘的莲花之地，将更加绚烂多彩。

借助中国社会科学院民族学与人类学研究所实施的国家社科基金特别委托项目、中国社会科学院创新工程“21 世纪中国少数民族地区经济社会发展综合调查子课题：西藏墨脱县经济社会发展综合调查”所提供的机会，我们课题组于 2016 年 7 月底启程去墨脱调查。先在西藏林芝市开展调查研究，邀请曾经在墨脱县工作的老同志和相关职能部门召开了两场座谈会。8 月 1 日由林芝市将我们送到波密县扎木镇，墨脱专门派组织部长赵敬在这里迎接我们。虽说乘坐县政府的高性能越野车和有丰富经验的当地司机驾驶，墨脱的路可谓险象环生、惊心动魄、千辛万苦。一出嘎隆拉隧道，就如从雪域高原直落高山峡谷之中，千旋万转，四季压缩。路边规律地立着的彩色竹竿，是为公路被大雪覆盖时指明路标，十多公里就放置着修路机械，是为了应对不时发生的泥石流和塌方。从冰雪世界，穿越高山原始针叶林，再到藤萝纠结的阔叶林，最后进入热气腾腾、鸟鸣虫噪的热带世界，竹木漫天、飞瀑高挂、悬崖耸立、峡谷森严，再加上雅鲁藏布江勇往直前、惊涛拍岸，咆哮之声四山回应。一路可谓目不暇接、美不胜收。

进驻墨脱县水电宾馆，天已经黑了。墨脱县委书记邓江陵等候已久，边吃饭边热情介绍情况，作为老墨脱而又即将升任新职的他，似乎要把对墨脱的理解和感情一次性倾诉给我们，墨脱的调查研究就此进入工作状态。课题组分别与墨脱县委、县政府、县人大、县政协四大班子，以及发改委、统计局、教育局、文体局、民委、旅游局、卫生局、社保局、扶贫办等职能部门召开了 12 场座谈会。专访了墨脱新任县委书记旺东，还有县长魏长旗、副县长高功强、四郎拥珍以及广东佛山第八批对口援墨工作组负责人谢国高、李斌等人。接着，课题组成员根据分工安排，分别对相关单位和个人进行重点走访，广泛收集查阅材料，墨脱各单位的领导和同志们都给予热情接待。我们再克服塌方泥石流、雨淋日晒、虫咬蚊叮等困难，最多一天步行 6 小时，走遍所有勉强通车的乡，召开座谈会并开展入户访谈。尚未通车的 2 乡（徒步需 4 天）因安全原因，被当地政府劝阻未去，但也顺利完成发放回收问卷的任务，还访问了边防驻军和公安边防部队。我本人应邀为墨脱县党政机关和西藏公安边防总队林芝边防支队驻墨官兵，做了两场“‘两学一做’与西藏的稳定和发展”的专题报告。

墨脱一个多月的实地调查，给课题组每一位成员，都留下了终生难忘的记忆，也和墨脱的干部群众结下了永久的友谊。我们一直保持着与他们的微信联系，更关注墨脱传来的每一个消息。我本人在墨脱摔了一跤，当时几乎不能动弹，由此也亲身体验了墨脱医疗事业的飞速发展；在访问著名的仁钦崩寺时，大家不仅亲历了被蚂蟥疯狂吸血，我还被当地称为“一点红”的毒蚊叮咬，一周以后小红点蔓延发作，至今小腿上伤痕累累、黑疤不消。我们返回各自的工作岗位后，立即按照分工分头写作，都按期完成了初稿，经过我和包路芳两次统稿，又对各章节分别进行修改补充，在三次反复的基础上，于 2017 年 12 月提交 25 万字最终成果。当这本书的清样再呈现在我面前时，对墨脱的思念也越发强烈：我要感谢政府办周小义主任的周到细致，感谢邓声敏院长的精心治疗，感谢县机关食堂的热情服务，感谢老乡家香甜的酥油茶！更要感谢长期驻守边疆的军人们和无私奉献的各民族干部群众！对帮助过调研工作的每一位墨脱朋友，我们都牢记在心。衷心祝愿墨脱人的生活越来越美好！

本书第一章、第六章、第七章由北京市社会科学院社会学研究所包路芳研究员担任。第二章、第三章由北京印刷学院马克思主义学院邓笑博士和我共同承担。第四章、第五章由成都信息工程大学社工系主任陈锋博士担任。第八章、第九章由北京理工大学人文学院刘颖博士担任。第十章由中国社科院研究生院黄万庭博士担任。第十一章是本书的亮点，我们邀请在中央民族大学就读的墨脱籍门巴族、珞巴族学生，亲自撰写自己和家庭的故事：布琼一边读研一边担任县委办繁重的工作，曾给我们的调查以许多帮助；本科生顿珠卓玛、曲珠，讲述了他们如何走出大山不断成长的故事，生动再现了墨脱在一百年里，在剧烈社会变迁的“四级跳”中家庭和个人是如何艰难适应；乐观勇敢的多多仙森，大学毕业返乡创业，墨脱人如何应对市场经济的挑战；墨脱的发展离不开各民族的共同奋斗，书中也讲述了墨脱“一把刀”邓声敏院长和广东第八批援藏的“新墨脱人”谢国高及其同伴的故事。第十二章是根据墨脱问卷调查材料进行定量分析，由中央民族大学张阳阳博士担任。第十三章由我对全书进行总结。

当这本书即将出版之际，我要衷心感谢中国社会科学院民族学与人类学研究所提供的此次墨脱调研机会。王延中所长给予了很大的指导和帮助。本项目的负责人尹虎彬副所长，因故未能参与课题的调研和写作，但自始至终给予了最大限度的信任和支持，他不幸于2020年3月13日因病逝世，令人痛心惋惜。“大调查”办公室的孙懿主任，不仅亲赴墨脱参与调查，更对整体工作给予极大关心。衷心感谢中国社会科学出版社宫京蕾、王莎莎对本书编辑付出的辛勤劳动。

徐　平

2018年11月25日初稿

2020年7月22日定稿